Geisteswissenschaften studieren – und dann?

Jochen O. Ley · Hedda Zechner
Hrsg.

Geisteswissenschaften studieren – und dann?

Berufsfelder und Perspektiven

 J.B. METZLER

Hrsg.
Jochen O. Ley
Berlin, Deutschland

Hedda Zechner
Berlin, Deutschland

ISBN 978-3-476-05745-7   ISBN 978-3-476-05746-4   (eBook)
https://doi.org/10.1007/978-3-476-05746-4

Die Deutsche Nationalbibliothek verzeichnet diese Publikation in der Deutschen Nationalbibliografie; detaillierte bibliografische Daten sind im Internet über http://dnb.d-nb.de abrufbar.

© Der/die Herausgeber bzw. der/die Autor(en), exklusiv lizenziert durch Springer-Verlag GmbH, DE, ein Teil von Springer Nature 2021
Das Werk einschließlich aller seiner Teile ist urheberrechtlich geschützt. Jede Verwertung, die nicht ausdrücklich vom Urheberrechtsgesetz zugelassen ist, bedarf der vorherigen Zustimmung der Verlage. Das gilt insbesondere für Vervielfältigungen, Bearbeitungen, Übersetzungen, Mikroverfilmungen und die Einspeicherung und Verarbeitung in elektronischen Systemen.
Die Wiedergabe von allgemein beschreibenden Bezeichnungen, Marken, Unternehmensnamen etc. in diesem Werk bedeutet nicht, dass diese frei durch jedermann benutzt werden dürfen. Die Berechtigung zur Benutzung unterliegt, auch ohne gesonderten Hinweis hierzu, den Regeln des Markenrechts. Die Rechte des jeweiligen Zeicheninhabers sind zu beachten.
Der Verlag, die Autoren und die Herausgeber gehen davon aus, dass die Angaben und Informationen in diesem Werk zum Zeitpunkt der Veröffentlichung vollständig und korrekt sind. Weder der Verlag, noch die Autoren oder die Herausgeber übernehmen, ausdrücklich oder implizit, Gewähr für den Inhalt des Werkes, etwaige Fehler oder Äußerungen. Der Verlag bleibt im Hinblick auf geografische Zuordnungen und Gebietsbezeichnungen in veröffentlichten Karten und Institutionsadressen neutral.

Umschlagabbildung: © wolfgang rieger/Zoonar/picture alliance

Planung/Lektorat: Ute Hechtfischer
J.B. Metzler ist ein Imprint der eingetragenen Gesellschaft Springer-Verlag GmbH, DE und ist ein Teil von Springer Nature.
Die Anschrift der Gesellschaft ist: Heidelberger Platz 3, 14197 Berlin, Germany

Vorwort: Warum es dieses Buch gibt

„Ich würde ja gerne Germanistik und Philosophie studieren, doch was mache ich damit dann beruflich?" „Ich interessiere mich total für Geschichte und Medienwissenschaft, aber meine Eltern sagen, damit finde ich nie einen Job!" „Ich habe Archäologie und Kunstgeschichte studiert, haben Sie eine Idee, für welchen Beruf ich qualifiziert bin?"

Wir hören fast jeden Tag solche Sätze in unserem Job in der Studienberatung an einer Hochschule. Besonders auf Studienmessen ist gefühlt jede zweite Frage die nach dem Beruf, wenn man eine Geisteswissenschaft studieren will, studiert oder studiert hat. Da Sie nach diesem Buch gegriffen haben, werden Sie das auch alles erlebt haben oder erleben: den Zweifel, die Unsicherheit, die Verwirrung, den Druck, das große Fragezeichen.

Die Herausgeber*innen und Autor*innen selber kennen diese Situation, kennen die Frage nach dem „danach" und das Dilemma von Lust auf ein Fach und Frust bei der Berufswahl – zum einen aus unserer Berufstätigkeit, zum anderen auf Basis eigener Erfahrungen. Deshalb möchten wir etwas Grundsätzliches zu einem Studium einer Geisteswissenschaft sagen. Sollten Sie sich fragen, was „die Geisteswissenschaften", von denen wir reden, sind, so müssen wir Sie an dieser Stelle schon ein wenig enttäuschen, denn es gibt nicht die klare und scharfe Definition. Unseren Ansatz einer Begriffsbestimmung finden Sie im ersten Kapitel.

Weil wir jeden Tag mit jungen Menschen zu tun haben, die das passende Studium für sich suchen, an ihrer Wahl oder auch an ihrem Studium zweifeln oder aufgrund von vermeintlich schlechten Arbeitsmarktperspektiven abbrechen wollen, verstehen wir Sie sehr gut. Deshalb können wir Ihnen versichern und grundsätzlich sagen:

1. Sie sind nicht alleine, es geht vielen anderen auch so.
2. Ein Studium an einer Universität mit einem „klassischen" Fach wie Germanistik, Geschichte, Philosophie oder Romanistik qualifiziert Sie nicht für den einen Job, sondern für viele und ganz verschiedene.
3. Wenn Sie Lust auf Ihr Studium haben, werden Sie auch den passenden Beruf finden.

Wir, das sind die beiden Herausgeber*innen dieses Buches, zu dem wir die Idee im Sommer 2019 nach einer Veranstaltung bei der örtlichen Agentur für Arbeit hatten. Dort saßen 15 Geisteswissenschaftler*innen, die alle hochqualifiziert waren, teils Jobs hatten, die sie nicht wollten, teils keine Jobs hatten, und die alle von uns wissen wollten, wie sie den passenden Beruf finden können. Dieses Erlebnis und unsere Erfahrungen in der Studienberatung, auf Messen und in Schulen haben uns darin bestärkt, unsere Idee in die Tat umzusetzen. Einerseits in der Hoffnung, Ihnen, den Leser*innen, den häufig gefühlten, sozialen Druck zu nehmen und Sie zu einem Studium nach Ihren Neigungen zu ermutigen. Andererseits wollen wir endlich auch einmal die vielen Erfolgsgeschichten von Geisteswissenschaftler*innen erzählen, und aufzeigen, dass ein geisteswissenschaftliches Studium sich auch beruflich lohnt.

Überdies liegt uns das Thema auch biografisch am Herzen, da auch wir die Zweifel während des Studiums und nach dem Studium kennen, sowohl in uns als auch von Freund*innen, Eltern und aus Berichten zu den Berufschancen. Sehen Sie dieses Buch als Anregung und Ermutigung für Ihr (künftiges) Berufsleben als Geisteswissenschaftler*innen und profitieren Sie von den Erfahrungen anderer, die genau vor den gleichen Fragen und Herausforderungen gestanden haben wie Sie. Es gibt nicht den Berufsweg und erst recht keinen vorgezeichneten – Brüche, Kurven, Abkürzungen und Irrwege sind die Regel und völlig normal. Wenn Sie neugierig sind und gleich wissen wollen, wo Geisteswissenschaftler*innen überall arbeiten, schauen Sie sich die Jobprofile an. Sind Sie unsicher, welche Stärken Sie haben, hilft Ihnen der Beitrag von Kerstin Schachinger; fragen Sie sich, warum Arbeitgeber*innen genau Sie brauchen, gibt Ihnen die Analyse von Hedda Zechner Antworten darauf; der Frage nach dem Übergang vom Studium in Job geht Patricia Wohner. Wir wünschen Ihnen spannende Einsichten in die Berufswelt und wünschen Ihnen viel Erfolg für Ihre Zukunft. Gerne können Sie uns ein Feedback geben, Sie finden unsere Kontaktdaten und die der Autor*innen am Ende des Buches.

Jochen O. Ley und Hedda Zechner

Inhaltsverzeichnis

Perspektiven, Chancen und Tipps

Was wir unter Geisteswissenschaften verstehen 3
Jochen O. Ley und Hedda Zechner

Chancen für Geisteswissenschaftler*innen am Arbeitsmarkt 7
Hedda Zechner

Was können Geisteswissenschaftler*innen? 15
Kerstin Schachinger

Die Zukunft der Arbeit 25
Kai Goerlich

Arbeit(en) im Öffentlichen Dienst 37
Jochen O. Ley

Strategische Tipps für den Weg ins Berufsleben 43
Patricia Wohner

Jobprofile – Was arbeiten Geisteswissenschaftler*innen?

Künstlerische Leiterin (freies Theater): Franziska Werner	55
Theaterpädagogin (Theater): Laura zur Nieden	61
Kommunikationspsychologe und Journalist (Hörfunk): Wolfgang Porsche	69
Freier Journalist: Jan Lindenau	77
Freie Übersetzerin: Petra Brechtmann	83
Referentin Kulturförderung (Kulturamt): Silvia Kalmutzki	91
Promotionsberaterin (Hochschule): Dr. Catherine Marten	99
Forschungsdatenmanager (Hochschule): Dr. Lukas C. Bossert	107
Bereichsleiterin Ausstellung und Pädagogik (Gedenkstätte): Veronika Nahm	113
Projektleiterin (Zivilgesellschaftliche Initiative): Mascha Roth	121
Bildungsmanager (Kommune): Dr. Robert Lucic	129
Projektkoordinatorin (Forschungsinstitut): Sabrina Anastasio	135
Leiter Fundraising (Hilfsorganisation): Thomas Jung	141
Kommunikationsmanagerin (Verband): Nina Kollas	147
Teamleiterin (Bildungsträger): Franziska Gensch	157
Referentin für Öffentlichkeitsarbeit (Menschenrechtsinstitution): Christine Weingarten	163
Marketing Managerin (Spendenplattform): Lisa-Sophie Meyer	169

Softwareentwicklerin (Unternehmen): Kaja Santro 177

Heilpraktikerin (eigene Praxis): Christine Goerlich 183

Coach (freiberuflich): Anna-Sophie Keller 191

Gründer und Musiker: Paavo Günther 197

Resümee

Was nehmen Sie mit?! 207
Jochen O. Ley und Hedda Zechner

Literatur 211

Autorinnen und Autoren

Kai Goerlich studierter Diplom-Biologe, ist seit vielen Jahren als Zukunftsforscher und Innovationsberater tätig. Er hat viele Jahre Märkte und Wettbewerber analysiert, bevor er den Schwerpunkt auf die Zukunftsforschung verlegte. Aufgrund seiner langjährigen Erfahrungen kann er auf ein breites Branchen- und Marktwissen zugreifen. Er nutzt sein systemisches Wissen aus Wirtschaft und Biologie für grundlegende Analysen und Ideenfindungen außerhalb der Pfadabhängigkeiten. Zuletzt hat er als Chief Futurist in der Innovationsorganisation eines globalen IT-Unternehmens Industrie-und IT-Trends analysiert, neue Workshop-Formate entwickelt und Kundenworkshops durchgeführt. Seit 2020 ist er freiberuflich tätig. Sein Tätigkeitsschwerpunkt liegt auf Zukunftsberatung und -workshops, wie dem Future Makers–Format, sowie Vorträgen und Beiträgen über die Zukunft von Gesellschaft und Wirtschaft. Er ist als Vorstand in der D2030-Initiative engagiert, um mehr Mitbürger*innen in eine aktive Zukunftsgestaltung mit einzubinden. Mit seiner Familie lebt er im dörflichen Norden Potsdams.
   Kontakt: kaigo@gmx.net

Jochen O. Ley geboren und aufgewachsen in Nordrhein-Westfalen, studierte nach dem Abitur an der Ruhr-Universität Bochum die Fächer Deutsch, Geschichte, Pädagogik und Philosophie auf Lehramt. Nach drei Jahren und drei abgebrochenen schulpraktischen Seminaren kam die Erkenntnis, dass es nicht das Lehramt sein soll. Nach diversen Fachwechseln folgte schließlich der Abbruch des Studiums kurz vor dessen Ende mangels Berufsperspektive und mit einem guten Maß an Überdruss. Parallel zum Studium und danach freiberufliche Tätigkeit als Trainer im damals jungen

IT-Bereich, Aufbau einer kleinen Beratungs- und Schulungsfirma, Pleite nach drei Jahren. Deshalb fünf Jahre Vollzeitarbeit bei einer Wach- und Sicherheitsfirma in Wechselschicht, NSL-Fachkraft und schließlich Betriebsrat und Mitglied des Wirtschaftsausschusses des Gesamtbetriebsrats.

Nach langer Zeit Wiederaufnahme des Studiums an der Technischen Universität Berlin, Abschluss als Magister in Alter und Neuerer Geschichte und Neuerer Deutscher Literatur. Um wieder Geld zu verdienen und in den Hochschulkontext zu kommen, Arbeit als studentischer Mitarbeiter an der Humboldt-Universität zu Berlin in der Öffentlichkeitsarbeit. Seitdem dort geblieben, zuerst als Leiter für zwei Projekte und schließlich unbefristet als Leiter der Studienberatung. Zeitgleich und über fünf Jahre nebenberufliche Promotion in Alter Geschichte. Zusatzqualifikation Bildungsmanagement. Dozent bei der beruflichen Weiterbildung, Lehrbeauftragter für Alte Geschichte und freiberuflicher Coach und Trainer.

Kontakt: coach.ley@posteo.de

Kerstin Schachinger hat als Philologin verschiedenste Verantwortungen in der freien Marktwirtschaft übernommen sowie einen gemeinnützigen Verein gegründet und geleitet. Ihre Studien der Anglistik und Amerikanistik sowie der Sprachwissenschaften an der Universität Wien hat sie aus Interesse und Leidenschaft gewählt. Über den Fremdsprachenunterricht ist sie in die Trainingswelt eingetaucht, um sich dann in Berlin auf den Learning-and-Development-Bereich zu spezialisieren. Ihre Expertise und Erfahrung setzte sie seither als Bildungsreferentin, E-Learning-Redakteurin, Dozentin, L&D-Beraterin, Stärkencoach und Trainerin ein. Da ihr interkultureller Austausch und soziales Engagement am Herzen liegen, gründete sie 2015 den gemeinnützigen Verein „tabadul", um den Austausch zwischen arabischsprachigen Newcomern und der lokalen Bevölkerung in multimedialen Kreativprojekten zu fördern. Seit 2019 ist sie als selbstständige Kompetenzberaterin und Stärkencoach mit ihrem Unternehmen „skill tree" tätig. In ihrer Arbeit folgt sie einem personenzentrierten und biografischen Ansatz: gemeinsam mit ihren Coachees macht sie über die Jahre entwickelte Fertigkeiten und Stärken sichtbar und zeigt Transfermöglichkeiten in weitere Lebens- und Arbeitsbereiche auf.

Kontakt: kerstin@personalskilltree.com

Patrica Wohner studierte Geschichtswissenschaft, Slawistik und Deutsch als Fremdsprache und hat sich gegen Ende ihres Studiums intensiv mit der Ungewissheit „Und was mach' ich jetzt damit?" beschäftigt. In dieser Phase hat sie ihre Passion entdeckt, Menschen bei der Orientierung zu unterstützen und dies zu ihrem Beruf gemacht. Ihr Weg führte sie über ihre erziehungswissenschaftliche Promotion, in der sie sich mit der Frage befasste, welche Bedeutung insbesondere außeruniversitäre Lernkontexte für berufliche und private Lebensperspektiven von Bachelorstudierenden in geisteswissenschaftlichen Fächern haben. Sie ist zertifizierte Verhaltens- und Kommunikationstrainerin und berät im Career Center der Humboldt-Universität zu Berlin Studierende und Absolvent*innen zur Profil- und Kompetenzentwicklung sowie zu Laufbahnentscheidungen. Sie führt Trainings und Lehrveranstaltungen durch mit den Schwerpunkten Karrierestrategien, Selbstmarketing und authentisches Auftreten und ist darüber hinaus als Speakerin auf verschiedenen Events aktiv zu Themen wie Veränderungen der Arbeitswelt, Future Work Skills sowie achtsames und gesundes Arbeiten.

Kontakt: wohner.coaching@web.de

Hedda Zechner arbeitete zuletzt als Projektleiterin und Studienberaterin an der Humboldt-Universität zu Berlin. In der „Perspektivenberatung Studienabbruch" beriet sie wöchentlich Studierende bei Zweifeln und Studienproblemen. Sowohl in der Beratung, wie auch bei Veranstaltungen und Workshops standen Neuorientierung und Entscheidungsfindung im Mittelpunkt. Zudem entwickelte sie digitale Angebote, um die Studienwahl zu erleichtern und Selbstreflexion anzuregen. Viel Freude bereitet ihr, innovative Formate zu konzipieren und umzusetzen, die Studierende in ihren jeweiligen Herausforderungen bestmöglich unterstützen. Ihren Weg zur Humboldt-Universität zu Berlin fand sie über den Bachelor in Soziologie an der Universität Wien, sowie den Master in Sozioökonomie an der Wirtschaftsuniversität Wien. Als zweites Masterstudium begann sie Religionswissenschaften und war in diesem Institut begleitend als Studienassistentin und Studienvertreterin tätig. Zudem arbeitete sie in der Markt- und Meinungsforschung sowie im Student-Service-Center der Universität Wien.

Kontakt: hedda.zechner@sbm-web.at

Perspektiven, Chancen und Tipps

Was wir unter Geisteswissenschaften verstehen

Jochen O. Ley und Hedda Zechner

Wenn Sie dieses Buch gekauft und schon ein wenig darin gelesen haben, werden Sie sich als Geisteswissenschaftler*in verstehen – oder zumindest sich auf irgendeine Weise mit dem Begriff Geisteswissenschaften identifizieren. Dennoch kommt die Frage auf, an wen wir uns richten: Was sind denn „die Geisteswissenschaften", für die wir Berufsfelder und Perspektiven zeigen wollen?

Die Disziplinenfrage stellt sich seit dem 19. Jahrhundert und ist immer noch in der Diskussion. Wenn Sie drei Geisteswissenschaftler*innen fragen, werden Sie vermutlich auch drei verschiedene Antworten erhalten. Zudem finden sich die teils mit gleicher, teils mit anderer Bedeutung die Begriffe Kulturwissenschaften und Gesellschaftswissenschaften. An dieser Stelle wäre ein ausführlicher wissenschaftlicher Diskurs möglich, an dessen Ende eine Annäherung an eine Definition stehen könnte, die Sie vielleicht teilen, anders sehen oder komplett unwichtig finden.

Da es jedoch um Berufsfelder und Perspektiven geht, wollen wir es uns und Ihnen einfacher machen: Geisteswissenschaften im Sinne dieses Buches sind erst einmal nicht Natur- und Lebenswissenschaften, Rechts- und Staatswissenschaften, Sozialwissenschaften, Ingenieurswissenschaften und

---

J. O. Ley (✉) · H. Zechner (✉)
Berlin, Deutschland
E-Mail: coach.ley@posteo.de
H. Zechner
E-Mail: hedda.zechner@sbm-web.at

Wirtschaftswissenschaften. Doch auch wenn Sie Betriebswirtschaftslehre, Biologie, Chemie, Jura, Mathematik, Politologie, Psychologie, Soziologie, Volkswirtschaftslehre, Wirtschaftsingenieurwesen und ähnliches studieren oder studiert haben, können Sie gerne weiterlesen. Das heißt nicht, dass Sie automatisch einen Job finden und bessere oder andere Perspektiven haben. Möglicherweise haben Sie die gleiche, große Frage: Was mache ich damit beruflich?

Naturwissenschaftler*innen, Jurist*innen und Volkswirt*innen werden universitär anders ausgebildet und haben oftmals eine klarere Idee, was sie nach ihrem Studium machen können und wollen. Ob diese realistisch ist – nicht jede*r Betriebswirt*in kann Manager*in werden, nicht jede*r Rechtswissenschaftler*in wird Richter*in! – ist eine ganz andere Frage.

Gleiches gilt auch und in stärkerem Maße für das Lehramtsstudium; wer hiermit anfängt, will in der Regel auch Lehrer*in werden, womit nicht nur das Berufsfeld, sondern sogar der Beruf von Beginn an feststeht. Natürlich studieren Sie im Lehramt auch Fächer, die geisteswissenschaftlich sind, oftmals im gleichen Umfang wie Ihre Kommiliton*innen, die keine Lehramtsausbildung machen. Sie erwerben auch geisteswissenschaftliche Fähigkeiten und Methoden, die Sie dann in Ihrem künftigen Job als Lehrer*in einsetzen. Wenn Sie Geschichte, Philosophie oder eine Sprache studieren und Zweifel haben, ob das kommende Leben als Lehrer*in etwas für Sie ist, finden Sie auf den folgenden Seiten mögliche andere Berufe und Berufsfelder für sich. Wenn für Sie klar ist, dass Sie bald oder später junge Menschen unterrichten wollen, freuen Sie sich auf Ihren Job.

Was wir ebenfalls nicht betrachten, sind alle Berufe in der reinen Wissenschaft und der Forschung. Wer sich für einen Job als Wissenschaftliche*r Mitarbeiter*in, eine Habilitation oder eine (Junior-)Professur entscheidet, weiß, warum sie oder er diesen Weg wählt und hat ein klares Berufsziel, unabhängig vom studierten Fach. Womit wir nicht unterstellen wollen, dass jemand zu Beginn des Studiums schon weiß, ob es in acht bis zehn Jahren die Professur sein soll. Wenn diese Entscheidung jedoch gefallen ist, gilt das, was auch für künftige Lehrer*innen gilt: Sie wissen, was Sie tun (wollen). Bis dahin können Sie sich gerne Anregungen und Ideen dazu, welche Jobs es sonst noch gibt, in diesem Buch holen.

Damit kommen wir zu einem wichtigen Punkt unserer Annäherung an die Definition von Geisteswissenschaften. Geisteswissenschaftler*innen haben oftmals zu Beginn des Studiums (und häufig auch zu dessen Ende und nach dem Abschluss ebenso) wenige Vorstellungen, was sie mit ihren Kenntnissen beruflich anfangen sollen. Manchmal wissen sie nicht einmal, welche Fähigkeiten jenseits der Fachwissenschaft sie erworben haben.

Gerade dieser Fächerkanon zeichnet sich durch eine solide theoretische Grundlage aus, die selten Einblicke in die Praxis, also in mögliche Berufsfelder, erfordert oder erlaubt. Es gibt im Studium verpflichtende oder optionale Praktika, die Angebote der Career Center und Agenturen für Arbeit, Bereiche für überfachliche Qualifikation und Job-Enter-Veranstaltungen; erfreulicherweise gibt es inzwischen immer mehr Veranstaltungen zu Berufen und Berufsmöglichkeiten. Eine gezielte und längerfristige, gedankliche Vorbereitung auf einen Beruf findet allerdings selten statt, und wenn, dann oft außerhalb der Fachwissenschaft. Man ist schließlich und zum Ende des Studiums Philosoph*in, Literaturwissenschaftler*in oder Germanist*in und kennt seine Wissenschaft, was man damit machen kann und welche Berufe in Frage kommen, weiß man bisweilen dennoch – und deshalb? – nicht.

So scheint alles irgendwie möglich, vieles ist Klischee und wirkt wie eine Drohung: Die promovierte Philosophin, die Taxi fährt; der Kunsthistoriker als Barrista; die Anglistin, die Zeitungen austrägt und Werbezettel verteilt; der Slawist, der als Selbständiger einen mobilen Würstchenstand hat; der Germanist, der freiberuflich Übersetzungen macht und hauptberuflich kellnert. Selten findet sich eine Stellenanzeige, in der steht: Historiker*in (m/w/d) gesucht! Oder: „Wir stellen Philolog*innen ein!". Sicherlich gibt es Annoncen, in denen genau diese gesucht werden, doch es sind zum einen wenige. Zum anderen bewegen sie sich im Bereich der „typischen Berufsfelder", an die man zuerst denkt: Museen, Archive, Bibliotheken, kulturelle Einrichtungen, manchmal sogar Verlage oder Zeitungen und Zeitschriften. Zum anderen verzerren sie unserer Meinung nach die Möglichkeiten, die Geisteswissenschaftler*innen auf dem Berufsmarkt haben, und schränken Sie ein.

Wenn Sie sich nun in ihrer Verwirrung über ihre berufliche Zukunft bestätigt sehen und sich fragen, warum Sie weiterlesen sollten, ist das gut. Denn es gibt einerseits keine Patentrezepte für eine Karriere, andererseits fängt immer alles bei und mit Ihnen an. Als Geisteswissenschaftler*in kennen Sie Methoden, Sie haben viele Fähigkeiten und Schlüsselqualifikationen, Sie kennen Ihre Fachwissenschaft. Darauf können Sie sich besinnen; rufen Sie sich in Erinnerung, was Sie alles gelernt haben, ob nun bewusst oder eher im Vorbeigehen. Das, was Sie können und wissen, bietet Ihnen eine sehr gute Grundlage für verschiedenste Berufe. Welche Skills – so wollen wir Ihre erworbenen Qualifikationen künftig nennen – Geisteswissenschaftler*innen haben, stellt Ihnen das Kapitel „Was können Geisteswissenschaftler*innen" vor. Wenn Sie sehr neugierig sind, schauen Sie gleich in die Berufsprofile und (Erfolgs-)Geschichten von Menschen, die ein geisteswissenschaftliches Studium abgeschlossen und einen erfüllenden und spannenden Job haben.

Für alle diejenigen, die doch gerne eine Angabe der Fächer bzw. Studiengänge hätten, die wir als geisteswissenschaftliche verstehen, seien nun die, die wir Ihnen mit den dazugehörigen Personen vorstellen, genannt, natürlich nicht abschließend, dafür aber alphabetisch:

- Amerikanistik
- Anglistik/Englisch
- Archäologie
- Deutsch/Germanistik
- Deutsche Literatur
- Erziehungswissenschaften
- Ethnologie
- Geschichte
- Kulturwissenschaft(en)
- Kunstgeschichte
- Linguistik
- Literaturwissenschaft
- Medienwissenschaft
- Musikwissenschaft
- Philosophie
- Romanistik
- Slawistik
- Sinologie

Chancen für Geisteswissenschaftler*innen am Arbeitsmarkt

Hedda Zechner

Sie fragen sich, ob Sie als Geisteswissenschaftler*in überhaupt einen Job finden oder nach dem Studium erst einmal arbeitslos sein werden? Haben Sie Sorge, dass ein möglicher Job nicht Ihren Gehaltsvorstellungen und Ihrem Ausbildungsniveau entspricht? Sie befürchten, dass nur wenige Branchen für Geisteswissenschaftler*innen offenstehen?

Mit diesen Ängsten sind Sie nicht allein. Sehr oft begegnen uns diese Fragen in der Beratung von Studieninteressierten, die aus genau diesen Gründen überlegen, ob sie nicht doch lieber Betriebswirtschaftslehre studieren sollen. Auch Studierende selbst haben Zweifel, ob sie den Berufseinstieg schaffen, ihre Kompetenzen ausreichen und sie jemals einen angemessenen Job finden. Manche überlegen sogar noch ein weiteres, scheinbar „sicheres" Studium aufzunehmen, stürzen sich in eine Vielzahl unbezahlter Praktika oder schieben ihren Abschluss weiter hinaus. Wir möchten an dieser Stelle Klarheit und Perspektiven schaffen, und anhand aktueller Studien den Arbeitsmarkt für Geisteswissenschaftler*innen beleuchten.

Die nun vorgestellten Ergebnisse stammen aus dem jährlich erscheinenden Bericht der Bundesagentur für Arbeit „Blickpunkt Arbeitsmarkt für Akademikerinnen und Akademiker" (2019) und dem Report des Instituts für deutsche Wirtschaft „Geisteswissenschaftler auf dem Arbeitsmarkt" (Konegen-Grenier 2019). Beide Studien beziehen sich überwiegend

H. Zechner (✉)
Berlin, Deutschland
E-Mail: hedda.zechner@sbm-web.at

auf die Daten des Mikrozensus des Statistischen Bundesamtes und Daten der Statistik der Bundesagentur für Arbeit. Weitere Informationen stammen aus der Studie „Bietet die Digitalisierung Beschäftigungschancen für Geisteswissenschaftler?", herausgegeben vom Stifterverband für die deutsche Wissenschaft e. V. (Konegen-Grenier et al. 2019). Für tiefergreifende und jährlich aktuelle Analysen können Sie alle angeführten Studien auch online einsehen.

Im Mikrozensus werden folgende Studienbereiche zu der Fächergruppe „Geisteswissenschaften ohne Lehramt" gezählt: Literatur- und Kulturwissenschaften, Sprachen, Religionswissenschaft/Theologie, Philosophie/Geschichte, Bibliothekswissenschaften/Journalistik. In der Analyse der Bundesagentur für Arbeit werden Sprach- und Literaturwissenschaften, Geschichts-, Medien- und Theaterwissenschaften, Philosophie, Regionalwissenschaften und Anthropologie gebündelt. Demnach ist die Grundgesamtheit der jeweiligen Statistiken nicht komplett identisch. Auch hier sehen Sie, dass es nicht einfach ist, eine genaue Definition und Einordnung von „den Geisteswissenschaften" vorzunehmen.

Wir richten in diesem Beitrag den Fokus auf Erwerbstätigkeit, Einsatzfelder, Arbeitslosigkeit, Einkommen sowie Führungspositionen. Wichtig dabei ist eine differenzierte Betrachtung, auch im Vergleich zu Akademiker*innen aus anderen Studiengängen oder Berufsfeldern. Oftmals bestehen große Unterschiede zwischen dem Geschlecht, dem Alter und der damit einhergehenden Berufserfahrung, dem Studienabschluss (Bachelor, Master oder Promotion) und dem Umfang der Erwerbstätigkeit (Teilzeit oder Vollzeit). Doch eins nach dem anderen.

Wie strukturiert sich der Arbeitsmarkt?

Zunächst stellen wir unter den berufstätigen geisteswissenschaftlichen Akademiker*innen einen überdurchschnittlich hohen Frauenanteil fest. Dieser liegt bei rund 60 %, während er unter allen erwerbstätigen Akademiker*innen nur 45 % beträgt. (Bundesagentur für Arbeit 2019: 116). Mit 5,6 % ist der Anteil der Geisteswissenschaftler*innen ohne Lehramtsabsolvent*innen am Arbeitsmarkt relativ klein. Deutlich über dem Durchschnitt ist auch die hohe Zahl an Teilzeitbeschäftigten innerhalb der erwerbstätigen Geisteswissenschaftler*innen. Dieser Anteil liegt mit 35,2 % deutlich höher als bei der Gesamtheit der Akademiker*innen (22,4 %). Jede*r zehnte der geisteswissenschaftlichen Teilzeitarbeitskräfte gibt an, dass sie unfreiwillig in dieser Beschäftigungsform ist. Im Vergleich zur Gesamtheit der Akademiker*innen sind auch die Anteile der befristeten Beschäftigten (17,7 %, +5,8 Prozentpunkte) und der geringfügig Beschäftigten (6,1 %, +2,4 Prozentpunkte) höher. Ebenfalls ist der Anteil der selbstständig und freiberuflich Beschäftigten mit 19 % um 3,4 Prozentpunkte höher als in der akademischen Gesamtheit. Die deutliche Mehrheit der Geisteswissenschaftler*innen ist jedoch unbefristet beschäftigt. 2016 waren 7,8 % der erwerbstätigen Geisteswissenschaftler*innen promoviert (0,8 Prozentpunkte mehr als alle erwerbstätigen Absolvent*innen) (Konegen-Grenier 2019: 7 ff.).

Wenn Sie sich gerade fragen, wie der Berufsalltag in einem befristeten Vertrag aussieht oder welchen Tätigkeiten Geisteswissenschaftler*innen nachgehen, wenn sie selbstständig sind, dann lesen Sie die Berufsprofile im zweiten Teil des Buches. Diese Profile spiegeln alle Facetten des Arbeitsmarktes wider.

In welchen Bereichen arbeiten Geisteswissenschaftler*innen?

Die Einsatzfelder für Absolvent*innen aus geisteswissenschaftlichen Studiengängen sind sehr vielseitig. Beliebte Berufe liegen im Bereich „Erziehung, Lehre und Soziales" (31,9 %), in „Öffentlichkeitsarbeit, Verlagen und Journalismus" (12,6 %) und natürlich alle klassischen sprach-, literatur-, geistes-, und gesellschaftswissenschaftlichen Berufe, wie „Germanist*in" und „Historiker*in" (11,2 %) (Konegen-Grenier 2019: 14). Dabei wird deutlich, dass viele dieser Berufe mit Kommunikation zu tun haben und im Zentrum oft der Umgang mit Sprachen und Texten steht. Werden die täglichen Tätigkeiten betrachtet, sind Geisteswissenschaftler*innen für Ausbildung und Erziehung verantwortlich (auch abseits vom klassischen Lehrberuf an Schulen), sie führen Schreibarbeiten durch oder üben eine künstlerische bzw. journalistische Tätigkeit aus. Darüber hinaus beraten und informieren sie in ihren Berufen oder beschäftigen sich mit Werbe- und Marketingtätigkeiten (ebd.: 12).

Diese typischen Berufsfelder und Tätigkeiten spiegeln auch die Branchen am Arbeitsmarkt. Jedoch arbeitet nur rund die Hälfte aller Absolvent*innen aus geisteswissenschaftlichen Studiengängen in studientypischen Branchen. Zu den typischen Branchen für Geisteswissenschaftler*innen zählen

Bildung, Medien, Öffentliche Verwaltung, Kunst und Kultur, Übersetzen/Dolmetschen sowie Forschung. Zu den untypischen Branchen werden verarbeitendes Gewerbe, Handel, Gesundheit und Soziales, IT-Dienstleistung und sonstige wirtschaftliche Dienstleistungen gezählt (Bundesagentur für Arbeit 2019: 117). Da jede*r zweite Absolvent*in einen untypischen Berufsweg einschlägt, finden Sie diese auch bei den Berufsprofilen in diesem Buch, so z. B. Heilpraktiker*in und Software-Entwickler*in.

Rund jede*r Vierte (ausgenommen Lehrer*innen) ist im Öffentlichen Dienst beschäftigt und fast 6 % arbeiten in der Öffentlichen Verwaltung (Konegen-Grenier 2019: 10, 16). Welche Tätigkeiten im Öffentlichen Dienst ausgeübt werden können und wie es gelingt, dort eine Stelle zu erhalten, erfahren Sie im Beitrag von Jochen O. Ley.

Ein potenzielles Arbeitsfeld für Geisteswissenschaftler*innen bietet auch der weite Bereich Digitalisierung. Im Zeitalter der „Digitalen Transformation", charakterisiert zum Beispiel durch „New Work" und „Künstliche Intelligenz" ergeben sich ebenfalls neue Tätigkeitsfelder. Verstärkt möchten digitalisierte Unternehmen bei der Auswahl von Mitarbeiter*innen auf soziale und persönliche Kompetenzen achten, dadurch ergeben sich auch Chancen für geisteswissenschaftliche Fachrichtungen. Für den digitalen Arbeitsmarkt sind Kompetenzen wie ein schnelles Einarbeiten in fachfremde Inhalte und Kommunikations- sowie Kooperationsfähigkeit zunehmend gefragt. Um sich auf diesem Arbeitsmarkt profilieren zu können, ist es dennoch empfehlenswert, frühzeitig Kenntnisse etwa im Bereich der digitalen und sozialen Medien zu erwerben (Konegen-Grenier et al. 2019: 13 ff.). Bei den Berufsprofilen erhalten Sie einen Einblick in Tätigkeiten im Bereich Digitalisierung sowie in Berufe, die durch die Digitalisierung verändert wurden.

Ist die Arbeitslosigkeit wirklich so hoch?

Sehr weit verbreitet ist die Vorstellung, unter Geisteswissenschaftler*innen bestehe eine hohe Arbeitslosigkeit. Die Bundesagentur für Arbeit betont jedoch, dass sich die Arbeitslosigkeit bei Geisteswissenschaftler*innen insgesamt auf einem niedrigen Niveau befindet. Im Jahresvergleich zeigt sich zudem, dass die Zahl der Arbeitslosen, die eine klassische geisteswissenschaftliche Tätigkeit anstreben, seit 2015 jährlich sinkt und 2018 auf dem bisher niedrigsten Niveau seit dem Beobachtungszeitraum ab 2008 ist. 2018 waren durchschnittlich monatlich 3100 Personen arbeitslos gemeldet. Zu beachten ist, dass diese Zahl nur Personen berücksichtigt, die nach den klassischen Berufen wie Romanist*in, Germanist*in oder Historiker*in etc. suchen. Geisteswissenschaftler*innen, die in alternativen Einsatzgebieten, wie z. B. Öffentlichkeitsarbeit, Journalismus etc., nach Jobs suchen, sind nicht inkludiert. Würden alle arbeitssuchenden Geisteswissenschaftler*innen berücksichtigt, wäre die Zahl deutlich höher (Bundesagentur für Arbeit 2019: 119 f.).

Für das dennoch niedrige Arbeitslosenniveau dürfte unter anderem die Flexibilität der Geisteswissenschaftler*innen bei der Berufswahl verantwortlich sein. So sind Studierende aus geisteswissenschaftlichen Disziplinen offen für das, was als „studienferne Tätigkeiten" angeführt wird, wie bereits deutlich wurde. Dennoch betont die Bundesagentur für Arbeit, dass der Berufseinstieg für Geisteswissenschaftler*innen schwieriger ist und gerade in dieser Phase die Arbeitslosigkeit höher als in anderen Fachrichtungen ausfällt. Ausschlaggebend dürfte nicht zuletzt die geringe Zahl an Stellenangeboten sein, die sich direkt an Geisteswissenschaftler*innen wenden (ebd.: 115). Wie Ihnen der Berufseinstieg trotzdem erfolgreich gelingen kann, erfahren Sie im Beitrag von Patricia Wohner.

Wie sieht es nun mit der Arbeitslosenquote konkret aus? 2018 betrug die Arbeitslosenquote für alle Akademiker*innen 2,2 % und entspricht damit der sogenannten Vollbeschäftigung. Für studierte Sprach- und Literaturwissenschaftler*innen betrugen diese 2,7 % und für Absolvent*innen aus der Geschichtswissenschaft 4,0 %. Beide Fächer liegen unter der gesamten Arbeitslosenquote von 5,2 %. Im Vergleich dazu lag die Arbeitslosenquote für Informatikabsolvent*innen bei 1,5 % und bei Absolvent*innen im Bereich Werbung und Marketing bei 4,5 % (ebd.: 28 f.). Eine exakte Aussage zur Arbeitslosigkeit unter Absolvent*innen aus geisteswissenschaftlichen Studiengängen ist aufgrund der Datenlage schwer zu treffen. Es ist jedoch erkennbar, dass der Mythos „Geisteswissenschaft führt in die Arbeitslosigkeit" nicht zutrifft.

Wie viel verdienen Geisteswissenschaftler*innen?

Im Vergleich zum Durchschnitt der erwerbstätigen Akademiker*innen ist das Einkommen für Geisteswissenschaftler*innen insgesamt gesehen geringer. Dies ist jedoch besonders dem überdurchschnittlichen Anteil an Teilzeitbeschäftigten geschuldet. Werden nur die Vollzeitberufstätigen verglichen, haben 56,2 % der Geisteswissenschaftler*innen ein monatliches Nettoeinkommen zwischen 2000 und 4000 € im Vergleich zu 59,2 % der Akademiker*innen insgesamt. Deutlich höher ist jedoch der Unterschied beim monatlichen Nettoeinkommen von unter 2000 €. Während dies auf rund jede*n dritte*n Geisteswissenschaftler*in in Vollzeit zutrifft, ist es insgesamt nur jede*r fünfte. Auch der Anteil an Spitzenverdiener*innen, die monatlich über 4000 € netto verdienen, ist unter den Geisteswissenschaftler*innen in Vollzeit mit 11,4 % nur halb so hoch wie im Durchschnitt (20,3 %) (Konegen-Grenier 2019: 29).

Mit steigendem Alter, ab 45 Jahren, und damit einhergehender erworbener Berufserfahrung gleicht sich der Anteil der Höchstverdiener*innen dann an den Durchschnitt an. Auch eine Promotion erhöht das monatliche Nettoeinkommen merkbar. Rund jede*r dritte promovierte Geisteswissenschaftler*in erreicht ein monatliches Nettoeinkommen von über 4000 €. Bei den erwerbstätigen Bachelorabsolvent*innen zeigt sich ein anderes Bild. Nur rund 5 % schaffen den Aufstieg in die oberste Gehaltsklasse, während 65 % unter 2000 € monatlich netto verdienen. Bei Masterabsolvent*innen sinkt zwar der Anteil in der niedrigsten Einkommensgruppe von 65 % auf rund 50 %, dennoch verdient somit jede*r zweite Geisteswissenschaftler*in mit Masterabschluss weniger als 2000 € netto pro Monat. Deutlich wird: Auch bei den Geisteswissenschaften gilt, je höher der Studienabschluss, umso höher ist im Durchschnitt das erzielte Einkommen. Ein großer Unterschied beim Einkommensniveau liegt auch zwischen Männern und Frauen. Vollzeiterwerbstätige Geisteswissenschaftler kommen annähernd an den Durchschnitt aller Akademiker*innen heran. 17,2 % der männlichen Absolventen befinden sich in der höchsten Gehaltskategorie von über 4000 €, während bei den vollzeiterwerbstätigen Geisteswissenschaftlerinnen nur sieben Prozent diesen Verdienst erreichen (Konegen-Grenier 2019: 30 f.).

Auch wenn nur die vollzeiterwerbstätigen Geisteswissenschaftler*innen betrachtet werden, ergibt sich zur gesamten Akademiker*innenschaft ein geringeres Einkommen.

Arbeiten Geisteswissenschaftler*innen in Führungspositionen?

Auch Geisteswissenschaftler*innen arbeiten in Führungs- und Aufsichtspositionen, jedoch sind es im Vergleich zu anderen Akademiker*innen weniger. Auch hier muss zwischen Vollzeit- und Teilzeiterwerbstätigen unterschieden werden. Unter den vollzeiterwerbstätigen Geisteswissenschaftler*innen sind 18,5 % als Führungskraft tätig, im Vergleich zu 24,3 % unter allen vollzeiterwerbstätigen Akademiker*innen. Ähnlich wie beim durchschnittlichen Nettoeinkommen ist der Anteil der promovierten Geisteswissenschaftler*innen höher. In der Studie wird jedoch nicht angeführt, ob die Promovierten überwiegend in der Forschung arbeiten und beispielsweise als Professor*innen und wissenschaftliche Mitarbeiter*innen Lehrstühle, Forschungsteams, studentische Mitarbeiter*innen leiten oder in anderen Bereichen arbeiten (Konegen-Grenier 2019: 25 f.).

Wichtig ist es, schon beim Übergang vom Studium zur Berufstätigkeit die eigenen Stärken und Skills zu kennen, um sich selbstbewusst auf attraktive Stellen zu bewerben. Welche Skills das sein können, erfahren Sie im Beitrag von Kerstin Schachinger. Motiviert können Geisteswissenschaftler*innen auch auf den Bereich Digitalisierung blicken, wenn sie hierfür rechtzeitig entsprechende Skills im Studium oder durch Weiterbildungen erwerben.

Auch als Geisteswissenschaftler*in haben Sie dennoch die Chance auf ein attraktives Gehalt und Führungspositionen. Dadurch dass es keine vorgegebenen Berufsfelder gibt und Sie eine Vielzahl von Kompetenzen im Studium erwerben, haben Sie den Vorteil, vielseitige und spannende Tätigkeiten auszuüben und in Ihrer Laufbahn unterschiedliche Wege einzuschlagen. Bedenken Sie, dass sich der Arbeitsmarkt laufend verändert und nicht als entscheidendes Kriterium für die Studienwahl herangezogen werden sollte. Viel wichtiger sind Ihre Interessen und Fähigkeiten. Denn in den Bereichen und Tätigkeiten, in denen Sie talentiert sind und für die Sie sich begeistern, werden Sie erfolgreich sein.

Was können Geisteswissenschaftler*innen?

Kerstin Schachinger

„Was willst du damit einmal machen?" Diese Frage haben viele Geisteswissenschaftler*innen nicht nur einmal gestellt bekommen. Viele haben sich das selbst jedoch selten gefragt, sondern sind ihren Interessen gefolgt – nicht ohne im Hinterkopf die Sorge zu haben: Für welche Jobs sind meine Kompetenzen geeignet?

Leider führt diese Mangelhaltung häufig dazu, dass sich viele Geisteswissenschaftler*innen unter ihrem Wert verkaufen. Ein Bewusstsein für die eigene Kompetenzvielfalt, sowie die persönlichen Stärken ist deshalb entscheidend. Denn gerade Menschen, die gelernt haben, zu hinterfragen, als auch neue Konzepte zu entwickeln können so wertvolle Beiträge in unserer Gesellschaft liefern – sei es im privaten Sektor, im öffentlichen Dienst, in der Sozialwirtschaft – und so die Gegenwart und die Zukunft aktiv mitgestalten. Welche – und wie Sie sie herausfinden – beleuchtet dieser Beitrag.

Skills und gefragte Handlungskompetenzen

Stellen Sie sich die Frage „Was kann ich eigentlich?", so kommen hier auch Ansprüche von außen ins Spiel. Viele meinen damit tatsächlich „Was wird von mir erwartet?" Um beide Perspektiven – die personenzentrierte, sowie

---

K. Schachinger (✉)
Berlin, Deutschland
E-Mail: kerstin@personalskilltree.com

die erwartungsorientierte – miteinander zu vereinen, ist zunächst das Konzept der *Handlungskompetenz* wichtig.

Drehen wir den Spieß einmal um. Warum studieren wir eigentlich? Was ist das Ziel von Bildung? Worauf arbeiten wir hin? Auch, wenn Sie diese Frage noch nicht im Hinblick auf ein bestimmtes Berufsbild beantworten können, so ist das umfassendere Ziel, Handlungskompetenzen zu erwerben. Dies bedeutet laut dem Deutschen Qualifikationsrahmen (DQR) für lebenslanges Lernen „die Fähigkeit und Bereitschaft des Einzelnen, Kenntnisse und Fertigkeiten sowie persönliche, soziale und methodische Fähigkeiten zu nutzen und sich durchdacht sowie individuell und sozial verantwortlich zu verhalten".

Der DQR wurde vom Bundesministerium für Bildung und Forschung und der Kultusministerkonferenz herausgegeben, mit dem Ziel, mehr Transparenz im Bildungssystem zu schaffen. Durch Kopplung an einen Europäischen Qualifikationsrahmen (EQR) soll auch eine internationale Vergleichbarkeit ermöglicht werden. Für dieses Kapitel dient er der Orientierung, Kompetenzen in einen bestimmten Kontext einzuordnen. Welche Skills machen uns in verschiedensten Umgebungen auf sozial verantwortliche Weise handlungsfähig? Laut dem DQR ist es eine Zusammensetzung aus persönlichen Fähigkeiten (auch Selbstkompetenz genannt), sozialen und methodischen Fähigkeiten.

Absolvent*innen von geisteswissenschaftlichen Studien können sich oft nur schwer in Formulierungen von Stellenausschreibungen wiederfinden, da ihnen die Vorstellung fehlt, welche ihrer erworbenen Kompetenzen für die Welt der Arbeit jenseits der Universitäten von Bedeutung sind. Sie sehen oft einen Mangel an relevantem Fachwissen und bleiben aus diesem Grund in dem Glauben, sie könnten sich auf verschiedenste ausgeschriebene Stellen gar nicht erst bewerben. Orientieren wir uns jedoch am DQR – sowie an zahlreichen Erfahrungswerten – so ist Fachwissen keinesfalls der ausschlaggebender Faktor für eine umfassende Handlungskompetenz. Die Bedeutsamkeit von Fachwissen sinkt stetig, da sich zum einen Gegebenheiten und Relevanz von Themen in rasanter Geschwindigkeit verändern, zum anderen Wissen jederzeit abrufbar geworden ist.

Während zu Zeiten der Industrialisierung die Grundannahme „Wissen ist Macht" herrschte, ist es in Zeiten der Digitalisierung „Können ist Macht", bringt es Svenja Hofert in ihrem Buch *Das agile Mindset – Mitarbeiter entwickeln, Zukunft der Arbeit gestalten* auf den Punkt (Hofert 2018: 111). Wenn Können Macht ist, was können dann Geisteswissenschaftler*innen? Jede Menge!

Zehn Skills, die viele Geisteswissenschaftler*innen mitbringen

Die drei Kategorien des DQR, welche uns hier als Grundlage dienen sollen, sind somit die persönliche Kompetenz/Selbstkompetenz, die methodische Kompetenz, sowie die Sozialkompetenz. Letztere wird näher definiert als „sich in verschiedenen sozialen Gefügen zurechtfinden", was im Falle von geisteswissenschaftlichen Studiengängen schwer verallgemeinert werden kann. Vielmehr wird diese – neben den ohnehin prägenden sozialen Einflüssen – oft von Zusatzfaktoren wie beispielsweise einem Auslandsaufenthalt oder ehrenamtlichem Engagement beeinflusst. Somit liegt der Fokus auf fünf methodischen Kernkompetenzen, sowie fünf ausgeprägten Selbstkompetenzen von Geisteswissenschaftler*innen, welche hier zusammengefasst werden sollen:

Methodische Kernkompetenzen

1. Recherchekompetenz
2. Analyse- & Aufbereitungskompetenz
3. Sprachliche Ausdrucksfähigkeit
4. Vernetztes und reflexives Denken
5. Innovationskompetenz

Persönliche Kernkompetenzen/Selbstkompetenz

6. Inhaltlicher Anspruch
7. Quellensensibilität
8. Thematische Leidenschaftlichkeit
9. Bewusstsein für Perspektivenvielfalt
10. Lernagilität

Was konkret dahinter steckt, schauen wir uns im Folgenden näher an.

Fünf Methodenkompetenzen

Über den Wert von Recherche, Aufbereitung, Ausdruck, vernetztem Denken und Innovation.

1. Recherchekompetenz

Wenn Studierende eines geisteswissenschaftlichen Studiengangs eines bald lernen, dann ist es, sich Informationen zu beschaffen, oder anders gesagt: zu recherchieren. Es gilt, wissenschaftliche Literatur zu finden, sich mit dem System einer Universitätsbibliothek vertraut zu machen, die Stichwortsuche erfolgreich anzuwenden und zu entscheiden, ob man für dieses eine Buch einmal quer durch die Stadt fahren möchte, oder das online verfügbare Abstract doch ausreicht. Was im Laufe eines Studiums früher oder später zur Routine wird, findet in unserer Vorstellung von wertvollen Kompetenzen außerhalb der Universitäten oft zu wenig Beachtung. Sind wir lange Zeit unter „unseresgleichen", so mag der Eindruck entstehen, es sei Normalität, sich so Zugang zu Menschen, zu Wissen und wertvollen Informationen verschaffen. Dies ist jedoch keinesfalls selbstverständlich. Der Prozess, sich Informationen zugänglich zu machen, sei es durch Literatur-/Internetrecherche oder Interviewführung ist eine Kompetenz, die nicht jede*r mitbringt und die im Laufe eines geisteswissenschaftlichen Studiums besonders gefördert wird.

Was bedeutet dies nun für Geisteswissenschaftler*innen in der Welt der Arbeit? Dies lässt sich besonders gut aus der Perspektive einer Führungskraft beantworten. Diese wünscht sich, dass ein Teammitglied eine bestimmte Aufgabe erledigt, eine Herausforderung löst oder etwas innovativ neugestaltet. Mit einer ausgeprägten Recherchekompetenz sind Geisteswissenschaftler*innen in der Lage, selbstständig einen Weg zum Ziel zu finden, indem sie passende Informationen beschaffen. Sie warten nicht auf einen vorgegebenen Lösungsweg und sind auch nicht mit kleinschrittigen Anweisungen überfordert. All das funktioniert am besten, wenn Sie sich genau dessen bewusst sind, sich das auch zutrauen und Sie sich gut mit Ihrem Team dazu absprechen bzw. gemeinsam recherchieren.

2. Analyse- & Aufbereitungskompetenz

Gerne möchte ich Sie einladen, sich die folgenden Fragen zu stellen: Wie viele Haus- und Seminararbeiten haben Sie im Laufe ihrer Studienlaufbahn verfasst? Zu wie vielen Fragestellungen haben Sie Inhalte aus verschiedenen Quellen aufbereitet? Wie viele Präsentationen haben Sie gehalten? Wahrscheinlich jede Menge. Auf diesem Weg haben Sie gelernt, Daten und Informationen zu sammeln, zu analysieren, zu filtern und zielgerichtet aufzubereiten. Sie haben sich mit den Anforderungen auseinandergesetzt, sich informiert, was Professor*innen, Teamkolleg*innen, Kommiliton*innen und der universitäre Rahmen erwarten.

Da nicht jede Mitarbeiterin und jeder Mitarbeiter ein geisteswissenschaftliches Studium hinter sich hat und dementsprechend nicht unbedingt gelernt hat, innerhalb kürzester Zeit eine Vielzahl an Texten zu konsumieren sowie in neuem Arrangement zu produzieren, sind Sie gefragt, wenn es um das schnelle Erfassen und Analysieren von umfangreichen Inhalten und deren Umwandlung in zielgruppengerechte Häppchen geht. Diese Kompetenz ist in unterschiedlichsten Bereichen relevant, besonders dort, wo Menschen zu komplexen Themen informiert, gebildet und mitgenommen werden sollen, so zum Beispiel in der internen Unternehmenskommunikation, in der Personalentwicklung und der Weiterbildung von Mitarbeiter*innen, in der Öffentlichkeitsarbeit, im Marketing, im Vertrieb, im Reporting für das Management und natürlich, nicht zuletzt, in der Medienarbeit.

Besonders Veränderungsprozesse, eine Zunahme von Komplexität und die Verbindung von digital und analog erfordern starke Kommunikator*innen, die in der Lage sind, neue Informationen schnell zu erfassen, um sie dann in zielgruppengerechter Sprache aufzuteilen und für alle Mitglieder einer Gemeinschaft – sei es einer Organisation, eines Landes, eines Vereins – verständlich zu gestalten.

3. Sprachliche Ausdrucksfähigkeit

Anknüpfend an die Aufbereitungskompetenz ist die sprachliche Ausdrucksfähigkeit tiefergehend. Hier steht vor allem die Formulierung von schriftlichen und mündlichen Texten im Fokus, welche durch den Konsum einer beträchtlichen Anzahl an Literatur, sowie wiederholtes Formulieren in Schrift- und Vortragsform während eines geisteswissenschaftlichen Studiums trainiert werden. Eine besonders gute sprachliche Ausdrucksfähigkeit wird überall dort dringend benötigt, wo bestimmte Botschaften erfolgreich bei Empfänger*innen ankommen sollen: ein unverzichtbares Muss in allen Bereichen des Dienstleistungssektors und darüber hinaus. Da bleibt nur noch die Frage: Welche Botschaft wollen Sie mit der Welt teilen? Für welche Akteur*innen möchten Sie sich einsetzen? Wer soll von der jahrelang trainierten Schreib- und Ausdruckskompetenz profitieren?

Im Rahmen der Digitalisierung und der zunehmenden Bedeutung der Onlinekommunikation haben sich die Tätigkeitsbereiche und Möglichkeiten von sprachliche gewandten Kommunikator*innen um ein Vielfaches erweitert. Auf operativer Ebene sei hier beispielsweise das Verfassen von zielgruppenorientierten und suchmaschinenfreundlichen Texten, so wie die große weite Welt von Social Media genannt, um gewünschte Zielgruppen zu erreichen. Auf strategischer Ebene gehört achtsame, gewaltfreie und communityorientierte Kommunikation seit jeher zu den Schlüsselqualifikationen einer jeden Führungskraft. Dazu kommt die rasante

Geschwindigkeit des Wandels in der Welt der Arbeit, in der es vielerorts einer Menge geschickter Kommunikationsarbeit auf Managementebene – und darüber hinaus in der gesamten Organisation – bedarf. Auch die Welt der Medien wandelt sich und wird vielerorts bunter. Schauen Sie sich selbst um und machen Sie sich ein Bild davon, wo Sie mit Ihrem geschulten Ausdruck einen wirksamen Beitrag leisten wollen.

4. Vernetztes und reflexives Denken

Geisteswissenschaftliche Studiengänge gehen meist auf mehrere Disziplinen ein und sind oft bereits in sich interdisziplinär gestaltet. Besonders in den ersten Semestern geht es noch darum, einen breit gefächerten Überblick, bzw. Einblicke in verschiedenste Teildisziplinen zu geben. Im Laufe des Studiums erhalten Sie dann die Möglichkeit, sich in dem einen oder anderen Bereich zu spezialisieren, trotzdem setzen Sie sich mit einem großen Themenspektrum auseinander.

Durch diese thematische Vielfalt und die bereits angesprochene wiederholte schriftliche Reflexion wird die Fähigkeit trainiert, vernetzt zu denken und wirksame Querverbindungen herzustellen. Je mehr Sie im Studium dazu angehalten wurden, Erfahrungen aktiv zu reflektieren und die Ergebnisse dazu festzuhalten, desto eher sind Sie in der Lage, selbst Zusammenhänge und Kontexte zu erschließen und somit unabhängiger von „vorgekauten" Informationen. Sind Sie anfangs vielleicht noch überwältigt von der Menge an Inhalten, die aus verschiedensten Bereichen auf Sie einprasseln, so liefert Ihnen genau das eine gute Basis, um später komplexe Kontexte schnell erschließen zu können und Lösungen *outside-the-box* zu finden – eine entscheidende Kernkompetenz in vielen Arbeitsbereichen.

5. Innovationskompetenz

Kombinieren Sie diese vier Methodenkompetenzen, die *Recherchekompetenz*, die *Analyse- und Aufbereitungskompetenz, sprachliche Ausdrucksfähigkeit* mit *vernetztem und reflexivem Denken,* so entsteht daraus etwas in diesen Zeiten besonders Wertvolles: *Innovationskompetenz*.

Innovation bedeutet, Neues entstehen zu lassen. Dazu werden bekannte Elemente neu kombiniert, in einen neuen Kontext gebracht, neu gedacht. Ihre Einblicke in verschiedenste Perspektiven, Ihre Möglichkeit, vernetzt zu denken und Querverbindungen herzustellen, Ihre Kapazität, Worte für Neues zu finden sowie Ihre Fähigkeit, Vorhandenes durch Recherche zu finden und zu analysieren geben Ihnen das ideale Werkzeug in die Hand, um innovativ zu gestalten. Wie Sie bestimmte Selbstkompetenzen darin noch zusätzlich unterstützen können, erfahren Sie im nächsten Abschnitt.

Fünf Selbstkompetenzen

Über den Wert von inhaltlichem Anspruch, Quellensensibilität, thematischer Leidenschaftlichkeit, des Bewusstseins für Perspektivenvielfalt und Lernagilität.

Im Gegensatz zu wirtschaftswissenschaftlichen oder praxisorientierten Studiengängen, in denen ein großes Augenmerk auf das Verständnis und die Umsetzung von vorgegebenen Modellen sowie auf Effizienzsteigerung und Optimierung gelegt wird, geht es in geisteswissenschaftlichen Studien um inhaltliche Auseinandersetzung mit philosophischen, historischen, politischen, linguistischen oder literarischen Themen, um nur einige zu nennen. Es handelt sich um kritisches Hinterfragen, Beleuchten von verschiedensten Perspektiven, tiefes Eintauchen und das Schaffen von neuen Kontexten. Was bedeutet das nun für Ihre Kompetenzlandkarte?

1. Inhaltlicher Anspruch

Durch jahrelange universitäre Belohnung von tiefgehender Aufarbeitung und Auseinandersetzung sind wir Geisteswissenschaftler*innen geradezu darauf konditioniert, ständig weitere Perspektiven zu beleuchten, Hintergründe zu erforschen, Kontexte sichtbar zu machen. Um eine Organisation „am Laufen zu halten", werden jedoch an erster Stelle oft operative Tätigkeiten erfordert, die bei jemandem mit einem Masterabschluss in Philosophie nicht selten eine Reaktion von *„Dafür hab ich jetzt studiert?"* auslösen.

Finden die verschiedenen Akteur*innen in einer Organisation jedoch eine gute Balance, so wird die über Jahre ausgebildete inhaltliche Anspruchshaltung hochgeschätzt und im Idealfall – durch Initiative beider Seiten – wirksam eingesetzt. Geisteswissenschaftler*innen sorgen hier durch ihre Haltung des hohen inhaltlichen Anspruchs selbst in schnelllebigen Organisationen für Weitsicht und Qualität.

2. Quellensensibilität

Ein sensibler Umgang mit Informationen und deren Quellen ist mehr als nice to have. Nach ein paar Jahren geisteswissenschaftlichen Studiums kann es passieren, dass wir uns in einem Elfenbeinturm niedergelassen haben in dem Glauben, die ganze Welt gehe so selbstverständlich sensibel mit Quellen um, wie wir. So können wir oft gar nicht begreifen, wie es überhaupt passiert, dass offensichtlich nicht belegte oder falsche Informationen mit der Welt geteilt werden.

Die andere Seite der Medaille zeigt zum Beispiel profitorientierte Firmen, die teilweise mit der Begriffskombination „wissenschaftlich belegt" viel Geld verdienen – was genau dahintersteckt, ist dann manchmal zweitrangig. Erinnern wir uns an die Definition der Handlungskompetenz des DQR zurück, so gehört dazu „sozial verantwortliches Handeln". Um dies zu garantieren, ist ein sensibler und kritischer Umgang mit Quellen unerlässlich. Haben Sie diesen jahrelang durch Ihre wissenschaftliche Arbeitsweise trainiert, so sind Sie sich bewusst, dass er auch außerhalb der Wissenschaft einen entscheidenden Unterschied macht. Nicht nur an Universitäten wird wissenschaftlich gearbeitet: Forschungsarbeiten werden beispielsweise auch oft von Stiftungen finanziert.

3. Thematische Leidenschaftlichkeit

Geisteswissenschaftler*innen sind häufig Überzeugungstäter*innen! Die Leidenschaft für ein Thema oder mehrere Themen – und nicht etwa bestimmte Gehaltsvorstellungen, die Fußstapfen der Eltern u. Ä. – als maßgeblichen Entscheidungsfaktor zu wählen, mag in jungen Jahren von außen noch als naiv abgetan werden. Nach einigen Jahren Studium und ersten Arbeitserfahrungen kristallisieren sich jedoch mehrere Kernkompetenzen heraus, welche nicht zu unterschätzen sind. Mitarbeiter*innen, freiberuflich Tätige, sowie Selbstständige, die ihren Beruf themenorientiert wählen, auf der Suche nach Selbstverwirklichung sind, etwas bewegen wollen, bringen ein hohes Maß an Eigeninitiative, Lernbereitschaft und Resilienz mit.

Mit der Überzeugung für bestimmte Perspektiven lässt sich niemand bei kleinen Unstimmigkeiten von der Arbeit ablenken, sondern will aktiv mitgestalten! Als Überzeugungstäter*innen setzen sich Geisteswissenschaftler*innen für ihre Herzensthemen ein, seien es Bildung, Umwelt, Kultur, Politik, Geschichte, Philosophie oder andere. Sie bringen oft die entscheidende Energie und Überzeugung mit, die sich jede Organisation langfristig in den eigenen Reihen wünscht, denn sie engagieren sich aus eigener Kraft für Ziele, mit welchen sie sich identifizieren. Vergessen Sie nicht, diese thematische Leidenschaftlichkeit bei Ihrer Jobwahl zu berücksichtigen und im Vorstellungsgespräch zu teilen. Was treibt Sie an? Wo wollen Sie aktiv beitragen?

4. Bewusstsein für Perspektivenvielfalt

Durch Ihre Auseinandersetzung mit zahlreichen Texten verschiedenster Autor*innen, durch Interviews, die Sie zum Beispiel zu Forschungszwecken geführt haben, dank der Vorlesungen von Dozent*innen mit unterschiedlichsten Hintergründen, die Sie besucht haben, haben Sie mit großer

Wahrscheinlichkeit ein sensibles Bewusstsein für Perspektivenvielfalt entwickelt. Während Absolvent*innen naturwissenschaftlicher oder technischer Fächer oft *eine* Wahrheit bzw. *die* richtige Lösung zu lernen hatten, bemerken Geisteswissenschaftler*innen recht früh, dass die Studienlektüre – und auch die Perspektiven von Dozent*innen – eine große Perspektivenvielfalt mitbringt und erfordert.

Sie wurden im Studium wahrscheinlich darauf trainiert, den Kontext mit zu beleuchten, eine Aussage stets mit dazugehörigem Hintergrund zu sehen. Dieses Bewusstsein ist erforderlich, um „durchdacht, sowie individuell sozial" zu handeln, wie es der Deutsche Qualifikationsrahmen als Ziel für lebenslanges Lernen definiert. Egal, auf welcher Ebene Sie handeln: Sei es in der kollegialen Teamarbeit, als Führungskraft im Mittelmanagement, als Entscheider*in auf strategischem Level: Ihr Bewusstsein für Perspektivenvielfalt verstärkt bei richtigem Einsatz sozial verantwortungsvolles Handeln und einen bewussten Umgang mit Menschen unterschiedlichster Hintergründe.

5. Die Superpower: Lernagilität

Die Welt der Arbeit befindet sich im Umbruch. In der Zukunft wird es Jobs, Rollen und Verantwortungsbereiche geben, die wir uns heute noch nicht vorstellen können. Wie würden Sie einer 90-jährigen Dame einen Job als Social-Media-Manager*in erklären? Fangen Sie beim Beschreiben des Internets an oder versuchen Sie, einen Kanal wie Instagram oder Twitter zu visualisieren? Das kann zu einer Herausforderung werden! Nun stellen Sie sich vor, Sie sind diese 90-jährige Dame oder ein 90-jährige Herr und erzählen im Jahr 2090 Ihren (Ur-)Enkeln von den verschiedensten Berufen in der Welt der Arbeit. Wovon erzählen Sie?

Die fünf ausgeführten Methodenkompetenzen, die Sie als Geisteswissenschaftler*in wahrscheinlich mitbringen, führen in Kombination mit den vier genannten Selbstkompetenzen *inhaltlicher Anspruch, Quellensensibilität, thematische Leidenschaftlichkeit* und *Bewusstsein für Perspektivenvielfalt* zu etwas, was ich gerne die Superpower von Geisteswissenschaftler*innen nenne: Lernagilität.

Bringen Sie Lernagilität mit, so sind Sie optimal auf viele zukünftige Jobprofile vorbereitet. So, wie Sie sich jedes Semester in neue Inhalte eingearbeitet, neue Konzepte kennengelernt, neue Fachbegriffe verinnerlicht und neue Quellen auf ihre Qualität geprüft haben, können Sie sich mit Ihren Methoden- und Selbstkompetenzen neuen Herausforderungen widmen, sich in erforderliches Fachwissen einarbeiten, andere durch wertvolle Kommunikationsarbeit mitnehmen und so die Gegenwart und die Zukunft aktiv mitgestalten. Sind Sie bereit?

Das soll ich alles können? Zwei Tipps für Sie

„Nein! Halt! Stopp! Ich bin noch nicht bereit, Moment, das soll ich alles können?" Wenn Ihnen nach dem Lesen dieses Kapitels genau das durch den Kopf geht, kommt hier noch zwei Tipps von mir:

1. Ausprobieren: durch Praktika, Werkstudentenjobs, ehrenamtliches Engagement. Probieren Sie sich aus, sammeln Sie Erfahrungen. Was gefällt Ihnen gut? Wo können und wollen Sie sich einbringen? Wo sehen Sie sich?
2. Resonanzboden: Worin sehen andere Ihre größten Stärken? Worin Ihre Motivation? Häufig fällt es uns selbst am schwersten, das zu sehen, was uns besonders leichtfällt, da es uns selbstverständlich erscheint. Erst durch Resonanz oder Spiegelung gelingt es uns, unsere starken und kompetenten Seiten klar zu sehen.

Wo Sie nun ein besseres Bild von sich und Ihren (künftigen) Kompetenzen als Geisteswissenschaftler*in haben, so geht es im nächsten Kapitel um die Zukunft der Arbeit.

Die Zukunft der Arbeit

Kai Goerlich

Nur wenig beschäftigt uns Menschen so sehr wie unsere eigene (künftige) Arbeit. Sie gibt uns die Grundlage unserer materiellen Existenz, eine soziale Struktur und idealerweise eine Richtung in unserem Leben. Die aktuellen Veränderungen, allen voran der Klimawandel und die Digitalisierung, werden die Arbeit stark transformieren, wenn nicht sogar komplett infrage stellen. Sie stehen am Anfang des Übergangs von der klassischen industriellen Revolution in eine neue Form der Ökonomie und Gesellschaft. Die alten Regeln und Leitmotive der zurückliegenden industriellen Revolution, hauptsächlich Wachstum, Konsum, Effizienz, feste und geregelte Arbeitsplätze sowie weitgehend faire Abkommen zwischen Arbeitgebern, erscheinen nur bedingt vereinbar mit dem notwendigen Grad an Nachhaltigkeit und den zu erwartenden und sich bereits abzeichnenden Formen der Digitalisierung.

Mit zunehmendem wirtschaftlichen Erfolg der Industrialisierung spielten die Geisteswissenschaften bisher eine immer kleinere Rolle. Obwohl wir in Deutschland auf unsere Tradition der „Dichter und Denker" stolz sind, sind die dringend notwendigen ganzheitlichen Denkmodelle und Konzepte für die Zukunft – meiner Ansicht nach eine Stärke der Geisteswissenschaften – nur selten zu finden. Damit der Beitrag der Geisteswissenschaften größer wird und Geisteswissenschaftler*innen eine offenere Zukunft haben, sollten Sie selbige aktiv gestalten.

K. Goerlich (✉)
Potsdam, Deutschland
E-Mail: Kaigo@gmx.net

Im Folgenden werde ich zunächst darauf eingehen, wie wir professionell die Zukunft betrachten und planen können. Daran anschließend werde ich die maßgeblichen Einflussfaktoren der Zukunft der Arbeit skizzieren und aufzeigen, welche Szenarien sich daraus ergeben könnten. Abschließend werde ich aus dem Aufgeführten mögliche Schlussfolgerungen für die Geisteswissenschaften ableiten.

Die Zukunft denken

Wie der Philosoph Sören Kierkegaard bereits ausführte, muss das Leben vorwärts gelebt und rückwärts verstanden werden. Diese Aussage können wir ohne Weiteres auf die Zukunftsbetrachtungen übertragen. Ob wir die Vergangenheit oder die Zukunft betrachten, wir konstruieren gerne ein plausibles Konstrukt von Interaktionen, die zu genau einer bestimmten Zukunft geführt haben bzw. führen, lassen aber Möglichkeiten weg. Dies ist nicht nur eine willkommene Reduktion der Komplexität, sondern ein Nebenprodukt unseres Gehirns. So wunderbar und leistungsfähig dieses Organ auch ist es, produziert je nach erlerntem Muster eine Reihe von sogenannten kognitiven Verzerrungen *(cognitive bias)*, die komplexe Analysen erschweren. So berücksichtigen wir Informationen viel stärker, die zu unseren Annahmen passen, lassen uns von der ersten Information übermäßig beeinflussen, und können Wahrscheinlichkeiten schwer einzuschätzen. Diese kognitiven Verzerrungen lassen sich nicht völlig ausschließen, denn wir sind Kinder unserer Gegenwart und unserer Lebensgeschichten und damit unserer Interpretationen. Dementsprechend sind auch unsere Zukunftsannahmen immer mehr oder weniger stark beeinflusst, was selten offen erkennbar ist oder erkenntlich gemacht wird (die sogenannte *causal layered analysis* von Inayatullah 2003 ist eine gute Methode, um nicht sichtbare Verzerrung aufzudecken).

Eine der zeitgenössischen Verzerrungen besteht zum Beispiel in der Annahme, dass eine kapitalistische Wirtschaft nur mit Wachstum existieren könne, oder dass sich sinnvolle Tätigkeiten und Geld verdienen ausschließen würden. Wenn die Sicht in die Zukunft so komplex und fehlerbehaftet ist, warum versuchen wir es dann überhaupt? Die Antwort ist einfach: Die Zukunft ist die Phase unseres Lebens, in der wir am meisten Zeit zubringen werden. Wir sollten uns also besser darum kümmern.

Vorgehensweisen

Wie können wir uns einer möglichst vorurteilsfreien Zukunft nähern? In der europäischen Tradition der Zukunftsforschung verwenden wir das sogenannte Szenario-Planen (eine gute Übersicht der Szenario-Methode bietet Fink, 2016), um mögliche Zukünfte voraus zu denken. Dabei betrachten wir eine Fragestellung zunächst als eine Sammlung von sogenannten Einflussfaktoren, die im Wesentlichen die Zukunft bestimmen, und deren Einflussstärke und Qualität wir näher bestimmen können. Aktuelle Faktoren wären zum Beispiel die Digitalisierung und künstliche Intelligenz. Aus der Interaktion der wesentlichen Einflussfaktoren ergeben sich mehrere mögliche Zukünfte, so wie ich aus einem Satz an Zutaten unterschiedliche Gerichte kochen kann, und es muss nicht in jedem Gericht jede Zutat verwendet werden, d. h. nicht jede Zukunft muss zum Beispiel künstliche Intelligenz beinhalten. Es geht nicht darum, lediglich angenehme Zukünfte oder die eine, sicher eintretende Zukunft zu sehen. Was wir mit einer professionellen Zukunftssicht beabsichtigen, ist mögliche Zukünfte vorher zu denken, um uns auf deren unterschiedliche Anforderungen besser einstellen zu können (wie Ergebnisse der Szenario-Methode aussehen können, zeigt die Initiative Deutschland 2030 mit ihren Zukunftsbetrachtungen zu Deutschland sowie Burmeister et al. 2019 und WBGU 2019).

Eine geeignete Vorgehensweise besteht darin, die Einflussfaktoren der Ausgangsfrage näher zu betrachten. So ist der Begriff der Digitalisierung, um ein Beispiel zu wählen, für eine aussagekräftige Zukunft zu generisch und zu breit. Was wir benötigen, sind präzisere Beschreibungen wie zum Beispiel der Grad der Automatisierung in bestimmten Bereichen, oder welchen Einsatz bestimmter Technologien wir erwarten. Aussagen über die Zukunft, die ausschließlich mit großen Themen und Trends operieren ohne sie in deren Einflussfaktoren zu zerlegen, sind eher Stimmungs- denn hochauflösende Zukunftsbilder. Eine weitere Möglichkeit sich der Zukunft zu nähern besteht darin, Plausibilität und Probabilität (Wahrscheinlichkeit) zu trennen. Ein Science-Fiction Szenario wie zum Beispiel StarTrek ist in sich schlüssig, also plausibel, aber wenig wahrscheinlich. Wenn wir uns also Zukunftsszenarien anschauen, können wir uns immer fragen, wie plausibel die Ideen und die Kombination der Einflussfaktoren sind und wie wahrscheinlich es ist, dass diese miteinander in einer gedachten Zukunft vorkommen. Eine Zukunft mit vollautomatisierter Wirtschaft ist plausibel, aber nur dann wahrscheinlich, wenn sie mit neuen Ideen zur Erwerbstätigkeit gekoppelt ist.

Neben dem Szenario-Planen wurden unter dem Einfluss des Design Thinkings in den letzten Jahren einige kreative Workshop-Formate entwickelt, die weniger Wert auf unterschiedliche Szenarien legen, sondern den Schwerpunkt auf disruptive Innovationen (einen Überblick gibt der Artikel von Franklin-Wallis 2007) oder eine bevorzugte Zukunft legen (vgl. Goerlich 2017). Der Vorteil dieser Methoden liegt im ersten Fall auf dem Fokus einer sogenannten durchbrechenden, also das Spiel verändernden Innovation und im zweiten Fall auf einer aktiv mitgestalteten Zukunft. Daneben gibt es noch eine ganze Reihe von Formaten und Methoden, die an dieser Stelle nicht ausführlich behandelt werden können (für einen Überblick über Zukunftsmethoden siehe Fink 2016, Gerhold 2015 und Popp/Schüll 2009). Welche Methode wir auch immer wählen, ohne eine grundlegende Analyse der Einflussfaktoren und deren Wirkung, also wie unserer Zutaten miteinander agieren, werden wir keine genauen Zukünfte und gute Innovationen produzieren.

Die treibenden Faktoren der Zukunft der Arbeit

Im Folgenden werde ich die wichtigsten Faktoren behandeln, die unsere Arbeit in der Zukunft beeinflussen.

Der Klimawandel und unser übermäßiger Ressourcenverbrauch wird in den nächsten Jahrzehnten zu großen Veränderungen führen müssen. Momentan scheinen wir allerdings insgesamt nicht in der Lage zu sein, unseren CO_2-Fußabdruck signifikant zu verringern, um die Erderwärmung aufzuhalten, obwohl die Zeit drängt, denn laut Wissenschaftsmagazins *New Scientist* bleiben uns gerade noch zwölf Jahre um die Klimaziele zu erreichen (Le Page 2018). Aber selbst wenn wir diese Aufgabe bewältigen, können wir nicht einfach so weitermachen wie bisher, denn wir verbrauchen mehr Ressourcen als die Erde hergibt und wir riskieren durch das Artensterben den Kollaps unserer Ökosysteme und damit die Grundlage unseres Lebens. Eine nachhaltigere Ausrichtung unsere Wirtschaft und Gesellschaft wird nicht nur eine Verschiebung von Jobs und Arbeitsprofilen zur Folge haben, sondern auch andere Vorgehensweisen und Ideen benötigen, die von außerhalb der bisherigen Wirtschaftsstrukturen kommen müssen. Meiner Ansicht nach benötigen wir einen deutlich höheren und aktiven Beitrag von den Geisteswissenschaften, um neue Zukünfte inklusive der Zukunft der Arbeit denken und angehen zu können.

Die globale Wirtschaft und der Handel bauen weiterhin auf die klassische industrielle Revolution, d. h. auf Kriterien wie Transaktionskosten, Lieferketten und Marktzugang (für eine Zukunftsbetrachtung des globalen Handels siehe Goerlich 2019). Die notwendigen Änderungen in Richtung einer nachhaltigeren Zukunft sind bisher nur in Nischen zu sehen, d. h. die Arbeitsprofile der Zukunft orientieren sich weiterhin weitgehend an den industriellen Modellen der Vergangenheit, deren Anforderungen wir gut kennen, und an den anzunehmenden Veränderungen durch die Automatisierung. Wir werden vermutlich Bereiche sehen, in denen die Tätigkeiten fast vollständig automatisiert sein werden, Bereiche in denen Menschen mit Maschinen zusammenarbeiten und Bereiche in denen weiterhin die meisten Tätigkeiten von Menschen übernommen werden, wie wir dies von den meisten Dienstleistungen erwarten.

Die Automatisierung der Arbeitsstellen, hauptsächlich im Bereich der herstellenden Industrie, läuft bereits seit den 1970er Jahren. Seitdem sind eine Reihe manueller Tätigkeiten und damit Arbeitsplätze an Industrieroboter gefallen. Während wir die Arbeitsplätze in der Summe bisher gut ersetzt haben, so konnten wir den lokalen, gesellschaftlichen Einfluss und den Wegfall von Arbeitsprofilen weniger gut ausgleichen, wie viele im Niedergang befindliche Industriestandorte zeigen. Die zunehmende Digitalisierung und die Fortschritte im Maschinenlernen bzw. künstlicher Intelligenz [KI] (für einen Überblick über künstliche Intelligenz siehe Burmeister 2019) und Robotik zeigen bereits Funktionen, die über die klassisch herstellende Industrie hinausgehen, wie zum Beispiel selbstständige Roboter in der Lagerhaltung und an Supermarktkassen.

Den Aussagen der OECD zufolge (vgl. OECD Employment Outlook 2019), könnten 14 % der Arbeitsstellen von einer vollständigen Automatisierung betroffen sein, das World Economic Forum (vgl. World Economic Forum, Jobs of Tomorrow 2020; Bertelsmann Stiftung 2016) sieht sogar zwei Drittel der Jobs gefährdet. Zusätzlich werden viele Arbeitsprofile signifikante Veränderung erfahren, denn wir können davon ausgehen, dass innerhalb der nächsten 15 Jahre die Mehrheit der Tätigkeiten eine digitale Komponente enthalten werden. Eine der entscheidenden Frage ist, in welchem Zeitrahmen und in welchem Umfang die menschliche Arbeit wegfällt. Dies hängt unter anderem von der Lernfähigkeit der IT-Systeme und der

Struktur der Wirtschaft ab (vgl. Burmeister 2019). So geht Burmeister davon aus, dass sich die Digitalisierung und Automatisierung, also selbststeuernde IT-Systeme und Roboter, in den Unternehmen und Organisationen bis 2035 in der Breite durchsetzen werden, was aufgrund der bevorstehenden Veränderungen eine eingehende gesellschaftliche Diskussion erfordert.

Zukünftige Arbeitsprofile vorherzusehen, ist ein gewagtes Unterfangen. Wer hätte schon vor ein paar Jahren Tätigkeiten wie Webmaster oder Suchmaschinen-Optimierer*in erwartet. Dementsprechend kann eine momentane Abschätzung nur unvollständig und vorläufig sein. Neben dieser grundsätzlichen Schwierigkeit völlig neue Tätigkeiten zu denken, gehen die meisten Ideen und Ansätze von einer nahezu unveränderten Wirtschaft aus, in der der Fokus auf der Industrialisierung und Digitalisierung, und damit in der aktuellen Ausprägung auf Produktivität und Automatisierung liegt. Verlängern wir also die Gegenwart in die Zukunft, dann können wir ein Ansteigen der Tätigkeiten im IT-und Telekom-Bereich erwarten, im Verkauf und im Marketing, in der Arbeit mit Menschen und im Kulturbereich, im Dienstleistungssektor um das Thema Lernen und Persönlichkeit herum, im Gesundheitswesen inklusive Pflegedienste und persönliche Gesundheit und in der sogenannten grünen Ökonomie (vgl. Burmeister 2019 und ILO 2019).

Folgen wir den Ideen der Analyst*innen, dann werden die Arbeitsprofile der Zukunft einen höheren Anteil an analytischem und strategischem Denken aufweisen, eine deutlich stärkere Technologiekomponente bis hin zu Robotik, künstlicher Intelligenz und Algorithmen, und wir werden unsere sozialen und emotionalen Fähigkeiten verbessern müssen. Einfacher formuliert, werden viele, nicht nur manuelle Tätigkeiten, zusammen mit Maschinen (Roboter und Algorithmen) ausgeführt werden, was je nach Aufgabe Technologiekenntnisse voraussetzt, die in etwa unserer heutigen Bedienung von Smartphones entsprechen, und an anderen Stellen tieferes Wissen von Algorithmen und Robotik benötigt.

Eine ähnliche Bewegung werden wir sicherlich auch bei den kognitiven und emotionalen Fähigkeiten sehen, d. h. viele Tätigkeiten werden unterstützt und einfacher, während andere deutlich anspruchsvoller werden. Insgesamt wird die Komplexität der Gesellschaft vermutlich weiter zunehmen, d. h. logisches und vor allem systemisches Denken, wissenschaftliche Vorgehensweisen, selbständiges Lernen (vgl. World Economic Forum, Jobs of Tomorrow, 2020; Bertelsmann Stiftung 2016), die eigene Persönlichkeit entwickeln, Kreativität und Innovation, psychologisches Verständnis, Flexibilität und arbeiten in wechselnden Teams und Empathie sind die Fähigkeiten, die wir in diversen Kombinationsformen benötigen werden.

Gerade die letzten beiden Anforderungen sind stark von der zukünftigen Struktur der Wirtschaft und Gesellschaft abhängig. Große Teile der neuen Arbeitsprofile weisen in die Richtung von Generalist*innen und stehen damit den Geisteswissenschaften näher, als den bisher eher betriebswirtschaftlich und technisch ausgerichteten Profilen. Je mehr sich die Profile in diese Richtung verschieben, desto mehr Möglichkeiten ergeben sich daher für Geisteswissenschaftler*innen, wenn letztere die Zukunft der Gesellschaft und der Wirtschaft aktiv mitgestalten.

Bisher scheint die Anzahl der in Arbeit stehenden Menschen aufgrund der zunehmenden Automatisierung insgesamt nicht gesunken zu sein. Dafür sehen wir aber deutliche Verschiebungen und deren soziale Auswirkungen. Die Schere der notwendigen Fähigkeiten geht weiter auseinander: Wir finden mehr Jobs mit sehr geringen und sehr hohen Anforderungen, mehr Menschen, die unter- oder teilzeitbeschäftigt sind, einen höheren Anteil abhängiger Selbstständigkeit und Scheinselbstständigkeit, und die Jobs sind deutlich instabiler – oft sogar prekär, wie wir anhand der sogenannten „gig ecomomy" – sehen (vgl. World Economic Forum, Jobs of Tomorrow 2020; Bertelsmann Stiftung 2016).

Prekäre Jobs sind keine Erfindung der Neuzeit, wir kennen Wanderarbeiter*innen aus den zurückliegenden Jahrhunderten und viele der Tätigkeiten zum Beispiel im künstlerischen Bereich und im Agenturgeschäft sind alles andere als stabil. Jetzt scheinen wir allerdings diese Unsicherheit auf große Teile der Industrie zu übertragen, was oftmals mit erheblichen Verlusten an Schutz und Rechten für Arbeitnehmer*innen einhergeht. Die zunehmende Digitalisierung ermöglicht immer mehr, Jobs schnell in das globale Kontinuum zu verlagern, was in starkem Kontrast zu den langfristig und national ausgerichteten Sozialsystemen liegt.

Arbeit hängt sehr stark mit den Werten der Gesellschaft zusammen. In der klassischen Industrialisierung ist eine Tätigkeit entweder eine bezahlte Arbeit oder ein freiwilliges, soziales Engagement. Bereits jetzt zeichnet sich ab, dass die Ausrichtung auf den materiellen Wert der Arbeit, sofern wir uns dies erlauben können, nicht mehr die alleinige Motivation darstellt, eine bestimmte Tätigkeit auszuführen oder nicht. Wir sehen, dass die Werte wie Sinnstiftung, work-life-balance, Kreativität, persönliche Entfaltung, Nachhaltigkeit und Wert für die Gesellschaft in ihrer Bedeutung steigen, momentan aber nur für einen kleinen Teil der Tätigen Realität sind. Wir benötigen nicht nur den Beitrag der Geisteswissenschaften an sich, sondern auch die Vielfalt ihrer Tätigkeiten, um neue Möglichkeiten abseits der starren, industrialisierten Arbeitsprofile zu finden.

Szenarien der Zukunft der Arbeit

Bislang bin ich auf einige der Faktoren eingegangen, die die Zukunft der Arbeit beeinflussen werden. An dieser Stelle können keine ausgearbeiteten Szenarien präsentiert werden, sondern ich werde mit einer vereinfachten Matrix arbeiten, die uns einen limitierten, aber kreativen Ausblick ermöglicht.

Die momentan entscheidenden Faktoren sind die Automatisierung/ Digitalisierung und der Klimawandel bzw. die Nachhaltigkeit. Im ersteren Fall nehme ich der Einfachheit halber an, dass wir einen zunehmenden Grad an künstlicher Intelligenz und Robotik erreichen werden. Im zweiten Fall nehme ich an, dass wir zunehmend Ressourcenprobleme bekommen sowie die zunehmende Auswirkung des Klimawandels erleben werden. Ressourcenproblem und Klimawandel sind miteinander verschränkt, ich gehe davon aus, dass wir beides gleichzeitig angehen werden. In der Matrix (siehe Grafik) finden wir auf der Y-Achse die Automatisierung und auf der x-Achse die Ausrichtung der menschlichen Tätigkeiten aufgetragen, jeweils in ihren Ausprägungen. Letzteres bedarf einer kurzen Erklärung. Meiner Meinung nach werden wir die Probleme der Nachhaltigkeit nicht lösen, wenn wir uns weiter auf Produktivität und Effizienz fokussieren. Wollen wir unsere Zivilisation in die Zukunft bringen, dann müssen wir das sogenannte Anthropozän hinter uns lassen, indem wir den Menschen und die Maschinen) als einen Teil des planetaren Ökosystems ansehen und unsere Aktivitäten dahingehend ausrichten (Abb. 1).

An dieser Stelle möchte ich auch noch einmal kurz auf die Y-Achse, Digitalisierung und die Automatisierung eingehen. In der momentanen Ausprägung der IT überwiegt der Fokus auf Produktivität und Effizienzsteigerung. Dies ist nicht grundsätzlich ein Problem, weil wir natürlich frei sind, die moderne Technologie anders einzusetzen. Mit Ausnahme der lizenzfrei verfügbaren Angebote und selbst bei den sozialen Medien sehen wir allerdings, dass die überwiegende Mehrheit der Technologieanwendungen verwertungs- und konsumentenorientiert, d. h. auf die menschlichen Bedürfnisse dieser Industriegesellschaft ausgerichtet ist. In dieser Form ist IT also ein Teil und eine Ausprägung des Anthropozäns. Wenn wir also die Ressourcenknappheit und die Klimaziele ernstnehmen,

Abb. 1 Matrix zur Zukunft der Gesellschaft (Kai Goerlich)

müssten wir größere Teile der Technologie aus diesem Kontext lösen, und ihnen andere Wertmaßstäbe geben, andernfalls würde uns auch die Technologie in dem bisherigen Pfad festhalten.

Die Szenarien im Einzelnen

Szenario 1: Weiter wie bisher Die einfachste Variante der Zukunft, in der Matrix unten links, besteht darin, dass wir einfach so weitermachen wie bisher, d. h. wir würden weiter manuelle Tätigkeiten durch Automatisierung verlieren auch über die Produktion hinaus. Der Klimawandel würde kaum aktiv angegangen, d. h. wir würden die Probleme auf später verschieben.

Szenario 2: Moderne Wanderarbeiter*innen Im Quadranten oben links, würden wir ebenfalls so weitermachen wie bisher, allerdings würde sich der Grad der Automatisierung und Digitalisierung in allen Bereichen stärker erhöhen und wir würden KI-Systeme breit einsetzen. Die klassischen Arbeitsformen würden sich weitgehend auflösen und die Arbeitsprofile würden vermutlich extreme Ausprägung erfahren, d. h. sehr einfache Tätigkeiten würden denen mit sehr hohen Anforderungen gegenüberstehen. Auch in dieser Zukunft würden wir weiterhin auf Produktion und Effizienz Wert legen, womit vermutlich noch mehr der klassischen Jobs wegfallen würden. Nehmen wir optimistisch an, dass wir an anderer Stelle Jobs erschaffen, dann würden diese in der Mehrheit freiere Formen annehmen. Dies würde dann einer modernen Form der Wanderarbeit ähneln, in dem die Arbeitssuchenden digital und vermutlich auch physisch der Arbeit folgen werden. Sofern wir keine neue Gesellschaftsform entwickeln, dürfen die sozialen Systeme sehr stark unter Druck sein. Auch hier würden wir die Klimaziele verpassen und auf Zeit spielen.

Szenario 3: Verlangsamte Automatisierung In dem Szenario unten rechts in der Grafik verlangsamt sich die Automatisierung der Wirtschaft und der Gesellschaft, weil wir uns konsequent auf Nachhaltigkeit ausrichten, auf regionale bzw. lokale Kreislaufwirtschaften und auf andere Werte, wie z. B. den Happyness-Index (vgl. Helliwell et al. 2020). Eine nachhaltige Gesellschaft wird auch anders mit der menschlichen Arbeit umgehen, d. h. wir würden die Automatisierung und den Einsatz von Robotern aus einem ganzheitlicheren Blickwinkel betrachten.

Szenario 4: Planetare Verantwortung Im oberen rechten Quadranten der Matrix finden wir eine konsequente Ausrichtung auf die Verantwortung des Menschen für alle Lebewesen im Ökosystem Erde. Der hohe Grad der Digitalisierung und der Einsatz von KI und Robotern würde in diesem Sinne eingesetzt, d. h. KI- Systeme würden zusammen mit ihren menschlichen Partner*innen die nachhaltigsten Lösungen erarbeiten. Dies setzt eine globale Kooperation und eine planetare Sicht voraus sowie eine flexible Steuerung der Ressourcen, der Produktion und der Warenwirtschaftsströme, die ebenfalls mithilfe von KI-Systemen verhandelt werden könnte. Vermutlich würden wir die klassische Erwerbstätigkeit durch andere Modelle ersetzen und den Begriff der Arbeit aus der Industrialisierung in dieser Form nicht mehr verwenden. Dieses Szenario ähnelt einigen Ideen der Science-Fiction-Literatur, und wir können an dieser Stelle nur über mögliche politische Systeme und die Weltordnung spekulieren.

Zusammenfassung und Ausblick

Die meisten Betrachtungen der Zukunft der Arbeit richten sich an den Anforderungen der Industriegesellschaft aus, ergänzt um einen höheren Grad der Automatisierung und Digitalisierung. Wie die Ausführungen zeigen, wird weder die Fortführung des bisherigen Weges noch eine zunehmende Automatisierung ohne Veränderung des Wirtschaftssystems zu grundlegenden Veränderungen der Arbeit führen. Wir werden lediglich weniger manuelle und weniger feste Jobs haben, aber deren Ausrichtung wird bestehen bleiben. Die beiden Szenarien auf der rechten Seite der Grafik weisen mehr Freiraum für eine Neuausrichtung in der Arbeit auf. Die Chance für die Geisteswissenschaften liegt also darin, aktiv den Weg in diese Szenarien mit zu gestalten.

Ausblick für Geisteswissenschaften

Meiner Ansicht nach haben die Geisteswissenschaften gerade jetzt eine große Chance, unsere Gesellschaft in eine ganzheitlichere und nachhaltigere Zukunft zu transformieren. Bisher waren wir nicht in der Lage, die notwendigen sozialen, wirtschaftlichen und politischen Veränderungen vorzunehmen, d. h. wir benötigen einen stärkeren Beitrag der Geisteswissenschaften außerhalb des bisherigen Primats des Wachstums und der Profitabilität.

Nur wenig ist so wichtig wie das eigene, selbstständige Lernen, eine der Hauptanforderungen an die Arbeitsprofile der Zukunft. Momentan ist das Lernen in die klassische Wirtschaft eingebunden, d. h. es findet finanziell abgedeckt innerhalb einer definierten Zugehörigkeit statt, etwa der eigenen Firma oder Organisation. Unter der Annahme, dass wir in Zukunft deutlich weniger gebunden arbeiten werden, dürfte sich die Form und die Finanzierung des Lernens deutlich ändern, wie wir bereits in den selbstorganisierenden Strukturen der IT-Industrie sehen können. Je breiter die Arbeitsprofile werden, desto eher werden sie Berührungen mit den Geisteswissenschaften bekommen, d. h. deren Fähigkeiten wie Organisation des Lernens, Management der Inhalte, Kreativität, Empathie usw. werden zunehmend wichtiger. Eine interessante Ausrichtung sind die Mindfulness-Seminare, die von vielen Firmen angeboten werden und ihren Mitarbeiter*innen emotionale und mentale Techniken an die Hand geben, die bisher nur außerhalb der Wirtschaft zu finden waren.

Ein wichtiger Faktor der modernen Arbeit ist die Organisation in flexibleren Strukturen mit kreativen, diversen Teams. In der Realität sind die wenigsten Teams vielfältig aufgebaut, sondern zumeist mit Mitarbeiter*innen mit ähnlichen Profilen und Ausbildungswegen besetzt, oft aus einem engen Kreis von Hochschulen rekrutiert. Geisteswissenschaftler*innen haben im Vergleich zur Wirtschaft und zu den Naturwissenschaften andere Methoden in ihrem Koffer, und können diese selbstbewusst einsetzen in Firmen und Organisationen, die die Zukunft der Arbeit flexibler gestalten wollen.

In dem Maß, in dem die bisherigen Vorgehensweisen ausgeschöpft sind und die Wirtschaft wahre Innovation benötigt, ergeben sich für Geisteswissenschaftler*innen neue Betätigungsfelder, um neue Ansätze und Konzepte zu finden und umzusetzen. Viele der wissenschaftlichen, logischen und systematischen Vorgehensweisen der Geisteswissenschaft haben noch keinen Einzug gefunden in die Wirtschaft. Produktivität und Effizienz geben wenig Raum für neues Denken, andersherum formuliert: Firmen und Organisationen, die sich verändern müssen, werden nach genau diesem Suchen. Als interessante Vorbilder können die Bereiche des Innovations- und Zukunftsmanagements dienen, in denen bereits Menschen aus vielfältigen Richtungen und Ausbildungen erfolgreich tätig sind.

In einer Gesellschaft, die den bisherigen Regeln der Industriegesellschaft folgt, werden die Geisteswissenschaften weiterhin eher am Rand stehen. Dies hat sicher auch damit zu tun, dass die Geisteswissenschaften das Spielfeld der Wirtschaft und den Naturwissenschaften weitgehend überlassen haben. Wir könnten durchaus mehr Einmischung gebrauchen, wenn wir in einer zunehmend digitalisierten Welt und im Klimawandel an unsere menschlichen Grenzen stoßen werden. Wir beginnen erst, das Spektrum Mensch und Maschine zu erforschen und uns auf mögliche Konsequenzen vorzubereiten. Sie können dies als Geisteswissenschaftler*in weiter der Industrie überlassen oder ihre Sichtweisen einbringen. Ähnliches gilt für den Platz des Menschen in der Natur und unser Umgang mit der Natur. Als ein Beispiel, möchte ich auf die sogenannte Gaia-Hypothese von James Lovelock und Lynn Margulis verweisen (vgl. Lovelock 1972 und 1979), die damals ein neues Denken einleitete und in letzter Zeit eine interessante Neuinterpretation erfahren hat (siehe Lenton/Latour 2018), die darauf zielt, dass die Menschheit in eine bewusstere Phase einträte, in der wir eine aktivere Rolle für alle Lebensformen übernehmen könnten und meiner Ansicht nach übernehmen müssen. Der Weg in diese Zukunft benötigt eine größere Offenheit, neue gesellschaftliche Konzepte, neue Ideen für die Organisation der Arbeit und eine andere Ausrichtung der Wirtschaft. Mit anderen Worten benötigen wir mehr Reflexion, wirklich kritisches und neues Denken, Gestaltung, soziale Innovationen und Ideen außerhalb des bisherigen Bezugsrasters und damit mehr Geisteswissenschaften.

Arbeit(en) im Öffentlichen Dienst

Jochen O. Ley

Ein oftmals unterschätztes Berufsfeld für Absolvent*innen eines geisteswissenschaftlichen Fachs ist der Öffentliche Dienst. Dabei bieten sich hier ungeahnte Möglichkeiten, sowohl für den Einstieg ins Berufsleben als auch für die Weiterentwicklung und Karriere. Wir können Ihnen natürlich keine Garantien geben und auch nicht prognostizieren, wie der Arbeitsmarkt in fünf Jahren aussehen wird, doch zum Zeitpunkt der Drucklegung dieses Buches sind die Chancen ausgesprochen gut. In den nächsten zehn Jahren scheiden nach einer Prognose aus dem Jahr 2018 fast 50 % der Mitarbeiter*innen im Öffentlichen Dienst altersbedingt aus (vgl. Statistisches Bundesamt 2019); in Berlin sind es sogar beinahe 60 % (vgl. Statistik Berlin-Brandenburg 2018). Apropos Garantien: Die nachfolgenden Ausführungen basieren auf Erfahrungen, die wir im Rahmen unserer Arbeit an einer Universität mit einer Vielzahl von Ausschreibungs- und Auswahlverfahren gewonnen haben. Sie lassen sich zwar verallgemeinern, bedenken Sie jedoch bitte immer, dass jede ausschreibende Einrichtung die Schwerpunkte bei der Auswahl neuer Mitarbeiter*innen anders setzen kann.

Grundsätzlich sollten Sie als Geisteswissenschaftler*in für die Arbeit im Öffentlichen Dienst folgende Eigenschaften mitbringen: ein abgeschlossenes Hochschulstudium (das nicht immer eine Voraussetzung ist, doch wir wollen davon ausgehen, dass Sie Ihr Studium abschließen), Abstraktionsvermögen,

---

J. O. Ley (✉)
Berlin, Deutschland
E-Mail: coach.ley@posteo.de

Analysefähigkeit, Team- und Kommunikationsfähigkeit, die Bereitschaft zur kontinuierlichen Weiterbildung und die Affinität zu einer hierarchischen Organisation. Bitte unterschätzen Sie den letzten Punkt nicht! Auch wenn der Öffentliche Dienst sich in einem Wandel befindet und immer mehr prozessorientiert denkt und arbeitet, gibt es hier klare Hierarchien, Maßgaben, Vorgaben, Regelungen und Weisungen. Sie haben Kernzeit, in der Sie da sein müssen, reguläre oder regelmäßige Arbeitszeit, in der Sie arbeiten können; Sie haben Fach- und Dienstvorgesetze, Dienstwege und Abstimmungsprozesse, die ihre Zeit brauchen; Sie arbeiten in einer komplexen und gewachsenen Organisation, die nicht immer agil ist.

Was Sie arbeiten und verdienen können

Da der Öffentliche Dienst sich an den Beamtendienst anlehnt, sind die Tarifstruktur und die Arbeitsaufgaben ähnlich. Sobald Sie ein Bachelorstudium, ein sog. Hochschulstudium, abgeschlossen haben, sind Sie qualifiziert für das, was bei Beamt*innen „gehobener Dienst" heißt; dieser beginnt mit der Entgeltgruppe 9 und endet mit der Entgeltgruppe 12. Danach und mit der Entgeltgruppe 13 beginnt das Äquivalent zum höherem Dienst, der bis Entgeltgruppe 15 (Ü) geht. Hierfür brauchen Sie ein wissenschaftliches Hochschulstudium, also einen Master oder Magister oder auch eine Promotion. Innerhalb der Entgeltgruppen gibt es die Erfahrungsstufen 1 bis 6, d. h. je länger Sie im Öffentlichen Dienst in der gleichen Tätigkeit sind, desto mehr Erfahrung sammeln und desto mehr Entgelt erhalten Sie – bei Einstellung erhalten Sie immer die Entgeltstufe 1 der entsprechenden Entgeltgruppe, sofern Sie anrechenbare Vorerfahrungen haben, können Sie früher in die nächste Stufe kommen.

Wenn Sie dieses Thema im Detail interessiert, schauen Sie sich den Tarifvertrag der Länder (TV-L) und des Bundes und der Kommunen (TVÖD) an oder schauen Sie im Internet; Linktipps finden Sie am Ende dieses Beitrags. Weil der Öffentliche Dienst in Sachen Verdienst transparent ist, finden Sie schnell heraus, was Sie verdienen. So beginnt z. B. eine Entgeltgruppe 9b in der Stufe 1 bei einer Vollzeittätigkeit mit 3000 € brutto und endet in Stufe 6, also nach 21 Jahren, mit 4250 € brutto (Stand 2020). Die Entgeltgruppe 13 fängt in Vollzeit mit 4000 € brutto und hört mit 5800 € brutto auf (Stand 2020); hinzukommen die Tariferhöhungen, die durch Gewerkschaften und Arbeitgeber*innenverbände ausgehandelt werden.

Die drei großen Betätigungsfelder für Geisteswissenschaftler*innen im Öffentlichen Dienst sind die Allgemeine Verwaltung, z. B. Personal, Haushalt, Sekretariat/Assistenz, Wissenschaft und Forschung, z. B. Wissenschaftsmanagement, und die Beratung, z. B. Studienberatung oder Karriereberatung. Innerhalb dieser Felder gibt es typische Jobs, die fast immer eine gleiche oder ähnliche Vergütung haben. Dazu gehören:

1. Assistent*innen als Teamassistenz, Bürokoordination und -leitung oder Fremdsprachenassistent*in, die in Regel in den Entgeltgruppen 8 oder 9 zu finden sind.
2. Sachbearbeiter*innen für Personal, Haushalt, Prüfung, Zulassung, Öffentlichkeitsarbeit oder Veranstaltungen; diese sind in der Regel in die Entgeltgruppe 9 eingestuft.
3. Sachgebietsleitungen und Projektkoordinator*innen in Drittmittelprojekten, die regelhaft die Entgeltgruppen 9 oder 11 erhalten.
4. Referent*innen und Berater*innen, z. B. Persönliche Referent*innen, Länderreferent*innen, Berufungsreferent*innen, Studienberater*innen und Fachberater*innen, die oftmals mit einer Entgeltgruppe 13, manchmal und abhängig von den Aufgaben, auch mit einer Entgeltgruppe 11 zu finden sind.
5. Projektleiter*innen und Wissenschaftsmanager*innen, häufig in Drittmittelprojekten, mit einer Entgeltgruppe 11 oder 13 bezahlt.
6. Beauftragte, z. B. für Frauen, Inklusion, Behinderung u. ä., die ebenfalls eine Entgeltgruppe 11 oder 13 erhalten.

Abhängig von der Behörde oder Einrichtung kann die Vergütung bzw. ausgeschrieben Stelle mit der Entgeltgruppe unterschiedlich sein; die hier genannten sind also nicht verbindlich, sondern Erfahrungswerte.

Jobs im Öffentlichen Dienst können, gerade in Projekten, erst einmal befristet sein. Die Befristung kann von sechs Monaten bei Elternzeit- oder Krankheitsvertretungen bis drei oder fünf Jahren gehen. Ob das für Sie eine Option sein kann, müssen Sie selbst entscheiden. Aus dem, was wir wissen und erfahren haben, können wir Ihnen sagen, dass Arbeitserfahrungen aus einer Vortätigkeit im Öffentlichen Dienst für eine spätere oder erneute Beschäftigung hilfreich sind. So kann z. B. befristete Arbeitserfahrung das Kriterium der (einschlägigen) Kenntnisse erfüllen. Und auch wenn Sie einen Master haben, kann ein Einstieg in den Öffentlichen Dienst mit der Entgeltgruppe 9 ein möglicher erster Schritt für Ihre Karriere werden. Damit sprechen wir uns nicht dafür aus, dass qualifizierte Absolvent*innen sich überqualifiziert auf (vermeintlich) schlechter bezahlte Jobs bewerben sollen. Wir plädieren auf Basis unserer Arbeitserfahrungen allerdings dafür, solche Stellen nicht grundsätzlich auszuschließen, sondern kritisch zu prüfen, besonders dann, wenn Sie noch keine Berufserfahrung haben.

Wie Sie eine Ausschreibung lesen

Falls Sie sich nun Stellenausschreibungen für den Öffentlichen Dienst anschauen und sich bewerben wollen, können wir Ihnen noch ein paar Erläuterungen und Tipps auf den Weg geben.

Oft finden Sie sehr ähnliche Formulierungen, die Sie kennen sollten, damit Sie wissen, wann sich eine Bewerbung für Sie lohnt. Eine Standardformulierung ist: „Abgeschlossenes Studium bzw. abgeschlossene Ausbildung oder vergleichbare Kenntnisse und Erfahrungen". Diese finden Sie bei Stellen der Entgeltgruppen 8 und 9, manchmal auch in der Entgeltgruppe 11. Sie bedeutet, dass Sie sich entweder mit einem abgeschlossenen Bachelor (oder höherer Abschluss) oder mit einer abgeschlossenen Ausbildung oder mit vergleichbaren Kenntnisse und Erfahrungen, z. B. Arbeitserfahrung, bewerben können und dieses Kriterium erfüllen. Steht dort „Abgeschlossenes Studium der Verwaltungswissenschaften" o. Ä. wird der Kreis der Bewerber*innen eingeengt, Sie müssen dann das genannte Fach studiert und abgeschlossen haben. Anders ist es bei der Formulierung „Abgeschlossenes Studium, bevorzugt der Verwaltungswissenschaften oder ähnliches Fach". Mit dem Wort „bevorzugt" wird das Kriterium geöffnet, d. h. der/die ideale Bewerber*in erfüllt dieses, es können sich aber auch alle anderen, die ein Studium abgeschlossen haben, bewerben.

Eine Standardformulierung für die Entgeltgruppe 13 lautet: „Abgeschlossenes wissenschaftliches Hochschulstudium". Hier müssen Sie einen Master (oder eine Promotion, ein Diplom oder auch einen Magister) abgeschlossen haben, damit Sie in die Auswahl kommen. Sie finden dazu ähnliche, weitere Formulierungen wie die oben genannten, also „bevorzugt in", „erwünscht in" und „insbesondere in"; auch hier können Sie sich mit jedem anderen Fach, das Sie studiert und abgeschlossen haben, bewerben. Das geht nicht, wenn dort ein Studienfach oder mehrere Studienfächer ohne „bevorzugt" o. Ä. angeführt sind, z. B. „Abgeschlossenes wissenschaftliches Hochschulstudium in Sozialwissenschaften, Politikwissenschaften, Verwaltungswissenschaften oder Staatswissenschaften"; in diesem Falle müssen Sie die genannten Fächer studiert haben.

Ein spezieller Fall wäre die Formulierung „Abgeschlossenes wissenschaftliches Hochschulstudium in einem philologischen oder einem verwandten Fach". Hier wird einerseits der Kreis der möglichen Bewerber*innen eingeschränkt, andererseits mit dem Teil „verwandtes Fach" auch wieder ein Stück weit geöffnet – und es stellt sich die Frage, was ein verwandtes Fach sein kann. Wenn Sie eine Ausschreibung dieser Art finden, fragen Sie einfach nach. In jeder Stellenausschreibung des Öffentlichen Dienstes ist mindestens eine Kontaktperson angegeben, die Ihnen Auskunft geben kann und muss. Finden Sie zwei Ansprechpartner*innen, ist häufig eine für das Verfahren (Wie bewerben Sie sich?), eine für die Arbeitsaufgaben der ausgeschriebenen Stelle (Was machen Sie in dem Job?) zuständig, achten Sie dann darauf, dass Sie die richtige Person kontaktieren.

Sehr häufig werden Sie Formulierungen finden wie „Kenntnisse in", auch als „fundierte Kenntnisse", „vertiefte Kenntnisse" oder „gründliche Kenntnisse", und „einschlägige Berufserfahrung". Kenntnis bedeutet, dass Sie sich mit etwas auskennen und es bereits genutzt oder angewendet haben. Erwartet eine Beschäftigungsstelle von Ihnen „Kenntnisse in der Konzeption, Organisation und Durchführung von Veranstaltungen", haben Sie genau das schon gemacht. Mehr an Erfahrung bieten müssen Sie, wenn gute, vertiefte und fundierte Kenntnisse gefordert sind. Die Einschlägigkeit, über die wir weiter oben schon sprachen, bezieht sich auf das Arbeitsgebiet, in dem Sie entsprechende Erfahrungen gesammelt haben müssen – es sollte dem, für das Sie sich bewerben, gleich oder ähnlich sein. Bewerben Sie sich z. B. auf einen Job als Referent*in, meint einschlägige Berufserfahrung, dass Sie schon einmal als Referent*in gearbeitet haben, idealerweise in einer vergleichbaren Position und mit vergleichbaren Arbeitsaufgaben und -inhalten. Die Einschlägigkeit wird, ebenso wie die Kenntnis, von der einstellenden Einrichtung beurteilt. Hier gibt es sowohl Ermessen als auch Erfahrungswerte, die eine Rolle spielen. Wie hart das Kriterium ist, wissen Sie nicht, wenn Sie sich bewerben, fragen Sie im Zweifelsfalle nach.

Wo Sie Stellen finden

Haben Sie nun Lust auf einen Job im Öffentlichen Dienst bekommen, müssen Sie nur noch Stellen finden. Bewerben Sie sich nicht initiativ, sondern nur auf ausgeschriebene Stellen. Im Öffentlichen Dienst müssen Jobs ausgeschrieben werden; wenn Sie also nichts finden, gibt es derzeit auch nichts. Gute und geeignete Jobbörsen sind:

a. Stellenticket, wo Stellen an Hochschulen ausgeschrieben sind;
b. das Bundesverwaltungsamt mit bundesweiten Stellen im Öffentlichen Dienst;
c. die einzelnen Webseiten von Kommunen, Ländern, Hochschulen und Behörden, dort in der Regel unter „Stellenausschreibungen" oder „Stellenangebote".

Einen wichtigen Tipp zum Schluss: Gehen Sie immer auf alle in der Ausschreibung geforderten Kriterien ein, auch wenn Sie Ihnen banal scheinen! Fordert Ihr*e künftige*r Arbeitgeber*in „Kenntnisse der Software zur Bürokommunikation", so meint er Text- und Tabellenverarbeitungsprogramme, die vermutlich jede*r hat, Sie führen Sie dennoch in Ihrem Bewerbungsanschreiben oder Ihrem Lebenslauf an. Andernfalls kann es sein, dass Sie nicht in die Auswahl kommen, egal wie kreativ, individuell und sprachlich überzeugend Ihre Bewerbung auch sein mag.

Strategische Tipps für den Weg ins Berufsleben

Patricia Wohner

„Was soll nur aus dir werden?" Fürsorgliche Familienmitglieder können sich häufig nicht vorstellen, was man mit einem geisteswissenschaftlichen Studienfach beruflich anfangen kann. Und oftmals wird Ihnen selbst die Antwort auf die Frage „Und was machst du dann mal damit?" nicht leichtfallen. Während Studierende anderer Fachrichtungen wie Jura oder Medizin eher eine Vorstellung davon entwickeln können, welche Stelle auf sie passt, gibt es für Geisteswissenschaftler*innen keine typische Laufbahn. Außer im wissenschaftlichen Bereich werden sie kaum nur aufgrund des Studienfaches eingestellt. Auch wenn sich der Arbeitsmarkt für Geisteswissenschaftler*innen in den letzten Jahren positiv entwickelt hat, liegen ihre Arbeitslosenzahlen oberhalb des Durchschnitts aller Akademiker*innen. Dennoch bieten sich Geisteswissenschaftler*innen eine Vielzahl spannender beruflicher Chancen (mehr dazu lesen Sie im Beitrag von Hedda Zechner). Die notwendige Flexibilität von Geisteswissenschaftler*innen zeigt sich u. a. darin, dass sie schon lange nicht mehr ausschließlich in den „typischen geisteswissenschaftlichen" Tätigkeitsfeldern zu finden sind, wie Weiterbildung und Öffentlichkeitsarbeit. Viele besetzen inzwischen auch Stellen im Personalwesen, in Werbung und Marketing, aber auch in der Verwaltung, im Vertrieb, in der Unternehmensberatung oder bei Banken.

Dennoch plagen Geisteswissenschaftler*innen häufig Zweifel, ob sie sich für das richtige Studium entschieden haben. Der ständige Legitimationszwang und

P. Wohner (✉)
Berlin, Deutschland
E-Mail: patricia.wohner@web.de

die permanente Erklärungsnot führen bei vielen Geisteswissenschaftler*innen zu Identitätskrisen und Frust. Diese Krisen erhöhen insbesondere am Ende des Studiums den Druck, jetzt unbedingt die richtige Entscheidung bei der Berufswahl zu treffen, um die Studienwahl vor sich selbst und vor anderen zu legitimieren. Um eine zufriedenstellende Entscheidung treffen zu können, sollten Sie sich spätestens ab der Mitte des Studiums Gedanken darüber machen, wie Sie sich Ihr berufliches und privates Leben nach dem Studium vorstellen. So schön es ist, dass sich der Arbeitsmarkt für Sie offen gestaltet, so hoch sind die Anforderungen an Sie, die Möglichkeiten einzuschränken.

Die Frage „Was kann ich mit meinem Studienfach anfangen?" wird Sie jedoch nur bedingt weiterbringen. Überlegen Sie lieber: Haben Sie sich mit der Wahl Ihres Studiums nicht ausdrücklich für ein Fach entschieden, das Sie interessiert und weniger für eine bestimmte Karriere? Stehen Sie zu dieser Entscheidung und fangen Sie am besten damit an, sich noch einmal zu verdeutlichen, was Ihre Beweggründe waren, um dann einen Blick in die Zukunft zu werfen. Das Wichtigste ist herauszufinden, was Sie sich wirklich wünschen und welche Prioritäten Sie setzen. Gerade weil Geisteswissenschaftler*innen kein festes Berufsbild haben, müssen sie sich umso mehr Gedanken über ihre Zukunftsgestaltung machen. Fragen nach Werten, Motiven und Rahmenbedingungen helfen dabei, einen Plan für das eigene Vorgehen zu entwerfen. Sie können während des Studiums einiges tun, um den Übergang in den Job zielorientiert und strukturiert vorzubereiten. Folgende Tipps unterstützen Sie dabei.

Tipp 1: Stellen Sie sich auf den Kopf
Wenn Sie noch keine Klarheit für sich haben, wie Sie sich Ihre berufliche und private Zukunft vorstellen, kann es hilfreich sein, die Kopfstandmethode anzuwenden und sich der Frage nach Ihrer Zukunft von der anderen Seite zu nähern. Fragen Sie sich also nicht „Wie stelle ich mir meine Zukunft vor?", sondern „Was kann ich mir überhaupt nicht vorstellen? Wie würde ich so richtig unglücklich werden?" Vielen fällt es leichter, zunächst ein negatives Szenario zu entwerfen:

- Welche Arbeit (Themen, Tätigkeiten) interessiert mich überhaupt nicht?
- Wo möchte ich auf gar keinen Fall arbeiten?
- Mit wem und für wen möchte ich niemals arbeiten?
- Welche Werte sollte mein*e Arbeitgeber*in auf gar keinen Fall vertreten?
- Was möchte ich keinesfalls erreichen?
- Was gehört noch dazu, damit mein Job so richtig schlimm ist?

In einem nächsten Schritt können Sie die gesammelten negativen Aspekte ins Positive wenden und sich so einem Umfeld nähern, das Ihnen möglicherweise schon besser gefällt.

Tipp 2: Suchen Sie sich erfahrene Gesprächspartner*innen und netzwerken Sie
Hilfreich kann auch sein, sich Personen zu suchen, die ähnliche Hintergründe haben wie Sie, ähnliche Ziele verfolgen und damit auch ähnliche Probleme haben. Sie eignen sich gut zum Erfahrungsaustausch und zur gemeinsamen Entwicklung von Lösungen. Aber auch erfahrenere Personen, deren Job Sie gern hätten – selbst wenn es keine Geisteswissenschaftler*innen sind – eignen sich zum gemeinsamen Brainstorming. Nehmen Sie mit diesen Personen Kontakt auf und bitten Sie sie um ein Gespräch, in dem Sie Ihre Fragen zum Job und zum Weg dorthin besprechen können. Auch wenn sich heute viele Informationen im Internet recherchieren lassen, ist ein persönliches Gespräch sehr viel wertvoller, in dem Sie Ihre individuellen Fragen und auch Befürchtungen besprechen und sich Tipps für Ihr eigenes Vorgehen holen können. Berufserfahrene Personen sind häufig sehr offen für solche Anfragen. Meist erinnern sie sich an ihre eigene Orientierungsphase und freuen sich, junge Menschen in einer ähnlichen Situation unterstützen und fördern zu können. Fragen Sie, um von ihnen zu lernen:

- Was lieben Sie an Ihrem Job?
- Welche Herausforderung muss man erwarten?
- Welche Fähigkeiten und Kompetenzen sind unbedingt erforderlich?
- Was hätten Sie gern schon früher gewusst?
- Welchen Rat können Sie mir geben?

Dieses Vorgehen bietet Ihnen darüber hinaus die Möglichkeit, Ihr eigenes Netzwerk aufzubauen. Wer Teil Ihres Netzwerkes ist oder wird, hängt von Ihren beruflichen Zielen ab. Möglichkeiten, Kontakte zu knüpfen gibt es genug: Praktika und studentische Jobs, Messen, Recruiting-Veranstaltungen oder Online-Karrierenetzwerke. Um hilfreiche Kontakte herzustellen, muss man Initiative zeigen. Bauen Sie Vertrauen auf, indem Sie sich auch fragen, was Sie der anderen Person für einen Nutzen bringen. Als Student*in haben Sie zum Beispiel eine andere Sichtweise, die wiederum zur Inspiration für die erfahrene Person werden kann, in eine andere Richtung zu denken, ihr Produkt anzupassen oder ein Gefühl für neue Trends oder Arbeitsweisen zu bekommen.

Möglicherweise eignet sich eine Person aus Ihrem Netzwerk ja auch als Vorbild, an dem Sie sich orientieren können. Reflektieren Sie, was Sie an dieser Person so ansprechend finden. Ist es ihr Auftreten oder ihr Aufgabengebiet oder sind es ihre Überzeugungen, ihre Erfolge und persönlichen Eigenschaften? In einem zweiten Schritt versuchen Sie dann herauszufinden, welche Eigenschaften Ihres Vorbildes Sie bei sich erkennen. Notieren Sie diese Punkte und überlegen Sie dann auch, von welchen Eigenschaften Sie gern mehr hätten. So schaffen Sie sich einen Anhaltspunkt für Ihre weitere Profilbildung.

Tipp 3: Planen Sie konkrete Schritte
Wenn Sie dann wissen, in welchen Berufsfeldern Sie sich wiederfinden, können Sie konkrete Schritte planen und darauf hinarbeiten. Sie können sich eine Expertise schaffen, indem Sie zum Beispiel Lehrveranstaltungen zum Thema belegen und Ihre Abschlussarbeit entsprechend ausrichten. Sie können gezielt Ihre Netzwerke aufbauen, sich Zusatzqualifikationen aneignen und so Ihre Einstiegsmöglichkeiten erhöhen. Es ist wichtig, dass Sie Ihre persönlichen Stärken zusammentragen und Ihr eigenes Profil bilden. Beschäftigen Sie sich damit, was Sie können und worin Sie Ihre Stärken sehen. Arbeitgeber*innen stellen nicht nur Anforderungen an Ihr Fachwissen, sondern legen auch viel Wert auf soziale und personale Kompetenzen. Wissen Sie, über welche Sie verfügen und können Sie diese auch durch konkrete Beispiele anderen gegenüber überzeugend verständlich machen? Wenn Sie herbei Unterstützung benötigen, sehen Sie sich das Programm des Career Centers an Ihrer Universität an. Das Angebot umfasst in der Regel zahlreiche Trainings und Workshops, in denen Sie sich gemeinsam mit Kommiliton*innen mit Ihren Kompetenzen, aber auch Motivationen, Wünschen und Zielen beschäftigen können. In der Laufbahnberatung können Sie dann Ihre ganz persönlichen Fragen klären und Ihre nächsten Schritte anhand eines individuell entwickelten Planes umsetzen.

Tipp 4: Würdigen Sie Ihre Motivation und Ihr Engagement
Wenn Sie sich nochmals deutlich gemacht haben, warum Sie sich für Ihr Studium entschieden haben, können Sie bereits einen zentralen Aspekt Ihres Stärkenprofils benennen: Ihre Motivation und Ihr individuelles Interesse an bestimmten Themen sind ein zentraler Bestandteil Ihres individuellen Profils. Ihnen sollte bewusst sein, dass es neben Ihnen Hunderte Absolvent*innen gibt, die den gleichen Abschluss haben wie Sie. Warum also sollte sich ein*e Arbeitgeber*in gerade für Sie entscheiden? So kann es

hilfreich sein, zu zeigen, wie interessiert und engagiert Sie Ihre Interessen bereits während des Studiums verfolgt haben. Aus Ihrem Vorgehen schließt ein*e Arbeitgeber*in, dass Sie sich ebenso engagiert in Ihrem neuen Tätigkeitsfeld einbringen werden. Motivation ist also eine Kompetenz, die ausgesprochen wichtig ist und in der Bewerbungsphase als Zünglein an der Waage fungieren kann.

Tipp 5: Blicken Sie über den eigenen Tellerrand
Des Weiteren kann es nützlich sein, einen Blick auf sehr persönliche Erfahrungen zu werfen, um sich Ihre Stärken zu verdeutlichen. Lernen findet nie ausschließlich in Institutionen statt. Deshalb ist es wichtig, sich Lernmöglichkeiten auch außerhalb der Universität zu suchen. Nur so entstehen individuelle Lernprozesse, die für ein individuelles Profil unerlässlich sind. Schreiben Sie auf, was Sie neben dem Studium im Nebenjob oder auch privat gelernt haben. Vielleicht fotografieren Sie gern oder beschäftigen sich mit einer nachhaltigen Lebensweise? Dann sind das Punkte, die Sie in Ihrem Lebenslauf abbilden sollten, wenn Sie zum Beispiel Ihre Kreativität oder Ihre Fähigkeit belegen möchten, sich in fachfremde Inhalte einzuarbeiten. Überlegen Sie, was Ihnen Spaß macht und was Ihnen eher schwerfällt. Lassen Sie jede Erfahrung einfließen. Oft sind es insbesondere diese Erlebnisse, die deutlich machen, wo unsere Stärken liegen und was unsere Persönlichkeit prägt.

Gelegenheit, über den eigenen Tellerrand zu blicken, bietet auch ein längerer Auslandsaufenthalt. Nicht nur, wenn Sie eine Philologie studieren, macht es Sinn, für ein oder zwei Semester an einer anderen Universität im Ausland zu studieren oder auch ein Praktikum zu absolvieren, um die Sprache noch besser zu lernen und Einblicke in andere Arbeitsweisen zu bekommen. Es muss übrigens nicht immer ein institutionell strukturierter Rahmen sein. Auch wenn Sie selbst einen Auslandsaufenthalt organisieren, wie zum Beispiel ein Work & Travel, können Sie relevante Erfahrungen sammeln.

Tipp 6: Gleichen Sie Ihr Selbst- mit dem Fremdbild ab
Da Menschen oft defizitorientiert auf sich selbst blicken, und es uns allen häufig an Wertschätzung gegenüber den eigenen Erfahrungen und Erfolgen fehlt, kann der Austausch mit zum Beispiel Kommiliton*innen ausgesprochen förderlich sein. Besprechen Sie mit ihnen Ihre eigene Selbsteinschätzung und lassen Sie sich eine konstruktive Rückmeldung geben. Andere sehen meist klarer, was wir geleistet haben. Viele Aspekte können Sie dann positiv in das eigene Selbstbild integrieren. Das steigert das Selbstwertgefühl. Aber auch ein Feedback zu unseren Schwächen spornt uns an, an

uns zu arbeiten. Ein ehrlicher Austausch bringt des Weiteren die Erkenntnis mit sich, dass andere in ähnlichen Situationen sind wie wir und an denselben Fragestellungen arbeiten. Das macht es leichter, sich selbst seine Entwicklungsbedarfe einzugestehen.

Tipp 7: Sammeln Sie Stellenanzeigen
Wenn Sie sich ausreichend mit Ihren Wünschen und Zielen beschäftigt haben, können Sie die nächsten Schritte angehen. Auch wenn der Berufseinstieg während des Studiums noch in weiter Ferne zu liegen scheint, sollten Sie sich bereits einen Eindruck davon verschaffen, welche Stellen es überhaupt gibt, welche Sie interessieren, wie die Berufs- und Tätigkeitsbezeichnungen sind und welches Wissen und welche Erfahrungen gefordert werden. Dieses Vorgehen bringt folgende Vorteile:

- Sie können das Sammeln von Stellenanzeigen zur eigenen Orientierung nutzen. Achten Sie darauf, was Ihr Interesse weckt und entwickeln Sie so ein systematisches Vorgehen.
- Stellen Sie fest, dass Ihnen Qualifikationen fehlen, können Sie sich diese im Laufe des weiteren Studiums aneignen und Ihr berufliches Profil passgenau zum Berufsfeld entwickeln.
- Sie erhalten einen Überblick über potenzielle Arbeitgeber*innen in dem Bereich, der Sie interessiert und können sich gezielt über diese informieren. Unternehmen und Institutionen präsentieren sich auf ihrer Website und geben Informationen zur Arbeitskultur, sodass Sie deren Werte mit Ihren eigenen abgleichen können.
- Haben Sie sich eine Liste mit interessanten Arbeitgeber*innen erstellt, können Sie mit dem einen oder der anderen bereits während des Studiums beispielsweise im Rahmen eines Praktikums oder einer studentischen Mitarbeit in Kontakt treten.

Tipp 8: Betreiben Sie Selbstmarketing
Würde eine Person Ihr Interesse wecken, die den Eindruck vermittelt, kein Ziel und keine Vision vor Augen zu haben? Um Ihre Vision deutlich zu machen, finden Sie heraus und erzählen Sie, welcher rote Faden Ihre Einträge im Lebenslauf miteinander verbindet. Dieser Faden zeigt Ihre ganz persönliche Entwicklungsgeschichte. Und diese Geschichte ist umso spannender, je mehr Hindernisse Sie gemeistert haben.

Studierende wollen häufig wissen, wie sie bestimmte Stationen oder Phasen ihres Lebens positiver darstellen können. Kritisch sehen sie zum Beispiel längere Auslandsreisen, bei denen kein Praktikum oder kein organisierter Sprachkurs absolviert wurde. Auch ein Studienfachwechsel wird häufig als Manko im Lebenslauf empfunden. Diese Unsicherheit spiegelt die Vorstellung wider, dass bestimmte Ereignisse den viel gerühmten roten Faden unterbrechen. Dabei sind es gerade diese vermeintlichen Brüche, die unsere eigene Entwicklungsgeschichte abbilden. Die Entscheidung für einen Fachwechsel zum Beispiel erfordert viel Mut, weil man sich möglicherweise gegen den Rat besorgter Eltern entscheiden und durchsetzen muss. Es gehört eine Menge Reflexionsarbeit dazu, diesen Schritt zu gehen. Machen Sie sich dieses lösungsorientierte Vorgehen bewusst und vertreten Sie es auch überzeugt bei möglichen kritischen Nachfragen von Seiten der Arbeitgeber*innen in einem Vorstellungsgespräch. Stehen Sie zu Ihrem Weg und nennen Sie die Vorteile, die sich für Sie aus Ihren Entscheidungen ergeben haben.

Tipp 9: Sammeln Sie praktische Erfahrung
Durch ein Praktikum können Sie ein angestrebtes berufliches Tätigkeitsfeld besser kennenlernen und möglicherweise unrealistische Erwartungen an zukünftige Aufgabenbereiche korrigieren. Sie erkennen darüber hinaus mögliche fachliche oder überfachliche Defizite und können sie im weiteren Studienverlauf beheben. Wichtig ist, bei der Suche nach einem geeigneten Praktikumsplatz grundlegende Rahmenbedingungen zu klären, um einen echten Lerneffekt zu erzielen. Besprechen Sie im Vorfeld,

- ob Sie Einblicke in die Arbeitsabläufe erhalten werden,
- in welchem Maße Sie darin integriert werden,
- ob Ihnen konkrete Aufgaben übertragen werden,
- fordern Sie eine Ansprechperson, mit der Sie sich regelmäßig austauschen können und die Ihnen Feedback gibt,
- nutzen Sie solche Gespräche, um Ihre persönlichen Fragen zum Job zu besprechen.

Neben Praktika können auch studentische Nebentätigkeiten, Mentoringprogramme, ehrenamtliche Tätigkeiten oder Hospitationen eine gute Ergänzung zum Studium sein und um einen Einblick in Arbeitsabläufe verschiedener Berufsfelder zu bekommen. Außerdem lässt sich eine ehrenamtliche Tätigkeit oder eine studentische Mitarbeit oftmals besser ins Studium integrieren als ein zeitlich fest strukturiertes Praktikum. Darüber hinaus bieten solche Formate die Möglichkeit, sich potenzielle Arbeitgeber*innen über einen längeren Zeitraum anzuschauen und innerhalb des übertragenen Verantwortungsbereiches zu wachsen.

Sich ein eigenes Kreativprojekt zu überlegen und umzusetzen, bietet ebenfalls eine gute Möglichkeit, praktische Erfahrungen zu sammeln. Gerade als Geisteswissenschaftler*in sollten Sie sich diese Möglichkeit auf keinen Fall entgehen lassen. Egal ob ein Podcast über Ihr Spezialthema oder die Organisation eines Flohmarkts in der Nachbarschaft – Projekte dieser Art sprechen für Ihre Eigeninitiative und sind eine wertvolle Station in Ihrem Lebenslauf. Insbesondere dann, wenn andere praktische Erfahrungen eher überschaubar sind. Eigene Projekte stellen eine wertvolle Ergänzung innerhalb Ihres beruflichen Profils dar. Sie belegen u. a. Ihre Digitalisierungskompetenz, die im Hinblick auf Digitalisierungsbestrebungen in allen Branchen eine immer bedeutsamere Rolle spielt.

Tipp 10: Orientieren Sie sich bei Zusatzqualifikationen und einer Promotion am Berufsbild

Während des Studiums haben viele Studierende das Gefühl, sie seien noch nicht gut genug aufgestellt und müssten sich nun noch weiteres Wissen aneignen, um auf dem Arbeitsmarkt erfolgreich zu sein. Bevor Sie sich zu einer umfassenderen Weiterbildung entscheiden, analysieren Sie Ihr berufliches Profil hinsichtlich Ihrer Stärken noch einmal ganz genau. Schauen Sie, ob eine für das gewünschte Berufsbild typische Kompetenz in Ihrem Studiengang fehlte (zum Beispiel betriebswirtschaftliches Wissen im Kulturbereich). Dafür ist es wichtig, herauszufinden, worauf Arbeitgeber*innen in dem Kontext Wert legen, in den Sie einsteigen wollen. Wie messen diese die Expertise der Bewerber*innen? Das können zum Beispiel sein:

- Zeugnisse, Zertifikate, Weiterbildungsnachweise
- Selbststudium, Proaktivität
- einschlägige praktische Erfahrungen.

Daran ausgerichtet können Sie eine Anpassungsstrategie festlegen. Welche und wie viel Weiterbildung Sie noch benötigen, lässt sich also nicht pauschal sagen. Gezielte Weiterbildung sollte sich jedenfalls stets am Berufsbild orientieren und im Sinne eines lebenslangen Lernens auch nach dem Berufseinstieg Teil Ihrer weiteren Berufsbiografie bleiben.

Der systematische Blick in aktuelle Stellenausschreibungen ist auch bei einer geplanten Promotion hilfreich. Achten Sie darauf, welche Stellen eine Promotion erfordern und welche nicht. Fragen Sie sich ehrlich, ob Sie die Promotion Ihrem Ziel näherbringen kann oder ob der Plan zu promovieren, nicht viel mehr Ihrem Wunsch entspricht, die berufliche Orientierungsphase noch etwas in die Länge zu ziehen. Auch wenn eine Promotion in fachaffinen Berufszweigen Ihr professionelles Ansehen heben und Ihre fachliche Expertise belegen kann, ist sie nicht immer von Vorteil. Ob und inwiefern eine Promotion prinzipiell sinnvoll – oder vielleicht sogar ein Hindernis ist – hängt somit von Ihrem beruflichen Ziel und den jeweiligen Anforderungen innerhalb der Branche ab.

Planen Sie eine wissenschaftliche Laufbahn, ist die Promotion neben Erfahrungen zum Beispiel als wissenschaftliche Hilfskraft während des Studiums Voraussetzung. Eine Promotion kann auch neben praktischen Erfahrungen und guter Netzwerkarbeit für gewisse Stellen im musealen Bereich hilfreich sein. Sie gilt hier aufgrund der hohen Bewerber*innenzahlen häufig als Auswahlkriterium.

Wenn Sie sich in Bereichen bewerben, die keine Promotion voraussetzen, erwecken Sie den Eindruck, sich auf die Wissenschaft konzentriert und zu wenig praktische Erfahrungen gesammelt zu haben. Sie gelten dann unter Umständen als „überqualifiziert" – eine freundliche Umschreibung für zu wenig pragmatische, prozessorientierte und vernetzte Denk- und Handlungsweisen.

Tipp 11: Bleiben Sie authentisch
Sind Sie am Ende des Studiums angelangt und haben Ihr Abschlusszeugnis in der Hand, können Sie stolz auf sich sein. Es bestätigt Ihr im Studium erworbenes Wissen und ist eine Voraussetzung dafür, sich auf dem Arbeitsmarkt als kompetente Geisteswissenschaftler*in zu bewerben. Doch bleibt dieses Wissen ohne klaren Zusammenhang zu Ihrem Handeln, wird es Sie nicht viel weiterbringen. Die Attraktivität auf dem Arbeitsmarkt hängt von diesem Wissen ab – zu einem guten Teil jedoch auch von Ihren ganz persönlichen Erfahrungen, Ihren Werten und Zielen und dem Selbstvertrauen auf Ihr Können. Dies bildet die Basis für Ihre Authentizität. Denn wenn Sie lediglich das tun, von dem Sie meinen, es sei gerade Trend, handeln Sie wahrscheinlich wie viele andere auch und verhindern Ihre persönliche Ausrichtung. Wer sich nur an äußeren Erwartungen orientiert, findet auf die Frage „Was will ich?", sicher keine Antwort.

Behalten Sie sich Ihre Interessen und Überzeugungen und haben Sie Mut, den geraden Weg auch mal zu verlassen. Lassen Sie sich auf eventuelle Sackgassen ein. Denn letztlich sind es Ihre individuellen Erfahrungen, die Sie von anderen unterscheiden. Diese Erfahrungen eignet man sich nicht an, indem man vorgeschriebenen Studienabläufen unkritisch folgt und diese im Rekordtempo abschließt, sondern indem man sich auf persönlich bedeutsame Ereignisse einlässt und so Kompetenzen und Werthaltungen ausbildet.

Jobprofile – Was arbeiten Geisteswissenschaftler*innen?

Ab hier wird es für Sie besonders spannend: Wir stellen Ihnen in diesem Kapitel Geisteswissenschaftler*innen vor, die ihren Job, manchmal mit Umwegen und Schleifen, manchmal direkt gefunden haben, und die Ihnen Tipps geben können, wie Sie zu Ihrem Job(profil) finden. Fast alle waren spontan und sofort bereit, ihre Geschichte für Sie zu erzählen, wofür sie auch mit ihrem Namen stehen. Lassen Sie sich von den Lebensläufen inspirieren, entdecken Sie neue Berufsfelder und lernen Sie von den Erfahrungen!

Künstlerische Leiterin (freies Theater): Franziska Werner

Jahrgang: 1975

Ausbildung/Studium ab Schule: 1981–1990 Polytechnische Oberschule „J. W. Goethe", Weimar, 1990–1993 „Friedrich Schiller" – Gymnasium, Weimar, 1995–2004 Humboldt-Universität zu Berlin, Theaterwissenschaften/Kulturelle Kommunikation, Kunstgeschichte, Europäische Ethnologie (MA), 1998–1999 Erasmus Études Théâtrales, Sorbonne III, Paris/Frankreich.

Berufliche Stationen: Seit 2001 freie Produktionsleiterin, Dramaturgin und Regieassistentin in Berlin und für Festivals und Produktionsorte wie Schwankhalle Bremen, Stiftung Schloss Neuhardenberg, Movimentos Festwochen Wolfsburg, arena Berlin, Bar jeder Vernunft, Theater Strahl, 16. Jüdische Kulturtage 2002. Seit 2008 freie Produktionsdramaturgin/Produktionsleiterin an den Sophiensaelen Berlin.

Zwischen 2005 und 2010 Arbeit mit dem Künstler*innenkollektiv Pony Pedro mit Interventionen im Stadtraum an der Schnittstelle zwischen Performance und Installation, Experimente mit urbanen Kommunikationsstrategien, u. a. Projekte für Junge Akademie/Akademie der Künste Berlin, Schwankhalle Bremen, raumlabor berlin, Theater Freiburg, Theater an der Parkaue Berlin, Auswärtiges Amt – Aktion Afrika/Johannesburg/Südafrika.

F. Werner
Berlin, Deutschland

Zusatzqualifikationen/Weiterbildungen/Auszeiten/Auslandsaufenthalte etc.: Diverse Mentor*innen und Jurytätigkeiten; Mitbegründerin der „Koalition der Freien Szene Berlin" im März 2012; seit 2012 Mitglied im Berliner Rat für die Künste mit Arbeitsschwerpunkten: Stärkung der Belange der Freien Darstellenden Künste und Kulturförderpolitik.

Vor und während des Studiums: 1993–1994 Au-pair London/UK, 1994–1995 Regieassistenz und Performerin Scharlatantheater Hamburg; zwischen 1993 und 2001 diverse Jobs als Künstlerbetreuer*in und Produktionsassistentin für Theater- und Tanz- Festivals (u. a. Kunstfest Weimar, EXPO 2000) und Fernsehproduktionen

1. Beschreiben Sie Ihre aktuelle berufliche Tätigkeit: Was machen Sie als künstlerische Leiterin der Sophiensaele Berlin?

Als Künstlerische Leiterin der Sophiensaele bin ich für das Programm, also den Spielplan und somit für das Profil des Hauses verantwortlich. Gemeinsam mit dem dramaturgischen Team verantworte ich die inhaltlichen Schwerpunktsetzungen und Profilentwicklung. Wir sind ein Haus für Performance, Tanz, Theater, Musiktheater und Diskurs, für Versammlung und Teilhabe. Es ist ein Ort für experimentelle Formen und Formate, an dem etwas Neues probiert werden kann und immer wieder überraschende, spannende interdisziplinäre Kunsterlebnisse entstehen. Zur Programmarbeit gehören das Initiieren und die Pflege von lokalen, nationalen und internationalen Kooperationen mit Künstler*innen, Institutionen, Netzwerken, Vereinen, Initiativen oder Zusammenschlüssen.

Einen wichtigen Anteil hat die kulturpolitische Arbeit. Dazu gehört die Kommunikation mit Förderern, Politik und Verwaltung. Weitere Tätigkeitsfelder sind Geldakquise, Förderanträge, Projekt- und Budgetplanungen. Intern habe ich auch viel mit der Koordination der Hausorganisation, dem Veranstaltungsmanagement sowie der Personalorganisation und -entwicklung zu tun.

2. Was sind Ihre Motivation und Ihr Anreiz für Ihre aktuelle Tätigkeit? Was fasziniert Sie an Ihrem Beruf?

Die Sophiensaele sind ein Ermöglichungsraum für Künstler*innen, ihre Konzepte und Ideen. Es ist ein Ort des gemeinsamen Kunsterlebens, für Austausch, Debatten und Diskurs zwischen Publikum und Künstler*innen. Ich verstehe den Ort als eine Plattform. Das ist natürlich ein Geschenk, einen so tollen Ort gestalten zu können und mit Inhalten und Leben zu füllen. Der besondere Reiz ist, dass diese Spielstätte sowohl architektonisch als auch von ihrer Lage her so attraktiv ist – als ehemaliger Versammlungsort des Berliner Handwerkervereins gebaut, ist es nun ein innovativer Kulturort in Berlin Mitte mit Strahlkraft.

3. Welche Sachen machen Sie besonders gerne, welche weniger gerne?
Ich mag den inhaltlichen und ästhetisch-künstlerischen Austausch, das In-Kontakt-Sein mit vielen spannenden Künstler*innen und Partner*innen. Auch die unmittelbaren Erlebnisse und den Austausch in den Proben, Vorstellungen und Veranstaltungen sind inspirierend in meinem Job. Darüber hinaus führe ich viele anregende Gespräche und darf gemeinsam mit Anderen über gesellschaftliche Themen und Phänomene und deren künstlerische Umsetzung reflektieren.

Nicht so gerne erteile ich Absagen. Die Künstler*innen-Szene in Berlin ist ja sehr groß, und viele wollen bei uns am Haus arbeiten, da gilt es immer wieder auszuwählen, mit wem wir zusammenarbeiten. Weniger schön ist auch, dass man als Produktionshaus der freien Szene oft einen finanziellen Mangel verwalten und um Gelder kämpfen bzw. feilschen muss.

4. Wie wirkt sich die Digitalisierung auf Ihre Tätigkeit aus?
Digitale Formate halten immer öfter Einzug in den künstlerischen Prozess und die Aufführungspraxis, vieles ist spannend, aber oft erweisen sich analoge Praktiken doch als wirkungsvoller im Theaterkontext. Alles in allem stehen avancierte Formate der Digitalisierung im Theater noch eher am Anfang, auch, weil die technischen Möglichkeiten mit den ästhetischen Ansprüchen oft noch nicht Schritt halten können und auch hohe Kosten damit verbunden sind. Aber digitale Meeting-Tools, Streaming und digitale Archivierung erleichtern und erweitern das vernetzte Arbeiten natürlich auch im Theater.

5. Beschreiben Sie Ihren Übergang vom Studium in die Berufstätigkeit. Wie hat sich Ihr Berufseinstieg vollzogen? Haben Sie Irrtümer, Zweifel, Absagen oder Skepsis erlebt?
Da ich während des Studiums schon sehr viel in Projekten gearbeitet habe, konnte ich an diesen freien Projektarbeitsmodus nach dem Studium und an schon vorhandene Kontakte anknüpfen. Gleichzeitig war es schwierig, die finanzielle Situation nach dem Studium als Freiberuflerin zu stabilisieren. Wenn der Student*innen-Status wegfällt, sind plötzlich Versicherungen etc. viel teurer bei gleichen, sehr niedrigen Honoraren. Leider wird man nicht mehr gerne angestellt, weil sich u. a. die Abgaben für die Arbeitgeber*innen erhöhen.

6. Wie sind Sie zu Ihrem Beruf gekommen? Wollten Sie schon immer künstlerische Leiterin werden?
Es war learning by doing. Die sogenannte freie Theater- und Performance-Szene habe ich erst in Berlin richtig kennen gelernt, und sie war eine Offenbarung, da das Stadttheater mit seinem hierarchischen System für mich schon immer eine sehr unattraktive und ungesunde Konstruktion war.

7. Würden Sie Ihren Job wechseln? Warum (nicht)?
Der aktuelle Job ist einer der schönsten, den ich mir vorstellen kann. Trotzdem kann ich mir auch gut einen Wechsel vorstellen, es gibt viele andere spannende Gestaltungsräume aufzubauen oder auszufüllen, zum Beispiel andere Spielstätten, Kunstorte, Festivals, Künstler*innen-Programme oder -Projekte. Und selbst der schönste Job ist irgendwann Routine und dann tut ein Wechsel gut. Außerdem – nicht zu lange am Sessel kleben, das kritisiert man gerne, wenn man jünger ist und entdeckt es dann später bei sich selbst … Insofern – wachsam, beweglich und entspannt bleiben für Veränderungen.

8. Vor welchen Entscheidungen und Herausforderungen haben Sie gestanden?
Ich stand lange Zeit vor der Frage, ob ich mich für einen langweiligeren festen Job entscheiden soll oder weiter das unsichere Freiberuflerinnen-Projektleben durchhalten kann.

In den Sophiensaelen hatte ich die Herausforderung, trotz prekärer finanzieller Ausstattung ohne eigenen künstlerischen Programmetat für das Haus ein künstlerisches Profil zu entwickeln.

Ansonsten stehen täglich neue oder andauernde Herausforderungen und Entscheidungen an, im Moment vor allem zu den Fragen von Zugänglichkeit und Diversität, denn auch der freie Theaterbetrieb ist lange nicht so vielfältig-divers, wie er sein könnte und wie es sich in der Gesellschaft abbildet.

9. Wenn Sie Ihrer Laufbahn einen (Film-)Titel geben, wie würde dieser lauten?
together – gemeinsam (ich hatte und habe immer gute Teams oder Gruppen, mit denen ich etwas ausdenken, aufbauen und verwirklichen kann bzw. konnte).

10. Wie viel Geisteswissenschaft steckt in Ihrem Beruf? Beschreiben Sie die geisteswissenschaftlichen Aspekte bei Ihrer Tätigkeit.
Die Künstler*innen beschäftigen sich mit sehr vielen geisteswissenschaftlichen Themen, von Kapitalismuskritik über Patriarchatskritik, Klimaschutz/

Umwelt, Globalisierung, Digitalisierung, Fragen des Zusammenlebens generell, Genderpolitiken, Diversitätsfragen, Fragen des Postkolonialismus, Macht- und Hierarchiefragestellungen, gleichzeitig spielen Theater- und Kunstspezifische Aspekte für die Umsetzung eine Rolle. Performance, Tanz und Musiktheater bearbeiten Themen auch jeweils unterschiedlich und auf sehr unterschiedlichen Ebenen – von dokumentarisch-konkret bis hin zu atmosphärisch-sensuell. In dieser ganzen Vielfalt und Unterschiedlichkeit gilt es immer wieder, Themen zu bündeln, zu setzen und zu erschließen, dass auch ungewöhnliche inhaltliche Verbindungen entstehen können und diese für eine Öffentlichkeit – Publikum und Presse – sichtbar, begreiflich und erfahrbar gemacht werden.

11. Welche geisteswissenschaftlichen Kompetenzen konnten Sie bisher nutzen? Wozu?
Für diese Herausforderungen hilft das Analysieren und Erschließen-können von Themen und Sachverhalten. Es ist gut, „out of the box" denken zu können, auch einmal unkonventionelle Schlüsse zu ziehen, komplexe Sachverhalte zu überblicken und zu abstrahieren. Schlussendlich geht es darum, Inhalte und Wissen zu verstehen und in verschiedenste Richtungen und auf unterschiedlichen Ebenen zu vermitteln. Gutes mündliches und schriftliches Ausdrucksvermögen sind dafür natürlich unabdingbar.

12. Welche anderen Schlüsselkompetenzen benötigen Sie noch für Ihren Beruf? Warum?
Sehr wichtig sind Verstehen, Empathie, Analyse, Kommunikationstalent, Organisationsfreude und Diplomatie. Häufig geht es um Übersetzungsvorgänge, d. h. man muss verstehen, was inhaltliche und strukturelle Anliegen verschiedener Seiten sind, (Künstler*innen, unterschiedliche Abteilungen von der Produktion/Organisation, Technik, Finanzen, Presse- und Öffentlichkeit, Politik, Verwaltung), vermitteln und verbinden, sowie aus verschiedenen Positionen gemeinsame Schnittmengen bilden, um am Ende ein künstlerisches Werk öffentlich so zu präsentieren, dass es der künstlerischen Ausgangsidee gerecht wird.

Und im übertragenen Sinne – ein bisschen wie bei der Release-Technik im Tanz: auch mal lockerlassen, loslassen, entspannen, aufnehmen, was da ist, Impulse aufgreifen und dann weiter führen. Wenn man ein Haus leitet und mit einem Team arbeitet, braucht es schon auch einen Führungswillen, aber ohne Kontrollzwang, sonst macht man Allen um sich herum und sich selbst nur das Leben schwer. Es braucht Entscheidungsfreude, Inspiration und Ideen. Man sollte initiativ sein, d. h. Projekte, Ideen, Strukturen etc. selbst initiieren können. Es hilft, wenn man pragmatisch ist – am besten in der Kombination mit Visionär-sein-können. Ich denke, es ist hilfreich für das Arbeitsklima, wenn man verbindlich, kritisch und kritikfähig ist.

13. Würden Sie das Gleiche noch mal machen (Studium, Job/s)? Wenn nicht, wie dann?
Ja, aber am liebsten, wenn es heute noch das Magisterstudium gäbe, welches viele Freiheiten und Eigenständigkeit zuließ. Soweit ich das heute mitbekomme, sind die Studiengänge sehr verschult organisiert, es gibt wenig Freiraum und Luft, die Studienzeit auch wirklich als eine Studienzeit fürs Leben zu nutzen und nicht nur zum Draufschaffen von Wissen. Der Zeitdruck erscheint mir viel größer, für sogenannte soft skills und Ausprobieren ist wenig Raum.

Ansonsten hätte mich persönlich auch interessiert, mehr in Kulturwissenschaften, Genderwissenschaften, Urbanistik, Stadtentwicklung und internationale Kulturarbeit zu studieren. Das sind alles Bereiche, die für meine jetzige Tätigkeit spannend sind. Kunst und Kultur haben ja immer auch mit der Reflexion darüber zu tun, wie wir unser Zusammenleben und Gemeinwesen gestalten wollen – lokal, überregional und im Austausch miteinander. Ein bisschen Jura und BWL wäre auf alle Fälle gut gewesen, für das Vertragswesen, das fehlte leider total in meinem Studium und das habe ich ständig gebraucht.

Deshalb – auch wenn man eine Geisteswissenschaft studiert – falls man dann in irgendeiner Richtung etwas mit Projektmanagement zu tun hat, ist eine Weiterbildung in Grundlagen von Vertragsrecht und Finanzwesen etc. auf alle Fälle nützlich für die Projektplanung und -durchführung. Und wenn es nur darum geht, sich später selbst als Freiberufler*in zu managen.

14. Welche Tipps würden Sie Studierenden aus der Geisteswissenschaft für ihre Karriereplanung mitgeben?
Für mich war das viele praktische Arbeiten auf jeden Fall sehr wichtig. Ich würde immer empfehlen, schon mal Arbeitskontakte außerhalb der Uni aufzubauen und praktische Einblicke zu bekommen. Hilfreich ist auch, eigene Projekte zu initiieren und zu organisieren, das ist ja auch im Uni-Rahmen oft sehr gut möglich. Dadurch bekommt man viele Erfahrungen in Selbstorganisation und Gruppendynamiken – sehr hilfreich für das spätere Berufsleben.

Theaterpädagogin (Theater): Laura zur Nieden

Jahrgang: 1985

Ausbildung/Studium ab Schule: 2005 Abitur, 2007 bis 2014 Studium der Kulturwissenschaften im Fach „Szenische Künste" an der Stiftungsuniversität Hildesheim (Hauptfach: Theater, Nebenfächer: Kunst, Medien, Kulturmanagement) – Abschluss mit Diplom, 2010 Studienaufenthalt an der Université Aix-Marseille I in Marseille.

Berufliche Stationen: 2005/2006 Praktikum bei einer freiberuflichen Theaterpädagogin in Velbert, 2006 Freiwilligenarbeit in Palampur/Indien in einer Kindertagesstätte und Praktikum als Reisebegleiterin bei Kunstfreizeiten für Menschen mit Behinderungen, 2006/2007 Arbeit als Regieassistentin am Landestheater Dinkelsbühl, 2009 Praktikum in der künstlerischen Leitung bei Matthias Lilienthal am Theater Hebbel am Ufer, Berlin, 2009/2010 Leitung von Theaterkursen für Menschen mit Behinderungen in der Diakonie-Himmelsthür, Volkshochschule Hildesheim, und Co-Leitung der Kindertheaterreihe schauSpielPlatz am Theaterhaus Hildesheim, 2011 Assistenz der Produktionsleitung für das Theaterfestival „100 Grad" am Theater Hebbel am Ufer in Berlin, 2009 bis 2013 eigenes künstlerisches Arbeiten in dem Kollektiv „Kontraproduktion.plus" und dem Performance Art-Duo „Art'n'Aura", 2014 bis 2016 Arbeit als freie Theaterpädagogin in Wiesbaden und der Region Rhein-Main, 2015/2016 freie Mitarbeiterin

---

L. zur Nieden
Wiesbaden, Deutschland

am Hessischen Staatstheater Wiesbaden, seit 2016 festangestellte Theaterpädagogin am Hessischen Staatstheater Wiesbaden.

1. Beschreiben Sie Ihre aktuelle berufliche Tätigkeit: Was machen Sie als Theaterpädagogin?

Ich arbeite aktuell als Theaterpädagogin am Hessischen Staatstheater Wiesbaden in einem Team von drei festangestellten Theaterpädagoginnen. Wir sind für die Vermittlung von Theater für Schulen, Kitas, andere Bildungsinstitutionen und für Privatpersonen zuständig. Meine Hauptaufgaben bestehen darin, Zugänge zum Theater zu schaffen, künstlerische Vorgänge am Theater sicht- und erlebbar zu machen und zwischen kunstschaffender Seite und Rezipienten zu vermitteln.

In der praktischen, täglichen Arbeit heißt das, Führungen hinter die Kulissen des Theaters zu geben sowie Workshops und Kurse zu konzipieren und anzuleiten. Wir gehen in Schulen, Kindertagesstätten und andere Bildungseinrichtungen, um dort mit Kindern und Schüler*innen praktisch zu bestimmten Themen oder aktuellen Inszenierungen etwas zu machen. Wir beraten Lehrer*innen zu Vorstellungsbesuchen und Angeboten. Jede Spielzeit organisieren wir zudem ein großes Festival speziell für Schultheatergruppen.

Zusätzlich bieten wir ganz individuelle Programme an, um möglichst viele Menschen zu erreichen. Das geht von Instrumentenvorstellungen für Kleinkinder, über interaktive Führungen für Grundschüler*innen, gemeinsame Vorstellungs- und Probenbesuche mit interessierten Erwachsenen, Führungen in Gebärdensprache für Gehörlose, inklusive Theaterkurse für Menschen mit und ohne Behinderungen bis hin zu mobilen Theaterproduktionen in Seniorenheimen.

Es gehört ebenso zu unserer Arbeit, die Inszenierungen für alle Interessierten vor- und nachzubereiten sowie in diesem Zusammenhang auch Vor- und Nachgespräche zu moderieren. Eine essentielle Aufgabe ist es daher, Inhalte des Spielplans zielgruppengerecht zu erläutern und Themen praktisch erfahrbar zu machen.

Darüber hinaus müssen Materialmappen mit Erläuterungen und Ideen für die Vor- und Nachbereitung erstellt werden, um Dramen, Opern und Ballett für Schulen aufzuarbeiten. Es müssen Texte für Spielzeithefte, Broschüren und die Webseiten gefertigt werden. Projekte müssen konzipiert und Anträge dafür geschrieben werden.

Ein weiteres Aufgabenfeld ist das Leiten von sogenannten Spielclubs über einen längeren Zeitraum. Hierdurch gibt es die Möglichkeit, mit einer festen

Gruppe kontinuierlich zu vorher festgelegten Themen oder Fragestellungen zu arbeiten und gemeinsam mit den Spieler*innen ein Stück zu entwickeln und aufzuführen.

2. Was sind Ihre Motivation und Ihr Anreiz für Ihre aktuelle Tätigkeit? Was fasziniert Sie an Ihrem Beruf?

Mich reizt die sehr vielfältige Arbeit als Theaterpädagogin und die Kombination aus „Schreibtisch-Arbeit" und praktischer Arbeit im direkten Kontakt mit sehr verschiedenen Menschen jeden Alters. Dadurch entsteht für mich eine spannende Herausforderung, diesen unterschiedlichen Gruppen adäquat zu begegnen und die passende Ansprache zu finden. Mich motiviert es sehr, eindrückliche Erlebnisse für Andere kreieren zu können. Dabei kann ich einen wertvollen Beitrag zur ästhetischen Bildung – vor allem von Kindern und jungen Menschen – leisten.

3. Welche Sachen machen Sie besonders gerne, welche weniger gerne?

Ich liebe es, Kindern und Schüler*innen die bisher gar keinen Kontakt zum Theater hatten, das Theater zu zeigen und dabei ihre ungefilterten Eindrücke zu hören. Ich schätze auch die Mischung zwischen selbstständiger Arbeit in Projekten und dem Arbeiten und Austauschen im Team sehr. Ich genieße es auch, immer wieder neue exklusive Einblicke in künstlerische Tätigkeiten, wie Proben oder die Arbeit in den Gewerken zu erhalten. Womit ich weniger gerne zu tun habe, sind die – auch im Theater vorhandenen – bürokratischen Prozesse und das leider häufige Erklären-Müssen des theaterpädagogischen Stellenwerts.

4. Wie wirkt sich die Digitalisierung auf Ihre Tätigkeit aus?

Die Digitalisierung hat bisher keinen allzu großen Einfluss auf meine direkte Arbeit, obwohl sie die Möglichkeiten des Kreativ-werdens noch erweitert. Aber konkret spüre ich bisher keine großen Veränderungen, da das Hauptaugenmerk meiner Arbeit auf dem direkten, physischen Kontakt mit Menschen zur gleichen Zeit in einem Raum liegt. Die Digitalisierung ist in meinem Tätigkeitsbereich allerdings als gesellschaftliches Thema relevant. Aspekte aus dem Digitalisierungskontext spielen eine immer größere Rolle, sodass wir die Themen verstärkt in unser theaterpädagogisches Programm aufnehmen. Es ist wichtig, über aktuelle Entwicklungen im digitalen Bereich, vor allem der Sozialen Medien, informiert zu sein. In einer Spielzeit haben wir beispielsweise einen Spielclub für Jugendliche zum Thema

Verhalten im Internet, namens „#offline", veranstaltet. Hierbei haben wir uns mit ganz verschiedenen digitalen Möglichkeiten beschäftigt und sie mit theatralen Mitteln verwebt.

5. Beschreiben Sie Ihren Übergang vom Studium in die Berufstätigkeit. Wie hat sich Ihr Berufseinstieg vollzogen? Haben Sie Irrtümer, Zweifel, Absagen oder Skepsis erlebt?

Ich habe meinen Einstieg vom Studium in die Berufstätigkeit nicht als einfach empfunden, was jedoch unter anderem auch an einem Ortswechsel lag. Ich musste mich in der neuen Situation zurechtfinden und neue Kontakte aufbauen, die in der Theaterwelt von zentraler Bedeutung bei der Jobsuche sind. Auf meine zahlreichen Bewerbungen bekam ich zunächst im besten Fall Absagen. Besonders frustrierend war es jedoch, auf viele Bewerbungen gar keine Reaktionen zu erhalten. Dadurch gab es eine Zeit des Zweifelns und die Überlegung, ob ich nicht doch etwas Konkreteres bzw. Handfesteres hätte studieren sollen als Kulturwissenschaften. Denn auch wenn man sich in meinem Studiengang gut spezialisieren konnte, so sind die Spezialisierungen in meinem Abschluss nicht wirklich sichtbar. Mein Entschluss nach den ersten Absagen, direkt in die Freiberuflichkeit als Theaterpädagogin zu gehen, war für mich der richtige Schritt. Der Weg war allerdings mit mehreren Stolpersteinen und viel „Learning by Doing" verbunden. Durch die freiberufliche Tätigkeit habe ich jedoch auch Verbindungen aufbauen können, die zu meiner aktuellen Stelle als Theaterpädagogin am Theater geführt haben.

6. Wie sind Sie zu Ihrem Beruf gekommen? Wollten Sie schon immer Theaterpädagogin werden?

Ich habe schon in der Schule den Berufswunsch entwickelt, „irgendwas mit Theater" machen zu wollen. Gleichzeitig war bei mir auch der Wunsch groß, im sozialen Bereich zu arbeiten und das Gefühl haben zu können, etwas „Relevantes" zu tun. Daher schien die Kombination aus meiner Leidenschaft für das Theater, dem Wunsch praktisch-kreativ arbeiten zu können und der Pädagogik bzw. Vermittlung ideal für mich. Nach verschiedenen Praktika und den Einblick in diesen sehr facettenreichen Beruf verstärkte sich mein Bestreben.

7. Würden Sie Ihren Job wechseln? Warum (nicht)?
Mich interessieren viele verschiedene Themengebiete. Ich habe häufiger den Gedanken des „Was wäre gewesen, wenn ich dies oder jenes als Studium oder Ausbildung absolviert hätte". Da mein jetziger Beruf als Theaterpädagogin aber so vielfältig ist und mir erlauben würde, auch in anderen Bereichen außer dem Theater zu arbeiten, möchte ich meinen Job derzeit jedoch nicht wechseln und bin sehr froh über meine facettenreiche Aufgabe. Ich empfinde diesen Beruf auch deshalb als so interessant und spannend, weil er mir viele verschiedene Möglichkeiten gibt, mich weiter fortzubilden und dabei neue Techniken und Methoden zu studieren. Als Theaterpädagogin hat man nie ausgelernt.

8. Vor welchen Entscheidungen und Herausforderungen haben Sie gestanden?
Nach meinem Studienabschluss war es für mich eine große Herausforderung die Freiberuflichkeit zu wagen, da ich in meinem neuen Wohnort in einem anderen Bundesland noch gar nicht vernetzt war und die kulturelle Szene vor Ort kaum kannte. Ich hatte zudem nur wenige Kenntnisse darüber, was die Selbstständigkeit im Detail bedeutet. So stand ich vor der Entscheidung, mich nach den Absagen auf meine Bewerbungen arbeitslos zu melden oder als Theaterpädagogin „einfach" auf eigene Initiative tätig zu werden. Dafür musste ich natürlich erstmal Konzepte entwickeln und mir eine Art Fahrplan überlegen. In einem weiteren Schritt habe ich mich dann bei Kultureinrichtungen, Familienzentren, Schulen etc. vorgestellt, um dort Kurse oder Workshops anzubieten. Das erste Vorstellen und Präsentieren fühlte sich für mich sehr ungewohnt und auch unangenehm an. Dennoch erhielt ich positive Rückmeldungen. Durch diese Initiative eröffneten sich mir die ersten Tätigkeitsfelder. Insgesamt habe ich diesen Prozess jedoch als sehr mühsam wahrgenommen. Zudem war es auch finanziell schwierig, die Freiberuflichkeit auf solide Füße zu stellen. Diese Erfahrungen haben mich in meinem Auftreten jedoch Stück für Stück sicherer werden lassen. Vor allem konnte ich ein kleines Netz an verschiedenen Personen und Institutionen aufbauen, welches mich letztendlich an meinen jetzigen Arbeitsort gebracht hat.

9. Wenn Sie Ihrer Laufbahn einen (Film-)Titel geben, wie würde dieser lauten?
Viele Umwege führen ins Theater.

10. Wie viel Geisteswissenschaft steckt in Ihrem Beruf? Beschreiben Sie die geisteswissenschaftlichen Aspekte bei Ihrer Tätigkeit.
Es gibt einige geisteswissenschaftliche Aspekte in meinem Beruf. Bei meinen Recherchen zu Themen oder Fragestellungen und beim Verfassen von Texten und Analysen kommen mir meine Erfahrungen aus dem Studium zu Gute. Natürlich hilft mir auch mein durchs Studium erworbenes Fachwissen im Bereich Theater- und Kunstwissenschaft und Kulturpolitik bei der Ausführung meiner verschiedenen Tätigkeiten. Darüber hinaus sind geisteswissenschaftliche Aspekte wie kritische Reflexion der eigenen Arbeit und der herrschenden Strukturen sowie das Hinterfragen von Vorgehensweisen wichtig für mein Selbstverständnis als Theaterpädagogin.

11. Welche geisteswissenschaftlichen Kompetenzen konnten Sie bisher nutzen? Wozu?
Zentral für meine Arbeit sind vor allem kommunikative Kompetenzen, wie beispielsweise das Präsentieren und freie Sprechen vor Gruppen.

Erworbene Kompetenzen wie Selbstorganisation und Selbstmotivation sind auch sehr hilfreich, da ich mir meine Tätigkeiten zum größten Teil selbst einteilen muss.

12. Welche anderen Schlüsselkompetenzen benötigen Sie noch für Ihren Beruf? Warum?
Ich empfinde Einfühlungsvermögen und den damit verbundenen sensiblen Umgang mit ganz verschiedenen Menschen als eine der Schlüsselkompetenzen für die Ausübung von Theaterpädagogik. Eine weitere elementare Kompetenz ist Kreativität. Man benötigt sie, um immer wieder neue Ideen für das Konzipieren von Projekten und Kursen hervorzubringen. Nur durch neuartige kreative Ideen lassen sich in meinem Beruf interessante Impulse für andere setzen.

13. Würden Sie das Gleiche noch mal machen (Studium, Job/s)? Wenn nicht, wie dann?
Das Studium der angewandten Kulturwissenschaften am Kulturcampus in Hildesheim war für mich sehr passend. Neben der theoretischen Auseinandersetzung gab es viele Praxisangebote wie Übungen, Projekte und ganze Projektsemester. Zusätzlich ließ mir mein Studium viel Freiraum für verschiedenste Projekte und für die Umsetzung von eigenen Ideen. Gleichzeitig hatte ich auch immer die Möglichkeit, professionell unterstützt zu werden. Außerdem gab es ein großes Angebot an außeruniversitären

kulturellen Projekten, was sehr bereichernd war. Ich habe die Studienwahl nie bereut, da mich das Studium sehr vielfältig ausgebildet hat und es mir ermöglicht hat, eigene Schwerpunkte zu setzen. Dies ist wiederum aber auch häufig ein Kritikpunkt, da Kulturwissenschaftler*innen alles und somit nichts „richtig" können. Ich würde mein Studium aber eigentlich nur wieder als Diplomstudiengang absolvieren wollen, wenn das möglich wäre, da gerade der Luxus des langen Zeitraums die Möglichkeiten geschaffen hat, sich kreativ auszuprobieren und somit finden zu können.

14. Welche Tipps würden Sie Studierenden aus der Geisteswissenschaft für ihre Karriereplanung mitgeben?
Ich würde dazu raten, praktische Berufserfahrungen in mehreren, verschiedenen Praktika zu sammeln. Für mich waren vor allem die längeren Praktika sehr bereichernd. Durch sie ist mir bewusst geworden, was ich vertiefen möchte und worin meine Stärken und auch Schwächen bestehen. Zusätzlich bekommt man durch Praktika meist viele wertvolle Kontakte. Diese sind für viele Berufsfelder und vor allem auch für den Kulturbereich elementar. Außerdem würde ich den Tipp geben, die Studienzeit dazu zu nutzen, eigene Ideen umzusetzen und Projekte im Team und auch alleine zu verwirklichen. Gerade im Kunst-, Musik- und Theaterumfeld bietet das Studium häufig einen guten Nährboden, da man Gleichgesinnte trifft und gemeinsam – in einem meist noch geschützten Rahmen – experimentieren kann. Einige Kollektive und Gruppen aus meinem Studienumfeld sind mittlerweile in einem professionellen Kontext erfolgreich tätig.

Kommunikationspsychologe und Journalist (Hörfunk): Wolfgang Porsche

Jahrgang: 1973
Ausbildung/Studium ab Schule: Ausbildung zum Facharbeiter für Elektrotechnik, Abitur an der Abendschule, 1995–2005 Studium Neuere und Neueste Geschichte, Alte Geschichte, Politikwissenschaft und Französisch an der Humboldt-Universität zu Berlin, 2015–2018 Zusatzstudium Kommunikationspsychologie an der Universität Hamburg.

Berufliche Stationen: 1995–1996 Praktikum UniRadio Berlin-Brandenburg, 1996–1999 Wissenschaftlicher Mitarbeiter/Tutor UniRadio Berlin-Brandenburg, 2000–2002 Redakteur und Sprecher Berliner Rundfunk 91,4 Berlin, 2002–2004 Assistenz „tagesschau.de" im ARD-Hauptstadtstudio, 2003–2019 Redakteur rbb-online.de/rbb24.de, 2006 bis heute Redakteur und Sprecher radioEins/rbb, 2000 – heute freier Moderator, Speaker für zahlreiche Firmen und Events, 2015 bis heute freier Trainer und Ausbilder, Coach, Kommunikationsberater für Wirtschaft und Verwaltung, Schwerpunkt Konfliktklärung und Mitarbeiterführung, prozessbegleitende Moderation.

Zusatzqualifikationen/Weiterbildungen/Auszeiten/Auslandsaufenthalte etc.: 1999–2000 Studium Geschichte und Politik an der Université le Mirail, Toulouse, 1999–2000 Zusatzstudium Musique Ancienne am Conservatoire Occitane Toulouse.

W. Porsche
Berlin, Deutschland

© Der/die Autor(en), exklusiv lizenziert durch Springer-Verlag GmbH, DE, ein Teil von
Springer Nature 2021
J. O. Ley und H. Zechner (Hrsg.), *Geisteswissenschaften studieren – und dann?*,
https://doi.org/10.1007/978-3-476-05746-4_9

1. Beschreiben Sie Ihre aktuelle berufliche Tätigkeit: Was machen Sie als Journalist und Kommunikationspsychologe?
Diese Frage kann ich nur zweigeteilt beantworten. In meiner Tätigkeit als Freier Journalist für den öffentlich-rechtlichen Rundfunksender RadioEins vom rbb bewege ich mich hauptsächlich im Bereich Aktuelles. Ich bin zum einen verantwortlicher Redakteur und Sprecher der Hauptnachrichten, andererseits arbeite ich, wenn es die Nachrichtenlage erfordert, als Reporter für Hintergrundberichte im Bereich Aktuelles. Dies meist in Live-Situationen on Air oder on Stage. Zugleich bin ich als Ausbilder für Nachwuchsjournalist*innen im Bereich Nachrichten und Aktuelles tätig.

In der anderen Hälfte meiner Arbeitszeit beschäftige ich mich als Kommunikationspsychologe mit kommunikativen Prozessen. Ich gebe Fortbildungen und Seminare in den Bereichen zwischenmenschliche Kommunikation, Mitarbeiter*innenführung, Konfliktmanagement, Selbstverantwortung und öffentliches Auftreten. Zudem berate ich Unternehmen und Institutionen bei Konflikten, Veränderungsprozessen und in der Mitarbeiter*innenführung. Nicht zuletzt besteht mein Arbeitsalltag in der prozessbegleitenden Moderation, also der Führung und Leitung von Meetings und Veranstaltungen mit einem bestimmten Ablauf um ein bestimmtes inhaltliches Ergebnis zu erreichen. Auch dies im öffentlichen wie auch im wirtschaftlichen Bereich.

2. Was sind Ihre Motivation und Ihr Anreiz für Ihre aktuelle Tätigkeit? Was fasziniert Sie an Ihrem Beruf?
Das Faszinierendste in beiden Bereichen meiner Tätigkeit ist das ständig Neue, das sich verändernde und die Arbeit mit Menschen. Da gilt es zum einen, komplexe Sachverhalte zu erfassen, zu verstehen, zusammenzufassen und dann in einer vereinfachten, nicht selten bildhaften und damit verständlicheren Form weiterzugeben. Dieser ständige Transformationsprozess von vielen Informationen und Bildern in eine leicht begreifbare Form mittels der Sprache ist spannend, interessant und befriedigend zugleich.

In komplexen Zeiten wie der unsrigen mit einer bisher ungekannten Flut an Informationen ist es wichtiger denn je, diese zu kanalisieren, zu entwirren und dadurch verständlicher zu machen. Nicht zuletzt mit dem Ziel, daraus Entscheidungsoptionen zu entwickeln. Menschen zu erleben, wie sie sogenannte Aha-Effekte bekommen, wie Erkenntnisse in ihnen heranwachsen, wie Vorurteile und Ängste sich im gleichen Maße verringern, und wie eine Annäherung nur über das Wort geschieht ist eine sehr befriedigende Tätigkeit. Egal ob vor 2000 Teilnehmer*innen in einem großen Saal auf einer Bühne oder in einem Einzelcoaching, es macht mir Freude, Menschen bei der Erkenntnisfindung zu begleiten.

3. Welche Sachen machen Sie besonders gerne, welche weniger gerne?
Neue Menschen und Geschichten kennenlernen, komplexe Sachverhalte so erklären, dass sie leicht verständlich werden, Menschen zu begleiten, ihnen Freude zu bringen und eine gute Zeit zu schenken und sie gut durch einen Abend oder eine Veranstaltung zu führen. Das macht mir sehr viel Spaß.

Weniger gerne: Monotone Tätigkeiten mit viel Papierkram, alleine arbeiten, abgeschnitten sein von Informationen und Nachrichten, Spagat zwischen wirtschaftlichem Denken und persönlichem Anspruch. Das sind die eher unschönen Seiten an dem Beruf.

4. Wie wirkt sich die Digitalisierung auf Ihre Tätigkeit aus?
Im journalistischen Bereich hat die Digitalisierung viele Vorteile, aber auch einige Nachteile gebracht. Heutzutage ist es ungleich schneller möglich, Recherchen durchzuführen und Audioformate zu produzieren. Gleichzeitig hat dies zu einer ungeheuren Arbeitsverdichtung geführt. Es besteht die Gefahr, Recherche nicht mehr gründlich genug durchführen zu können und sich vom Wettbewerb um die schnellste Information antreiben zu lassen.

Vermehrt werden Seminare, Veranstaltungen und Konferenzen digital abgehalten. Dies ist ein Trend, der in bestimmten Bereichen seine Berechtigung hat. Dennoch sind gerade die zwischenmenschlichen Dimensionen, die Kommunikation auf einer oder mehreren Meta-Ebenen wichtig. Es sind nicht selten die berühmten Gespräche in der Teeküche oder auf dem Flur, die den letztendlichen Erfolg bringen. Sie bilden eine wichtige Basis in der Konsensfindung in Gruppen. Dies stellt die Leiter*innen solcher Prozesse vor neue Herausforderungen für die es noch keine allgemeingültige, validierte Lösung gibt.

5. Beschreiben Sie Ihren Übergang vom Studium in die Berufstätigkeit. Wie hat sich Ihr Berufseinstieg vollzogen? Haben Sie Irrtümer, Zweifel, Absagen oder Skepsis erlebt?
Mein Berufseinstieg vollzog sich eher organisch als wohlgeplant. Meine letzte wirkliche Bewerbung in meinem beruflichen Leben war auf das Praktikum bei meiner ersten Station UniRadio Berlin-Brandenburg, ein nicht mehr existierender gemeinsamer Ausbildungskanal fast aller Hoch- und Fachhochschulen in Berlin und Brandenburg, angesiedelt an der Freien Universität Berlin. Die Ausbildung dort und meine anschließende Tätigkeit als Ausbilder im gleichen Haus war quasi der Türöffner in die Welt

des Journalismus. Wie mir erging es vielen Kommiliton*innen: UniRadio war eine Art Durchlauferhitzer. Die nächsten Stationen ergaben sich meist von selbst. Zum Beispiel hatte der Berliner Rundfunk als Privatsender mitbekommen, dass beim UniRadio Studierende mit einer vollständigen Ausbildung arbeiten die sprechen können, jeden Tag live on air sind und die schlicht weniger kosten. Also wurden wir direkt angesprochen, ob wir nicht als Nachrichtenredakteur*innen arbeiten wollen. Natürlich wollten wir das. Von 04:30 bis 10:00 Uhr im Sender und dann an die Uni zur Vorlesung… das aber nur 8 bis 10mal im Monat. Besser konnte man kaum leben.

Die schwierigsten Momente waren das Platzen der DotCom-Blase 2000 und die Anschläge vom 11. September 2001. Die wirtschaftlichen Folgen schlugen nach und nach auch auf den Privatfunk aufgrund sinkender Werbeeinnahmen durch. Eine Welle der Konzentration und Senderzusammenlegungen folgten. Sie spülte auch mich und meine Studienkolleg*innen auf die Straße, und das von heute auf morgen. Es gab 2002/2003 immer mehr arbeitssuchende Journalist*innen und immer weniger freie Stellen. Hier waren wir alle mit den Nachteilen der freien Tätigkeit konfrontiert. Einen Schutz gab es nicht. Zur Hilfe kam uns das bereits vorhandene Netzwerk von fast 30 ehemaligen UniRadio-Mitarbeiter*innen, die auch heute noch eng vernetzt sind. So erfuhren wir schnell, wo welche Stellen frei wurden und zu besetzen waren. Viele landeten dann im sich gerade entwickelnden Online-Journalismus, ich ging zum Beispiel zunächst zu tagesschau.de. Für einen Freiberufler in diesem Berufszweig war und ist auch heute noch das Netzwerk mit das Wichtigste.

6. Wie sind Sie zu Ihrem Beruf gekommen? Wollten Sie schon immer Hörfunkjournalist werden?
Es gibt zwei Gründe, die mich zu diesem Beruf kommen ließen. Zum einen hatte ich schon immer eine gewisse Affinität für die Bühne. Ich habe als Kind Musik gemacht, war in der Schule nicht selten der Klassensprecher. Menschenmengen haben mir selten Angst gemacht. Zum anderen verfüge ich über eine schnelle Auffassungsgabe gepaart mit einer großen Ungeduld. Aufgewachsen in einem sehr kleinen Dorf in der DDR im heutigen Mecklenburg-Vorpommern, entdeckte ich schnell das Radio als Tor zur Welt. Ich saß nächtelang davor, schnitt mit, hörte Berichte und versuchte über Kurzwelle, ausländische Sender zu empfangen.

Zu Beginn meines Studiums war aber nicht unbedingt klar, dass ich auch wirklich beim Radio beruflich ankommen würde. Die frühen neunziger

Jahre boten sehr viele Möglichkeiten und überall entwickelten sich plötzlich Interessen. Einen nicht zu unterschätzenden Einfluss hat die politische Wende in der DDR auf meine Wahl für das Geschichtsstudium. Ich wollte verstehen, was dort passiert und was die Gesellschaft aus diesen Ereignissen und Erfahrungen lernen kann. Ein Freund studierte bereits Geschichte an der HU. Mit ihm setzte ich mich in eine Vorlesung und danach wusste ich, was ich wollte. Hier stand mir alles offen, hier konnte ich denken und verstehen lernen in einem sehr großen und kreativen Umfeld. Im Laufe der Jahre wuchsen meine Erfahrungen im Umgang mit den unterschiedlichsten Menschen in den verschiedensten Situationen. Ich entwickelte immer mehr Interesse an einer Weitergabe von Wissen, an einer unterstützenden und beratenden Tätigkeit bei komplexen Herausforderungen im kommunikativen Bereich. Deswegen sah ich mich nach einer Ausbildung um, die mir berufsbegleitend ein Wissensfundament gab, das ich mit meinen eigenen Erfahrungen bebauen konnte. Ich fand sie an der Uni Hamburg bei Friedemann Schulz von Thun. Diese Zeit dort war und ist noch einmal ein absoluter Gewinn für mich und meine Arbeit heute und zudem eine große persönliche Bereicherung gewesen.

7. Würden Sie Ihren Job wechseln? Warum (nicht)?
Nein! Ich erlebe ein großes Maß an Freiheit, die ich nicht missen möchte. Natürlich gepaart mit einem nicht zu unterschätzenden wirtschaftlichen Risiko, das ich aber gerne in Kauf nehme.

8. Vor welchen Entscheidungen und Herausforderungen haben Sie gestanden?
Die größte Herausforderung besteht darin, mit Unsicherheiten in der Auftragslage umzugehen und nicht das Vertrauen in sich, seine Fähigkeiten und sein Umfeld zu verlieren. Ganz am Ende ist man bei dieser Art der Tätigkeit doch auf sich allein gestellt, auch wenn Netzwerke und Berufserfahrung im Laufe der Zeit einiges abfedern können. Das birgt Risiken, aber auch unendlich viele Chancen.

9. Wenn Sie Ihrer Laufbahn einen (Film-)Titel geben, wie würde dieser lauten?
Zwischen den Zeilen.

10. Wie viel Geisteswissenschaft steckt in Ihrem Beruf? Beschreiben Sie die geisteswissenschaftlichen Aspekte bei Ihrer Tätigkeit.

Das Studium der Geschichte und der Politikwissenschaft ist die Grundlage meiner beiden Tätigkeiten. Insbesondere die Quellenkritik und das zirkuläre Fragen sind sehr hilfreiche Kenntnisse. Sie ermöglichen mir, Informationen schnell zu erfassen und einordnen zu können, das Thema dann zu bearbeiten und zu neuen Informationen zu gelangen. Zum Beispiel in einer Interviewsituation: Wo kommt der Interviewpartner her? Was könnten seine Ziele sein? Warum sagt er das, was er sagt? Wie kann ich einen anderen Blickwinkel einnehmen um noch mehr zu erfahren? All diese Fragen müssen in kürzester Zeit mit den jeweiligen Inhalten verknüpft und beantwortet werden. Das ist rein wissenschaftliches Handwerk.

Zusätzlich gibt es längere Formate mit mehr Zeit, zum Beispiel Talkformate. Hier sind längere Vorbereitungen üblich, die eher an einen Essay oder Aufsatz erinnern, mit Quellen und Zitaten. Nicht zuletzt häuft sich eine immense Menge an Halb- und Viertelwissen in diesem Beruf an. Das ist extrem hilfreich und notwendig, um neue Informationen erst einmal auf ihre Relevanz hin überprüfen zu können. Es ist das sogenannte journalistische Gespür, was sich oftmals unbewusst zeigt. Und aus diesem Halbwissen oder Gefühl wird mit wissenschaftlichem Handwerk ein möglichst vollumfängliches gemacht. Es ist täglich praktizierte Geisteswissenschaft in Kurzform.

11. Welche geisteswissenschaftlichen Kompetenzen konnten Sie bisher nutzen? Wozu?

Recherche, Quellenkritik, das Erfassen von Informationen und das Zusammenbringen mit Informationen aus anderen Quellen zu einer Schlussfolgerung sind die Kernkompetenzen, die ich täglich nutze. Und dazu die Fähigkeit, so präzise wie möglich formulieren zu können. So entsteht zum Beispiel ein Nachrichtentext oder ein Bericht.

12. Welche anderen Schlüsselkompetenzen benötigen Sie noch für Ihren Beruf? Warum?

Die Lust auf Menschen und das Gespür für ihre Bedürfnisse ist als „Türöffner" sehr hilfreich. In meinen beiden Tätigkeitsfeldern besteht die Herausforderung darin, schnell eine Vertrauensbasis aufzubauen. Ich möchte, dass sich wildfremde Menschen in kürzester Zeit möglichst weit öffnen. Dabei ist ein gewisses Maß an Empathie, Aufmerksamkeit und die

Kenntnis psychologischer Grundmechanismen sehr hilfreich. Aber über allem steht die Neugier auf den Menschen und das Thema. Sie ist der Antrieb für alles.

13. Würden Sie das Gleiche noch mal machen (Studium, Job/s)? Wenn nicht, wie dann?
Ja.

14. Welche Tipps würden Sie Studierenden aus der Geisteswissenschaft für ihre Karriereplanung mitgeben?
Die Geisteswissenschaften sind ein weites Feld mit unendlich vielen Möglichkeiten, aber auch einigen Sackgassen. Wenig ist klar vorgegeben, vieles nicht planbar. Da ist es hilfreich, nicht zu eng zu denken, aber auch nicht zu weit. Ich würde als Entscheidung für einen beruflichen Weg grundsätzlich zunächst eine innere Klärung empfehlen: Was macht mir Spaß? Was treibt mich an? Woran habe ich Freude? Wie stelle ich mir mein ideales Arbeitsumfeld vor und passt das alles wirklich mit meinen Fähigkeiten und meiner Persönlichkeit zusammen? Diese Frage können auch mit einem Coach geklärt werden. Daraus ergibt sich dann nicht selten der erste Schritt ganz von selbst, zum Beispiel für ein gut passendes Praktikum. Vielleicht sind auch mehrere verschiedene Praktika notwendig, um das passende zu finden. Auch das ist gut.

Und das wohl Wichtigste: Vertrauen! Vertrauen auf sich und auf den Weg, er wird sich finden und er wird (hoffentlich) nicht geradlinig sein. Geisteswissenschaften leben von einem wachen Geist. In einer zu engen Karriereplanung kann dieser sich nur schwer entfalten. Das wichtigste, was man in einem Studium der Geisteswissenschaften gelernt werden kann, ist das Denken. Lassen sie sich das nicht von einer Karriere nehmen.

Freier Journalist: Jan Lindenau

Jahrgang: 1990
Ausbildung/Studium ab Schule: Bachelor Deutsch/Russisch (ohne Lehramtsoption), Abschluss 2014.

Berufliche Stationen: 2011–2014 „spree" – Studentenpresse (Chefredakteur), 2011 „Hohenloher Zeitung" (Praktikum), 2014 „Moskauer Deutsche Zeitung" (Praktikum), 2014 „WELT" (Praktikum), 2015–2016 Axel-Springer-Akademie (Volontariat), 2017 „WELT" (festangestellter Redakteur), seit 2017 freier Journalist (u. a. „WELT", „VICE", „t3n", Axel Springer, Politik & Kommunikation).
Zusatzqualifikationen/Weiterbildungen/Auszeiten/Auslandsaufenthalte etc.: 2009–2010 Freiwilliges Soziales Jahr (Kindergarten/Schülertreff), 2013 Auslandssemester (Moskauer Staatliche Universität), 2019–2020 Alfa Fellowship (Stipendiat beim ZDF Moskau).

1. Beschreiben Sie Ihre aktuelle berufliche Tätigkeit: Was machen Sie als freier Journalist?
Ich bin freier Journalist, schreibe Artikel für Zeitungen, Fernsehsender und (Online-)Magazine und produziere Videos. Ich finde meine Auftraggeber*innen, indem ich direkt Themen vorschlage oder dank Empfehlungen Aufträge angeboten bekomme.

J. Lindenau (✉)
Berlin, Deutschland

2. Was sind Ihre Motivation und Ihr Anreiz für Ihre aktuelle Tätigkeit? Was fasziniert Sie an Ihrem Beruf?
Ich lerne jeden Tag neue Menschen kennen – ob persönlich, am Telefon oder zumindest durch die Lektüre von Artikeln. Ich habe das Privileg, spannende Menschen an den unterschiedlichsten Orten überall auf der Welt zu treffen. Und selbst der graue Alltag ist unterhaltsam und kann inspirierend sein: Die Kolleg*innen, mit denen ich arbeite, haben in ihrer Karriere spannende, traurige, abstruse Geschichten aufgespürt und aufgeschrieben. Eine solche Recherche in einer Kaffeepause erzählt zu bekommen – das motiviert ungemein für eigene Artikel.

3. Welche Sachen machen Sie besonders gerne, welche weniger gerne?
Mein Beruf erfüllt mich immer dann besonders mit Freude, wenn ich mit Menschen in Kontakt komme und mit ihnen an dem Erzählen von Fakten und Geschichten arbeiten kann. Solche Kontakte sind zum einen Interviews mit Menschen, denen etwas Bemerkenswertes widerfahren ist oder die etwas Außergewöhnliches geleistet haben, zum anderen aber auch Gespräche mit Redakteurinnen und Redakteuren, die mir dabei helfen, Ideen zu formulieren, Gedanken zu schärfen und eine sinnvolle Dramaturgie aufzubauen. Als Videojournalist genieße ich es, mich in die erforderliche Technik einzuarbeiten, ob beim Dreh oder beim Schnitt, und neue Technologien auszuprobieren, wie etwa Drohnen oder 360-Grad-Kameras. Dahingegen fällt es mir schwer, Begeisterung für bürokratische und repetitive Aufgaben zu entwickeln, von der Buchhaltung als Selbstständiger bis zum Transkribieren von Interviews.

4. Wie wirkt sich die Digitalisierung auf Ihre Tätigkeit aus?
In der Theorie kann ich an jedem Punkt in der Welt meinen Beruf ausüben, solange ich Internet habe – diese Flexibilität weiß ich zu schätzen. Wenn man das übergeordnete Bild betrachtet: Die Journalismus-Branche hat zwar kein klares Konzept gefunden, wie sie im Zuge der Digitalisierung gewinnbringend arbeiten kann – anders etwa als die Film- oder Musikbranche. Als Videojournalist habe ich dazu den Vorteil, alle Schritte der Produktion – Konzeption, Dreh, Schnitt – selbst stemmen zu können. Ich brauche keine teure Ausrüstung, ein Smartphone reicht, um Inhalte zu erstellen, die von TV-Sendern ausgestrahlt werden. Ein solcher Umbruch bringt potenziell Tätigkeiten mit sich, auf die ich aufgrund meines Alters und meiner Interessen vermutlich besser vorbereitet bin als andere Kolleg*innen.

5. Beschreiben Sie Ihren Übergang vom Studium in die Berufstätigkeit. Wie hat sich Ihr Berufseinstieg vollzogen? Haben Sie Irrtümer, Zweifel, Absagen oder Skepsis erlebt?
Bei mir war der Weg glücklicherweise recht klar, nachdem ich die Zusage für die Axel-Springer-Akademie bekommen hatte. Mitschüler*innen von mir mussten sich mehrere Male bewerben, bei mir hat es beim ersten Mal geklappt. Gleichzeitig war ich noch im Masterstudiengang Europäische Literaturen eingeschrieben, hatte also noch einen Plan B – nämlich zunächst als Student an der Uni zu bleiben und anschließend eine wissenschaftliche Laufbahn zu verfolgen. Absagen gab es auf dem Weg dorthin (und natürlich auch danach) trotzdem zuhauf: Ein Stipendium, das ich nicht bekommen habe. Bewerbungen auf Praktika, gerade bei großen Verlagen und Sendern, die manchmal nicht beantwortet, manchmal abgelehnt wurden. Gehälter, die ich nicht wie vereinbart erhielt, als ich mal bei einem Start-up jobbte.

6. Sie sind Sie zu Ihrem Beruf gekommen? Wollten Sie schon immer freier Journalist werden?
Ich kann nicht mit dem Finger auf einen Punkt zeigen, ab dem ich Journalist werden wollte. Momente waren Literaturkurs und Theater-AG in der Oberstufe, an denen ich merkte, dass ich Worte und Texte ganz gut finde, und dass es Spaß macht, diese auch selbst zu produzieren. Während des Studiums habe ich Journalismus vor allem als Möglichkeit gesehen, Schreibpraxis zu bekommen, das Handwerk zu lernen, um dann zu sehen, wohin der Weg führt. Der erste Tag an der Axel-Springer-Akademie war dann der Punkt, an dem ich sagte: Gut, jetzt bin ich Journalist.

7. Würden Sie Ihren Job wechseln? Warum (nicht)?
Nein, im Großen und Ganzen bin ich mit meinem Beruf zufrieden. Ich kann mir zwar vorstellen, den Fokus zu ändern, weniger in die tagesaktuelle Berichterstattung eingebunden zu sein, und stattdessen mehr Zeit für längerfristige Projekte zu haben, gerade als Dozent für digitalen Journalismus. Ein weiterer Grund ist die finanzielle Unsicherheit: Ich lebe davon, dass ich genug Aufträge erhalte. Sollte das irgendwann nicht mehr der Fall sein, werde ich mich zwangsläufig nach einer festen Stelle umschauen müssen – oder die Branche wechseln. Einige Kolleg*innen, die mit mir ausgebildet wurden, sind mittlerweile Pressesprecher*innen bei großen Unternehmen, der Weg steht mir als Journalist theoretisch also auch offen.

8. Vor welchen Entscheidungen und Herausforderungen haben Sie gestanden?
Die größte Entscheidung war die Bewerbung an der Axel-Springer-Akademie – sowie die Annahme der Zusage. Zum einen, weil es der Punkt war, an dem ich mich auf einen Beruf festgelegt habe. Zum anderen, weil in meinem Freundeskreis als auch bei mir gewisse Vorurteile gegenüber Axel Springer herrschten. Ich habe mich darauf ausführlich mit dem Verlag, seiner Geschichte und dem Programm der Akademie befasst und bin letztendlich zu dem Schluss gekommen, dass es der Weg ist, den ich gehen möchte.

9. Wenn Sie Ihrer Laufbahn einen (Film-)Titel geben, wie würde dieser lauten?
Seid kreativ!

10. Wie viel Geisteswissenschaft steckt in Ihrem Beruf? Beschreiben Sie die geisteswissenschaftlichen Aspekte bei Ihrer Tätigkeit.
Im Journalismus und in den Geisteswissenschaften sind die ersten drei Schritte meist dieselben: Lesen, lesen, lesen. Man hat einen Haufen an Artikeln vor sich, und dann gilt es, Stichworte zu scannen, einen Textaufbau zu erkennen, relevante von irrelevanten Informationen zu trennen. Es kommt außerdem selten vor, dass man sich als Journalist ausschließlich in ein Thema hineinwühlen kann, es ist häufiger der Fall, dass man mehrere Komplexe nebeneinander bearbeitet. Deswegen ist die Fähigkeit, Systeme schnell erfassen zu können, schnell in der Lage sein, die richtige Terminologie zu verwenden, auch im Journalismus wichtig.

11. Welche geisteswissenschaftlichen Kompetenzen konnten Sie bisher nutzen? Wozu?
Siehe oben.

12. Welche anderen Schlüsselkompetenzen benötigen Sie noch für Ihren Beruf? Warum?
Etwas, was man nicht im Studium, aber durch das aktive Teilhaben am Universitätsleben lernt: soziale Kompetenzen. Wenn ich ein Interview führe, muss ich mich auf die Situation einstellen und mir vorher darüber klar sein, wie ich mich richtig zu verhalten habe: Wann ich welche Fragen stelle, wann ich eine kontroverse Aussage treffe, wann ich lieber schweige – ähnlich wie in einem geisteswissenschaftlichen Seminar. Bei Themenkonferenzen muss

ich die Bedenken meiner Chefs schon vorher erahnen, damit ich sie mit Gegenargumenten entkräften kann – sowas lernt man bei Diskussionen in Fachschaftsinitiativen zwangsläufig.

13. Würden Sie das Gleiche noch mal machen (Studium, Job/s)? Wenn nicht, wie dann?
Es hat so funktioniert, und ich bin ganz zufrieden damit. Einen Ratschlag des Direktors meiner Journalistenschule möchte ich hier bekräftigen: Studiere das, was dich interessiert, deine Leidenschaft, für die du auch noch nach Feierabend brennst. Journalismus ist an vielen Stellen ein Handwerksberuf, und das journalistische Handwerk lernt man vor allem in der Praxis. Meine Leidenschaft sind Krimis; deswegen habe ich Literatur studiert, deswegen erfüllt mich die Gerichtsberichterstattung als Reporter am meisten. In der Retrospektive wäre es auch eine sinnvolle Alternative gewesen, Jura zu studieren, um zum einen in der Gerichtsberichterstattung mehr Fachwissen und einen besseren Überblick zu haben, zum anderen einen lukrativen Job als Plan B. Gerade die Finanzen sind als freier Journalist zunächst häufig ein Problem – jeden Auftrag, jede Einnahme muss ich zunächst aktiv selbst akquirieren, bis ich mir schließlich eine Reputation aufgebaut habe und die Redaktionen mit Aufträgen an mich herantreten. Ganz wichtig ist es deshalb, Rücklagen für mindestens drei Monate zu haben, damit ich keine Existenzängste kriege, wenn ich mal an einer langwierigen Recherche sitze und eine Weile kein frisches Geld auf mein Konto kommt.

14. Welche Tipps würden Sie Studierenden aus der Geisteswissenschaft für ihre Karriereplanung mitgeben?
Fangt früh an zu arbeiten, ohne euch zu überarbeiten – in den Semesterferien, an den Wochenenden. Euren Traumjob findet ihr höchstwahrscheinlich nicht in Vorlesungen und Seminaren, sondern durch Ausprobieren. Deswegen: Legt euch nicht zu früh auf ein Profil fest, baut Variationen in eure Stundenpläne ein. Am Ende eures Studiums werdet ihr froh sein über jede neue Idee, jeden Anknüpfungspunkt, den ihr während des Studiums gesammelt habt – ob das nun Kontakte in eurem Netzwerk sind, Fähigkeiten, die ihr in einem Seminar gelernt habt, oder nur das Wissen, auf welcher Website ihr Fachartikel zu einem Thema findet.

Freie Übersetzerin: Petra Brechtmann

Jahrgang: 1968
Ausbildung/Studium ab Schule: 1987–1989 Hochschule für Elektrotechnik, Leningrad (UdSSR): Informatik und Naturwissenschaften, nach fünf Semestern abgebrochen, 1990–1998 Humboldt-Universität zu Berlin, Abschluss Diplom-Übersetzerin für Russisch und Englisch.

Berufliche Stationen: 1990 Medizinische Hilfskraft im Bezirkskrankenhaus Hoyerswerda 1993–1996 studentische Honorarkraft (Sekretariat/Übersetzungen) bei H. W. Urban Management KG, Berlin, 1998 Marketingassistenz/Übersetzungen für Vostok Reisen, Berlin, 1998–2011 Übersetzerin, Projektmanagerin, IT-Support bei „Intertext Fremdsprachendienst e.G"., Berlin seit 2011 freiberufliche Übersetzerin.

Zusatzqualifikationen/Weiterbildungen/Auszeiten/Auslandsaufenthalte etc.: 1993 University of West London Auslandssemester (Erasmus).

1. Beschreiben Sie Ihre aktuelle berufliche Tätigkeit: Was machen Sie als Übersetzerin?
Ich bin freie Übersetzerin aus dem Englischen ins Deutsche, wobei ich mittlerweile schwerpunktmäßig die Texte von anderen Übersetzer*innen überprüfe und korrigiere. Zu knapp 10 % meiner Arbeitszeit fertige ich noch selbst Übersetzungen an. Meine Aufträge erhalte ich von verschiedenen

---

P. Brechtmann
Berlin, Deutschland

Agenturen, deren Auftraggeber sich wiederum grob untergliedern in das Europäische Parlament, Software-Hersteller und Medizintechnikunternehmen. Ich beschäftige mich nicht mit Literatur, sondern ausschließlich mit Sachtexten, wobei manchmal auch Transcreations anfallen. Das sind Übersetzungen von Werbetexten im Marketingbereich, bei denen konkrete Kundenvorgaben unter Berücksichtigung kultureller Bedingungen und Zusammenhänge umgesetzt werden.

2. Was sind Ihre Motivation und Ihr Anreiz für Ihre aktuelle Tätigkeit? Was fasziniert Sie an Ihrem Beruf?
Meine Motivation ist, alles aus der Sprache herauszuholen, einen Text lesenswert zu machen und Sprachklischees möglichst zu umschiffen. Ich darf kreativ sein, muss entscheidungsfreudig sein, Prioritäten setzen, mich in die Leser*innen hineinversetzen, sie nicht in die Irre führen. Mich faszinieren die unzähligen sprachlichen und inhaltlichen Facetten, da ich bei jedem Auftrag meine ganze Allgemeinbildung in die Waagschale werfen kann. Daneben verfolge ich ganz automatisch, wie meine Arbeitssprachen sich über die Jahre weiterentwickeln – wie ein Organismus, der sich Neues einverleibt, weiterentwickelt, damit spielt, aber auch Altes ablegt, liegen lässt, die jeweilige Zeit widerspiegelt. So lerne ich jeden Tag loszulassen, und habe dabei meinen Gegenspieler Perfektionismus fest im Blick.

3. Welche Sachen machen Sie besonders gerne, welche weniger gerne?
Besonders gerne korrigiere ich aufwändige Übersetzungen, die Übersetzer*innen alles abverlangen, und freue mich über jede gelungene Konstruktion, aber auch Studien oder wissenschaftliche Abhandlungen, bei denen ich nebenbei etwas Neues lerne. Weniger gerne erledige ich: Rechnungen schreiben, Steuerkram, Telefonieren.

4. Wie wirkt sich die Digitalisierung auf Ihre Tätigkeit aus?
Bereits während des Studiums lief alles über PC-Textverarbeitung und Übersetzungsprogramme. Unsere Übersetzungsprüfungen für das Vor- und Hauptdiplom legten wir an Fakultäts-PCs der Uni ab. Das war in anderen Fächern damals noch nicht die Regel. Meine in den Neunzigern angeschafften Wörterbücher machen sich schön im Regal, aber ich habe sie seit bestimmt 20 Jahren nicht mehr in die Hand genommen. Die Digitalisierung hat meine Tätigkeit beschleunigt, und ich habe jeden neuen Schritt stets begrüßt: den Aufbau und die Pflege von Terminologiedatenbanken (Hilfsmittel für die Übersetzung, umfasst zwei- oder mehrsprachige

textsortenspezifische Wort- oder Phrasenpaare, die selbst erfasst oder vom Kunden bereitgestellt werden), die Sprachdatenverarbeitung (ich habe es geliebt, in Word und Excel Shortcuts für Formatierungen oder Textbausteine zu programmieren, als die Apps noch in den Kinderschuhen steckten), die maschinelle Übersetzung. Über Letztere habe ich meine erste Seminararbeit geschrieben – die einzige noch mit der Schreibmaschine.

Die maschinelle Übersetzung betrachte ich nicht als Bedrohung, sondern als freundlichen Helfer, desgleichen die Audioverarbeitung. Und ohne Übersetzungsdatenbanken kommt man als Übersetzer*in heute nicht mehr weit.

5. Beschreiben Sie Ihren Übergang vom Studium in die Berufstätigkeit. Wie hat sich Ihr Berufseinstieg vollzogen? Haben Sie Irrtümer, Zweifel, Absagen oder Skepsis erlebt?

Vor meinem Übersetzerstudium studierte ich zunächst Informatik, da ich ein Auslandsstipendium für Leningrad, das heutige St. Petersburg, erhalten hatte. Mitten im 5. Semester fiel die Mauer, und ich entschloss mich, das Studium abzubrechen, da ich große Zweifel hegte, ob ich wirklich als Informatikerin arbeiten wollte. Als Sprachtalent entschied ich mich letztlich dafür, Übersetzerin zu werden. Dieses zweite Studium fand ich fast noch anspruchsvoller, aber ich zog es durch, weil es schon das zweite war. Mein Berufseinstieg begann ziemlich direkt nach dem Studium mit einer Festeinstellung in einem großen Übersetzungsbüro. Es war meine einzige Bewerbung und ich wurde sofort genommen. Dass ich gute Informatikkenntnisse mitbrachte, erwies sich dabei als großes Plus. Mit der Hard- und Software von Computern kam ich bereits 1983 am Gauß-Gymnasium Frankfurt (Oder), schon damals ein MINT-Hotspot, in Kontakt: Hier erhielten wir ab der 9. Klasse Informatikunterricht. Unsere Lehrer*innen weckten unsere Begeisterung u. a. mit Mandelbrot-Fraktalen, die sie über Nacht am Rechner ausdruckten. Unsere Schule hatte damals einen der ersten Prototypen von Robotron erhalten. Nach meinem (unvollendeten) Informatikstudium schaffte ich mir 1991 meinen ersten PC an und hielt mich stets über neue Betriebssysteme und Anwendungen auf dem Laufenden. Als ich bei Intertext eingestellt wurde, war ich auch für den Software-Support der knapp 50 Mitarbeiter*innen der Niederlassung zuständig.

6. Wie sind Sie zu Ihrem Beruf gekommen? Wollten Sie schon immer Übersetzerin werden?

In meiner Kindheit wollte ich Krankenschwester werden, dann Lehrerin. Aber auch Musikerin (ich spielte lange Cello) oder Ärztin. Ab der neunten

Klasse besuchte ich bis zum Abitur in der DDR ein naturwissenschaftliches Gymnasium, das alle Schüler*innen dringend dazu anhielt, etwas Technisches zu studieren. Medizin war unerwünscht und kam nicht in Frage. Als sich mir in der 12. Klasse die Chance des Auslandsstipendiums bot, habe ich zugesagt. Als rund um den Mauerfall eine große Unsicherheit herrschte, wie es wohl weitergehen würde, entschied ich mich im Frühjahr 1990, die Aufnahmeprüfung für ein Sprachmittlerstudium an der Humboldt-Universität zu Berlin abzulegen, die damals noch durchgeführt wurde. Bis zum Studienbeginn arbeitete ich mehrere Monate im Krankenhaus und hätte auch einen Ausbildungsplatz als Krankenschwester erhalten können – viele Fachkräfte waren rund um die Währungsunion in die westlichen Bundesländer gewechselt – aber ich hatte die Aufnahmeprüfung bestanden.

7. Würden Sie Ihren Job wechseln? Warum (nicht)?
Ich habe das Glück, in meinem studierten Beruf arbeiten zu können. Als ich nach 12,5 Jahren Anstellung als Übersetzerin und Projektmanagerin kündigte, hatte ich zunächst vor, in eine andere Anstellung überzuwechseln, probierte es dann jedoch mit der Selbstständigkeit – und habe es keinen Tag bereut. Nein, ich würde nicht mehr wechseln. Das freie Arbeiten liegt mir sehr.

8. Vor welchen Entscheidungen und Herausforderungen haben Sie gestanden?
Meine lange Festanstellung war eine Herausforderung – allein mein subjektives Sicherheitsbedürfnis hielt mich davon ab zu kündigen. Ich hatte auch einem Abwerbeversuch eines amerikanischen Kunden widerstanden – eine kurze Verlockung, für die meine Abenteuerlust jedoch nicht groß genug war. Die Freiberuflichkeit konnte ich mir auch lange nicht vorstellen, doch jetzt bin ich sehr froh, dass ich es probiert habe.

9. Wenn Sie Ihrer Laufbahn einen (Film-)Titel geben, wie würde dieser lauten?
Die Universalistin.

10. Wie viel Geisteswissenschaft steckt in Ihrem Beruf? Beschreiben Sie die geisteswissenschaftlichen Aspekte bei Ihrer Tätigkeit.
Ich arbeite mit Sprache – darin steckt zum einen viel Handwerk, zum anderen die Wissenschaft vom Übersetzen, das Erkennen/Abstrahieren

von Zusammenhängen aus der Kultur, Geschichte, Geografie, Politik, Kommunikation und vielem mehr – jeweils eigene geisteswissenschaftliche Felder. Die innere wissenschaftliche Stimme, die ich ab und zu höre, ist z. B. die meiner Englisch-Professorin, wenn ich mich mit grammatischen Strukturen auseinandersetze. Oder es kann vorkommen, dass ich Gesetze der russischen Grammatik „sprachübergreifend" anwende, weil sie mir das Nachdenken über Feinheiten bei Formulierungen erleichtern. Das ressortübergreifende, ganzheitliche Denken finde ich sehr, sehr wichtig, um Bedeutungen auf Wort- oder Satzebene, aber auch kulturelle Konnotationen möglichst sofort zu erkennen und auf den Punkt bringen zu können.

11. Welche geisteswissenschaftlichen Kompetenzen konnten Sie bisher nutzen? Wozu?
Recherche, Recherche, Recherche und Informationsakquise. Wissen, wo was steht, welche Quellen der jeweilige Kunde bevorzugt. Flexibilität je nach Auftraggeber*in. Das Abstrahieren/Transponieren von Ideen und Gedanken. Berücksichtigen des größeren Zusammenhangs: was will der/die Verfasser*in, für welche Zielgruppe wird der Text adaptiert – soll er überhaupt adaptiert werden?

Meine interkulturelle Kompetenz habe ich zunächst in meinen drei Auslandsjahren erworben. Meine Introvertiertheit kommt mir bei der Schreibtischarbeit zugute. Ich bin beim Arbeiten nicht auf unmittelbaren Kontakt angewiesen und brauche die Stille für meine Konzentration – da gibt es viele Parallelen zum Schriftstellerleben.

Aus der Kommunikationswissenschaft nutze ich ebenfalls viele Erkenntnisse und beachte, wie ich die Leser*innen an den Text führe, und schaue dabei, wie gut es den originalen Verfasser*innen bereits gelungen ist: Manchmal habe ich es mit Texten zu tun, wie z. B. beim Europäischen Parlament, die die Autor*innen nicht in ihrer Muttersprache, sondern in Englisch verfasst haben.

12. Welche anderen Schlüsselkompetenzen benötigen Sie noch für Ihren Beruf? Warum?
Allgemeinwissen, analytisches Denken, Affinität zur Technik, Zeit- und Projektmanagementtechniken, z. B. Worst-Case-Szenarios bei der Planung berücksichtigen, Prioritäten setzen (klären und verhandeln, was dem Kunden am wichtigsten ist: die Lieferfrist, die Qualität oder der Preis). Aufwand-Nutzen-Rechnungen möglichst mit geringem Aufwand anstellen können. Aufträge diplomatisch und mit gutem Gewissen ablehnen können oder bei manchen Aufträgen Kompromisse schließen können.

13. Würden Sie das Gleiche noch mal machen (Studium, Job/s)? Wenn nicht, wie dann?

So sehr mir mein Beruf Spaß macht und ich mich auch als Freiberuflerin wohlfühle – wahrscheinlich würde es nicht noch einmal studieren. Ich schaue da auf die handwerkliche Seite des Berufs und denke häufig, dass eine Fachhochschulausbildung ebenfalls ausreichend gewesen wäre, da die eigentliche Kunst des Übersetzens erst nach der Ausbildung beginnt. Meine Ausbildungszeit wurde mir sehr lang, da ich ziemlich getrödelt habe – auch, weil mir meine Nebenjobs mehr Spaß machten. Aus heutiger Sicht hätte ich zudem nichts falsch gemacht, wenn ich schneller aus der Festanstellung im Übersetzungsbüro ausgestiegen wäre, die ich als beengend empfunden habe – allerdings habe ich in rund zehn Jahren als Projektmanagerin sehr gut die Facetten der Seite kennenlernen können, mit der ich als Freelancerin jetzt kommuniziere. Und wenn ich mich noch weiter ins Reich der Spekulation begeben müsste, dann wäre ich wohl meinem Herzen gefolgt und hätte Medizin studiert.

14. Welche Tipps würden Sie Studierenden aus der Geisteswissenschaft für ihre Karriereplanung mitgeben?

Ich persönlich finde es immer wieder schade, wie gerade die Geisteswissenschaftler*innen gerne damit kokettieren, wie stark sie Mathematik oder Naturwissenschaften ablehnen, weil sie in der Schule damit keinen Spaß hatten. Damit vergeben sie sich viele Einsatzmöglichkeiten, aber auch Gelegenheiten, etwas Neues zu lernen, das außerhalb von Sprache oder Populärkultur stattfindet.

Neben der Empfehlung, stets viel zu lesen, und zwar die unterschiedlichsten Textsorten, würde ich raten, sich nicht zu scheuen, thematisch über den Tellerrand zu schauen, also auch Cross-thinking zu betreiben. Das Spezialisieren kommt früh genug.

Als Übersetzerin ist es am wichtigsten, die Muttersprache(n) wirklich zu beherrschen, nicht die Fremdsprache, aus der man übersetzt. Gerade wenn man in dem Land lebt, in dem nicht die Sprache gesprochen wird, in die man übersetzt, darf der Draht nicht abreißen. Was natürlich nicht heißt, dass ich die Weiterbildung in den Sprachen, aus denen ich übersetze, vernachlässige – so konsumiere ich Bücher oder Filme, die im englischsprachigen Raum entstanden sind, am liebsten im Original, wenn es sich einrichten lässt.

Die Karriere nicht versuchen zu planen, sondern vielmehr die Augen offenhalten und nachspüren, was einem liegt und Spaß macht. Zurückschauen, was einem zu jedem Zeitpunkt in der Vergangenheit besonders Freude bereitet hat. Sich nicht scheuen, auch Dinge loszulassen. Eine meiner Hauptsprachen – Russisch – ist z. B. am Wegesrand liegengeblieben und spielt in meinem Beruf keine Rolle mehr. Dafür habe ich aus der Zeit in Russland meine naturwissenschaftlichen Kenntnisse mitgenommen, während der Ausbildungsphase war also nichts wirklich umsonst.

Referentin Kulturförderung (Kulturamt): Silvia Kalmutzki

Jahrgang: 1986
Ausbildung/Studium ab Schule: 2005 Abitur, 2005–2007 Studium der Betriebswirtschaftslehre (Diplom), Abbruch und ein Jahr nicht studiert, 2008–2013 Kultur und Technik (Bachelorabschluss), 2012–2019 Kulturwissenschaften (Masterabschluss).

Berufliche Stationen in Kürze: 2005 Berlin – Festival für Junge Politik, 2007–2008 Assistenz für ein Kinder- und Jugendtheaterfestival, Theater an der Parkaue, Berlin, 2008 Projektmanagerin für Internationale Meisterklassen im Orchesterdirigieren, Philharmonisches Kammerorchester Berlin, 2010 Redaktionelle Tätigkeit für eine Zeitschrift, Santo Domingo/Dominikanische Republik, 2010–2011 Tutorin am Lehrstuhl für Angewandte Medienwissenschaften Brandenburgische Technische Universität, Cottbus, 2011–2012 Praktikantin, Presse- und Öffentlichkeitsarbeit/Marketing, BKA-Theater Berlin, 2012–2013 Assistenz des Generalmusikdirektors, Sociedad ProArte Latinoamericano, Santo Domingo/Dominikanische Republik, 2013–2014 Hospitantin in der Orchesterdirektion, Komische Oper Berlin, 2016 Spielleitung/Abenddienst für ein interaktives Stück des Rimini Protokolls, Beethovenfest Bonn, 2016–2017 Werkstudentin, B&S Siebenhaar Verlag und Medien, 2016–2018 Studentische Hilfskraft, Institut für Kultur- und Medienmanagement, Freie Universität Berlin, 2017–2019 Operatives

S. Kalmutzki
Berlin, Deutschland

Management, me Collectors Room Berlin/Stiftung Olbricht, 2018–2019 Selbstständige Projektmanagerin, Freie Universität Berlin, seit 2020 Grundsatzangelegenheiten und Kulturförderung in einem Bezirksamt von Berlin.

Zusatzqualifikationen/Weiterbildungen/Auszeiten/Auslandsaufenthalte etc.: 2019–2020 Weiterbildung als Manager*in für öffentliche Fördermittel (AZAV-Zertifiziert).

1. Beschreiben Sie Ihre aktuelle berufliche Tätigkeit: Was machen Sie als Referentin für Kulturförderung?
Ich bin im Tagesgeschäft für die Administration von Zuwendungen verantwortlich. Die Zuwendungsempfänger*innen meines Fachbereichs sind Kunst- und Kulturschaffende, die einen Projektantrag in unserer Behörde eingereicht und nach Auswahl einer Fachjury finanzielle Mittel erhalten, um dieses Projekt realisieren zu können. Ich berate und betreue die Projektleiter*innen vor Antragstellung und bei Bewilligung bis hin zur Abrechnung des Projekts. Gleichermaßen prüfe ich die Anträge nach den formalen Kriterien entsprechend der Gesetzgebung des Landes Berlin und der jeweiligen Förderrichtlinien der unterschiedlichen kommunalen Fördertöpfe.

Des Weiteren bin ich für die kulturelle Infrastrukturentwicklung innerhalb des Bezirks zuständig, weshalb ich auch diversen anderen Anliegen nachgehe, sofern sie mit Kultur in meinem Verwaltungsbezirk zu tun haben.

2. Was sind Ihre Motivation und Ihr Anreiz für Ihre aktuelle Tätigkeit? Was fasziniert Sie an Ihrem Beruf?
Das Faszinierendste an meinem Beruf ist, dass ich den Großteil eines künstlerischen Projektes begleiten kann, denn abgesehen von der Konzeptionierung bin ich unentwegt an dem Schaffensprozess beteiligt, obgleich ich nicht Künstlerin bin und innerhalb des Projektteams partizipiere. Ich erhalte durch die Projektanträge und deren Realisierung einen ganzheitlichen Einblick in die Bedarfe des Projekts und kann mir schlussendlich ein Bild davon machen, welche Mittel notwendig waren, um das künstlerische Werk, also den Zuwendungszweck umzusetzen.

3. Welche Sachen machen Sie besonders gerne, welche weniger gerne?
Pro und zugleich Contra: Besonders gerne und zugleich weniger gerne betreue ich die Kunst- und Kulturschaffenden. Das liegt daran, dass ich unglaublich gerne dabei helfe, Probleme zu lösen und wohl auch problemlösungsorientiert

bin. Die Freude der Zuwendungsempfänger*innen nach Erhalt meiner Hilfe und Beratung ist sehr befriedigend und ich kann darin auf meine Art kreativ sein. Zugleich kann diese Aufgabe auch sehr herausfordernd sein, da sich einige Künstler*innen damit schwertun, Formalitäten nachzuvollziehen und entsprechend einzuhalten. Dadurch bedarf es mitunter vieler Erklärungen, die nicht immer fruchten und in einem Mehraufwand resultieren.

Pro: In meinem Beruf fördere ich Kunst und Kultur! Schlussendlich ist der Zweck des Ganzen, die Kunst- und Kulturlandschaft zu stärken, tolle Ideen und Konzepte zu einer Realisierung zu verhelfen und dafür zu sorgen, dass die Ergebnisse der Allgemeinheit zugänglich gemacht werden können und damit einen Beitrag für das Gemeinwohl leisten können. Und ich fand die Geisteswissenschaften allein nie erfüllend, weswegen ich auch im Bachelor Kultur und Technik studiert habe und im Master der Kulturwissenschaften auch etwas unzufrieden war, weil mir Aspekte des sogenannten MINT-Bereichs gefehlt haben. In der Kulturförderung vereinen sich geisteswissenschaftliche Inhalte, über den künstlerischen und gesellschaftsrelevanten Anspruch der Anträge, mit wirtschaftlichen Aspekten, zum Beispiel bei der Aufstellung und den Kalkulationen der Projektfinanzierungspläne sowie der rechtlichen Rahmenbedingungen, wie der Rechtsform der Antragsstellenden und den sogenannten Leit- oder Richtlinien, nach denen ein Antrag bewilligt werden darf.

Contra: Ich habe mal in einer Immobilienverwaltung gearbeitet und mir danach eigentlich geschworen, nie wieder in einer Verwaltung zu arbeiten. Diesen Teil meiner Arbeit favorisiere ich nicht und es fällt mir schwer zu verstehen, wozu gewisse Vorgänge dienen, die ich erst einmal als umständlich erachte. Zudem steht mir mein geisteswissenschaftlicher Hintergrund hierbei eher im Weg, da ich mir zum Beispiel auch einen dialektischen Zugang zu Themen angeeignet habe und es in einer Verwaltung oftmals nur ein formal richtig oder falsch gibt.

Auch erlerne ich in meinem jetzigen Beruf einen neuen Zugang zu Sprache. Ich habe bereits zuvor, bei einem Ausflug in den Marketingbereich gemerkt, dass ein kritischer Umgang mit Sprache und Quellen im Beruf hinderlich sein können. Zum Beispiel dann, wenn Sprache dezidiert doppeldeutig, unterhaltsam und einprägsam (Marketing) sein soll, oder aber eben eindeutig und durchdekliniert (Behörde). So wie Sprache im Berufsalltag unterschiedlich motiviert ist, gibt es entsprechend unterschiedliche Formen der deutschen Sprache: In meinem Job ist es das sprichwörtliche Amtsdeutsch, dessen Vokabular mir bisher fremd war.

4. Wie wirkt sich die Digitalisierung auf Ihre Tätigkeit aus?

Erst jüngst ist es möglich – und zu Recht der Stolz meiner Vorgängerin –, in dem Bezirksamt, für das ich arbeite, die Projektanträge digital einzureichen. Zuvor war es nötig, dass die Projektantragssteller*innen ihre Anträge für jedes Jurymitglied und das Amt im Original einreichen mussten – das waren elf Antragsbögen im Original.

Ansonsten ist es in einer Behörde sehr umständlich, mit digitalen Informationen zu arbeiten, da zu Recht aus datenschutzrechtlichen Gründen, viele digitale Vorgänge nicht oder nur unter erschwerten Bedingungen möglich sind. Aufgrund der Barrierefreiheit, die öffentlichen Einrichtungen gewährleisten müssen, habe ich damit in digitaler Hinsicht zu tun und plane auch, mich dahingehend weiterzubilden.

5. Beschreiben Sie Ihren Übergang vom Studium in die Berufstätigkeit. Wie hat sich Ihr Berufseinstieg vollzogen? Haben Sie Irrtümer, Zweifel, Absagen oder Skepsis erlebt?

Es gab nicht wirklich einen Übergang vom Studium ins Berufsleben: Ich habe während meiner Studienjahre immer gearbeitet, Praktika, Projekte, Auslandsaufenthalte, oftmals auch diverse dieser Tätigkeiten zugleich ausgeübt. Das war mitunter auch der Grund, warum ich so lange studiert habe. Es gab keinen Schritt, der nicht getrieben war von Neugier, Wissensdurst, Lust auf Praxis und zugleich der Angst vor Ernüchterung. Was die praktischen Erfahrungen angeht, die ich letztlich gesammelt habe und warum es nun ausgerechnet diese waren: Hinter jedem Eintrag in meinem Lebenslauf verbergen sich unzählige Absagen.

6. Wie sind Sie zu Ihrem Beruf gekommen? Wollten Sie schon immer Referentin für Kulturförderung werden?

Schon früh war mir klar, dass es in Deutschland (im internationalen Vergleich) überdurchschnittlich viele staatliche Kultureinrichtungen gibt. Erst viel später habe ich realisiert, dass die meisten Kultureinrichtungen auch von der Finanzierung öffentlicher Gelder abhängig sind und nur ein kleiner Teil sich selbst oder durch privatwirtschaftliche Mittel tragen kann. Von da an war mir klar, dass ich mir das Wissen über Fördermittel aneignen muss und möchte, wenn ich verstehen und lernen will, wie ein Kulturbetrieb überleben kann. Ich wollte demnach gar nicht beruflich werden was ich bin, sondern verstehen und ausüben, was ich beruflich tun kann, um das, was mir wichtig ist, nämlich Kunst und Kultur, zu erhalten und zu fördern.

7. Würden Sie Ihren Job wechseln? Warum (nicht)?
Es ist noch zu früh, um angemessen darauf zu antworten, da ich noch sehr neu in diesem Feld bin. Die Aspekte der Verwaltung sind schon eher gegen meine Natur – mein Umfeld war entsprechend verwundert über den Schritt in eine Behörde. Definitiv bin ich jedoch aus den in Punkt 6. benannten Gründen sehr daran interessiert, im Förderwesen zu bleiben, sei es aus der Perspektive des Gebens oder Nehmens.

8. Vor welchen Entscheidungen und Herausforderungen haben Sie gestanden?
Vor welchen Entscheidungen und Herausforderungen steht ein*e Geisteswissenschaftler*in eigentlich nicht? Da es nun mal in der Natur der Geisteswissenschaften liegt, dass das Studium nicht immer dazu führt, dass man sich beruflich klar positionieren kann, und da ich mich nie berufen gefühlte habe, war ich förmlich dazu herausgefordert, mich immerwährend auszuprobieren.

Es liegt zum einen nahe, dass man sich die im Studium erworbenen Kenntnisse direkt zunutze macht, was letztlich auf eine wissenschaftliche Laufbahn hinausläuft, da das geisteswissenschaftliche Wissen kaum bis gar nicht im wirtschaftlichen Sinne nutzbar zu machen ist. Die Frage nach einer Promotion habe ich mir bereits während meines Bachelors gestellt, aber ich wollte nicht länger studieren, um einen höheren Titel zu haben, der mich in der Wirtschaft höchstwahrscheinlich nicht weiterbringt – im Gegenteil wahrscheinlich eher schwerer innerhalb eines Unternehmens verorten lässt.

Ich wollte immer für den Kunst- und Kulturbereich arbeiten, und habe daher immer wieder Überlegungen dazu angestellt, in welcher künstlerischen Disziplin ich mich am ehesten sehe und welche Interessen und Fähigkeiten ich mitbringe, um etwas für diese Sparte tun zu können – woher auch meine diversen Tätigkeiten für unterschiedliche Kunstsparten herrühren.

9. Wenn Sie Ihrer Laufbahn einen (Film-)Titel geben, wie würde dieser lauten?
Try and Error: Beruf- und? statt Berufung.

10. Wie viel Geisteswissenschaft steckt in Ihrem Beruf? Beschreiben Sie die geisteswissenschaftlichen Aspekte bei Ihrer Tätigkeit
Die Inhalte, um die es in meinem Beruf geht, sind in jeglicher Hinsicht geisteswissenschaftlich. Das operative Management und die Administration hingegen sind gar nicht geisteswissenschaftlich.

11. Welche geisteswissenschaftlichen Kompetenzen konnten Sie bisher nutzen? Wozu?

Der größte Vorteil von Geisteswissenschaftler*innen gegenüber anderen Wissenschaftler*innen ist meines Erachtens die Fähigkeit, sich in gänzlich neue Themengebiete einzuarbeiten, sie ganzheitlich zu betrachten und zu kontextualisieren, was man heutzutage wohl am ehesten mit Informations- und Wissensmanagement bezeichnen würde. Aus meiner Sicht liegt unsere Stärke demnach nicht, wie in Punkt 8. beschrieben, in unserem erworbenen Fachwissen, sondern in unserer geschulten Methodik: Daher glaube ich auch fest daran, dass jedes Unternehmen Platz für Geisteswissenschaftler*innen hat bzw. haben sollte.

Ich habe mich immer wieder in neue operative Felder eingearbeitet, bringe zugleich Interdisziplinarität und Querdenken mit, befasse mich mit den aktuellen Diskursen und stelle die Aktualität dieser Themen zugleich in den Kontext der Geschichte – und das ganz selbstverständlich und automatisch. Dadurch ist es mir – und ich denke auch den anderen Geisteswissenschaftler*innen – möglich, Probleme zu antizipieren und zugleich problemlösungsorientiert zu arbeiten, da das Problem durch unsere ganzheitliche Methodik von diversen Perspektiven beleuchtet werden kann.

12. Welche anderen Schlüsselkompetenzen benötigen Sie noch für Ihren Beruf? Warum?

Man benötigt grundsätzlich immer soziale und interkulturelle Kompetenzen im Umgang mit Künstler*innen. Auch zwischenmenschlich ist die Fähigkeit zu einem Perspektivwechsel wichtig, um mit kreativen Menschen zu arbeiten und deren Herangehensweise an Themen und Aufgaben nachvollziehen zu können.

13. Würden Sie das Gleiche noch mal machen (Studium, Job/s)? Wenn nicht, wie dann?

Ich würde nicht nochmal rein geisteswissenschaftlich studieren, sondern eher etwas mit curricular integrierten Management- und Projektseminaren, wie etwa beim Kulturmanagement oder im dualen Studium, um mir den doppelten oder gar dreifachen Aufwand zu sparen, neben dem Studium Jobs nachzugehen, die hinsichtlich beruflicher Erfahrungen irrelevant sind, nur um die Lebenshaltungskosten zu decken und zugleich Projekte und Praktika wahrzunehmen, um wesentliche praktische Erfahrungen im Kulturbereich zu sammeln. Da es jedoch kaum Werkstudent*innenstellen für Geisteswissenschaftler*innen gibt, sind die Rahmenbedingungen der wissenschaftlichen Disziplin und Berufsbranche gleichermaßen eine Zumutung – und irgendeine Form von Selbstausbeutung vorprogrammiert.

Ich würde zudem weniger bis gar keine Praktika machen. Die ersten Praktika haben insofern Sinn gemacht, als dass ich dabei gezwungen war, gewisse Hemmungen zu überwinden, wie etwa proaktiv auf Leute zuzugehen, indem ich Fremde kontaktieren musste und dabei manchmal sogar in der Position einer Bittstellerin war, wie zum Beispiel bei der Akquise von Sponsor*innen und Förder*innen. Ich konnte dadurch sicher viele sinnvolle, erste praktische Erfahrungen innerhalb meiner Branche sammeln, aber die Lernkurve fällt schon beim zweiten Praktikum steil abwärts, da man letztlich immer für niedere Tätigkeiten eingesetzt wird, die kaum Lernpotenzial bieten. Hinzu kommt, dass es später in vielen Bereichen des Kulturbetriebs sowieso wieder Stellen gibt, die dezidiert für Berufseinsteiger*innen und Unerfahrene sind, von denen manche sogar ausdrücklich in Ausschreibungen verlangen, dass das Studium nicht länger als ein, zwei Jahre zurückliegt, wie es etwa beim Volontariat der Fall ist.

14. Welche Tipps würden Sie Studierenden aus der Geisteswissenschaft für ihre Karriereplanung mitgeben?

In jedem Fall reicht es nicht aus, zu studieren und währenddessen keinerlei praktische Erfahrungen zu sammeln. Dennoch würde ich an dieser Stelle nochmals ganz klar vom klassischen Praktikum abraten und mich stattdessen als helfende Hand in Projekten, zum Beispiel bei Initiativen, Kollektiven, Verbänden, Vereinen oder Festivals beteiligen. Es gibt zwar keine bis wenig Bezahlung, aber als Projekthelfer*in ist man mitunter Teil eines gerade entstehenden Teams, wodurch alle Beteiligten einander eher auf Augenhöhe begegnen. Man erhält dadurch auch vielmehr Einblick in das große Ganze als es bei einem Praktikum der Fall ist. Das liegt zum einen daran, dass man bei einem Praktikum in einer festen Institution einen Platz innerhalb bereits bestehender Strukturen einnimmt, jede*r Mitarbeiter*in klare Aufgaben und Kompetenzbereiche hat, die routiniert abgearbeitet werden, sodass es den Mitarbeiter*innen mitunter schwer fällt, die Strukturen und Arbeitsweisen zu erklären oder ihnen keine Zeit dafür bleibt, sodass man diese nicht nachzuvollziehen kann. Zudem ist es oft gar nicht gestattet, dass man als Praktikant*in Einblick erhält. Schlussendlich erledigt man dann nur den klar abgegrenzten Kompetenzbereich der

Praktikant*innenstelle, die stets von jemandem alle drei bis sechs Monate besetzt wird. Durch den schmalen Kompetenzbereich hat man es dann schwer, sich zu beweisen oder gar neben den anderen Praktikant*innen hervorzuheben und der einzig noch verbliebene Zweck – das Knüpfen von Kontakten für eine daran anknüpfende oder spätere Anstellung – damit auch hinfällig ist.

Promotionsberaterin (Hochschule): Dr. Catherine Marten

Jahrgang: 1981

Ausbildung/Studium ab Schule: 1991–2000 Gymnasium (Abschluss: Abitur), 2000/2001 Studium der Geschichte, Allgemeinen Sprachwissenschaft und Germanistik, Universität zu Köln, 2002–2008 Studium der Germanistik und Kunstgeschichte, Rheinische Friedrich-Wilhelms-Universität Bonn (Abschluss: Magistra Artium), 2009–2016 Promotion in Germanistik, 2009–2011 Kollegiatin im PhD-Net „Das Wissen der Literatur", Humboldt-Universität zu Berlin, 2011–2014 Stipendiatin im interdisziplinären DFG-Graduiertenkolleg Schriftbildlichkeit, FU Berlin.

Berufliche Stationen: 2001/2002 Praktikum beim Horizont-Theater Köln, Regie Kinder- und Jugendtheater, 2002 Praktikum bei den Städtische Bühnen Münster, Dramaturgie Kinder- und Jugendtheater, 2004 Praktikum am Museum Schnütgen, Köln, 2006–2010 Studentische/Wissenschaftliche Hilfskraft (Koordination der Exzellenzstudiengänge Deutsch-Italienische und Deutsch-Französische Studien; Germanistisches Seminar, Uni Bonn), 2008 Praktikum am Goethe Institut Boston (Sprachabteilung, Koordinationsbüro), 2010 Wissenschaftliche Mitarbeiterin (Vertretung), Germanistisches Seminar, Uni Bonn, 2011/2012 Freie redaktionelle Mitarbeit bei der ARD und Bauwelt: Online-Redaktion

C. Marten
Berlin, Deutschland

(tagesschau.de/ Bericht aus Berlin; Architekturwettbewerbe), Bildredaktion/ Lektorat („Stadtbauwelt"), 2013–2016 Wissenschaftliches Lektorat und Korrektorat, Redaktionelle Zuarbeit für diverse Klient*innen (freiberuflich), 2016/2017 Wissenschaftliche Mitarbeiterin (Elternzeitvertretung), Koordination des Suhrkamp-Forschungskollegs, Deutsches Literaturarchiv Marbach, seit 10/2018 Beraterin für Promovierende an der Humboldt-Universität zu Berlin.

Zusatzqualifikationen/Weiterbildungen/Auszeiten/Auslandsaufenthalte etc.: 2017/2018 Elternzeit, 2018/2019 Einjährige Weiterbildung zur Wirkungsmanagerin, Phineo gAG, Berlin, 2019/2020 „Gut beraten an der HU!", einjährige Inhouse-Schulung an der Humboldt-Universität zu Berlin, 2019 „Kleiner Führerschein systemische Studienberatung", Supervisionszentrum Berlin, 2019 „Changemanagement – Beschäftigte professionell auf Veränderungen vorbereiten und beteiligen", Berufliche Weiterbildung der Humboldt-Universität zu Berlin

1. Beschreiben Sie Ihre aktuelle berufliche Tätigkeit: Was machen Sie als Beraterin für Promovierende und Promotionsinteressierte?
Ich bin als Beraterin für Promovierende und Promotionsinteressierte an einer Dacheinrichtung für strukturierte Promotionsprogramme beschäftigt. Meine Aufgaben umfassen einerseits die Aufbereitung und Zurverfügungstellung von Informationen rund um die Promotion, andererseits die persönliche Beratung von Personen, die sich zum Beispiel grundlegend zu Themen wie Finanzierung und Strukturierung einer Promotion informieren wollen oder Hilfe bei der Klärung ihrer Motivation benötigen. Zudem ist die Beratung eine erste Anlaufstelle für alle Promovierenden der Universität, die während ihrer Promotion auf Schwierigkeiten stoßen. Ich erarbeite gemeinsam mit den Klient*innen mögliche Lösungswege oder verweise sie, je nach Ausmaß des Problems oder Zuständigkeit, an die jeweiligen Kolleg*innen, innerhalb der universitären Struktur fungiere ich quasi als Wegweiserin.

2. Was sind Ihre Motivation und Ihr Anreiz für Ihre aktuelle Tätigkeit? Was fasziniert Sie an Ihrem Beruf?
Nach einer langen Zeit der mehr oder weniger einsamen wissenschaftlichen Arbeit war es mir wichtig, wieder mit Menschen zu arbeiten und meine kommunikativen Kompetenzen voll zur Entfaltung zu bringen. Für mich ist das Befriedigendste an meiner Arbeit, Entscheidungs- oder Veränderungsprozesse zu begleiten und aktiv zu passenden Lösungswegen beizutragen.

3. Welche Sachen machen Sie besonders gerne, welche weniger gerne?
Besonders viel Spaß machen mir die Einzelberatungen, da ich mich hier am intensivsten mit den Anliegen der Ratsuchenden auseinandersetzen kann. Wenn dann das Gespräch so verläuft, dass die ratsuchende Person wichtige Impulse für weitere Handlungsschritte bekommt, ist die Arbeit besonders befriedigend. Die Planung und Durchführung von Informationsveranstaltungen macht mir ebenfalls viel Freude, da ich hier mit den Studierenden persönlich in Kontakt komme und von ihnen direkte Rückmeldung zu ihrer Situation und ihrem Beratungsbedarf bekomme. Ich schätze möglichst abwechslungsreiche Tätigkeiten, eintönige Aufgaben bringen mich schnell an meine Grenzen. So ist die Dokumentation eine eher lästige Pflicht, das Versenden von Standard-E-Mails mit den wichtigsten Informationen zur Promotion – sofern es überhandnimmt – kein Zuckerschlecken für mich. Am wenigsten Freude bereitet es mir, rein informative Texte für das Online-Angebot zu verfassen, auch wenn ich natürlich den großen Nutzen eines solchen Angebots sehe.

4. Wie wirkt sich die Digitalisierung auf Ihre Tätigkeit aus?
Ein großer Teil der Beratung läuft über E-Mail, da gerade internationale Promotionsinteressierte zusätzliche Informationen zu den Bedingungen der Zulassung und den in Deutschland speziellen Promotionsbedingungen benötigen. In Einzelfällen biete ich auch Beratungen per Bildtelefonie an. Immer wichtiger wird es zudem, die Informationen im Netz so aufzubereiten und darzustellen, dass Ratsuchende sie schnell finden und erfassen können. Wenn es hier Informationsdefizite gibt, leidet auch meine Beratung darunter, da die Klient*innen ohne das nötige Grundwissen keine für ihre Situation spezifischen Fragen stellen und Lösungen finden können. Für aktuelle Informationen nutzen wir neben Ankündigungen auf unserer Homepage auch unsere Facebook-Seite.

5. Beschreiben Sie Ihren Übergang vom Studium in die Berufstätigkeit. Wie hat sich Ihr Berufseinstieg vollzogen? Haben Sie Irrtümer, Zweifel, Absagen oder Skepsis erlebt?
Einen klassischen Bruch zwischen Studium und Berufstätigkeit gab es bei mir nie. Während meines Studiums habe ich viel gearbeitet: als studentische Hilfskraft an der Uni und als Barista in verschiedenen Coffeeshops. Besonders bei der Koordination von zwei Exzellenzstudiengängen an der Uni Bonn wurden mir sehr verantwortungsvolle Aufgaben übertragen und ich konnte Vieles lernen, was mir heute noch nützlich ist. Diese erste Berufserfahrung hat mir

in meinem späteren Berufsleben viele Türen geöffnet. Nach Abschluss meines Studiums habe ich mich – trotz einiger Unsicherheiten, was die Tragfähigkeit meiner eigenen Motivation anging – entschlossen zu promovieren und diese Promotion zunächst durch eine Stelle an der Uni finanziert, später durch Nebenjobs bei der ARD und einer Architekturzeitschrift. Erst zwei Jahre nach Beginn meiner Promotion habe ich einen Platz und ein Stipendium in einem Graduiertenkolleg bekommen, musste mich dann jedoch nach zweieinhalb Jahren wieder durch selbständige Tätigkeiten finanzieren, da das Kolleg eingestellt wurde.

Was mir damals als hohe Zusatzbelastung erschien und besonders geschicktes Zeit- und Ressourcenmanagement erforderte, war für meinen Berufseinstieg nach der Promotion, wie ich jetzt weiß, ein großer Pluspunkt. Ich hatte nicht nur erfolgreich meine Promotion abgeschlossen, sondern auch noch belastbare Berufserfahrung gesammelt, was für meinen ersten ‚richtigen' Job – die dreimonatige Vertretung der Koordination eines Forschungskollegs am Deutschen Literaturarchiv in Marbach – durchaus hilfreich war. Aus drei Monaten wurde ein Jahr, da meine Arbeitgeber*innen zufrieden mit meiner Arbeit waren und ich flexibel auf die Elternzeitverlängerung der Stelleninhaberin reagieren konnte. Nach meiner eigenen darauffolgenden Elternzeit wollte ich mich beruflich umorientieren und bekam es erstmals mit Skepsis und Absagen zu tun, da außerhalb des wissenschaftlichen Kontexts meine berufliche Erfahrung offenbar anders gewertet wurde. Ich erschien einigen Arbeitgeber*innen im gemeinnützigen Sektor, in den ich als Projektmanagerin oder Beraterin wechseln wollte, wohl als über-, anderen als zu wenig spezifisch qualifiziert. Um hier einen leichteren Einstieg zu finden, habe ich mich an diesem Punkt entschieden, einerseits weitere Berufserfahrung in der Beratung zu sammeln – und zwar im Bereich des Wissenschaftsmanagements, der sich als leichter zugänglich erwies – und mich zugleich gezielt im ‚Wirkungsmanagement' weiterzubilden, sodass ich langfristig als Arbeitskraft für den dritten Sektor attraktiver werden würde.

6. Wie sind Sie zu Ihrem Beruf gekommen? Wollten Sie schon immer Beraterin werden?
Vermutlich schon. Eine meiner größten Kompetenzen lag schon immer im empathischen Zuhören und in meinem Interesse an den Belangen anderer. Dass Beraten nicht bedeutet, aus einer Position, die glaubt zu wissen, was das Beste für das Gegenüber ist, Ratschläge zu erteilen, sondern vor allem Fragen zu stellen, die es erlauben, autonom Möglichkeitsräume zu erweitern, musste ich erst lernen. Seitdem habe ich – zum ersten Mal – das Gefühl,

mich in meinem Beruf gefunden zu haben. Als studentische Hilfskraft hatte ich schon erste erfreuliche Erfahrungen in der Fachstudienberatung gemacht, da es aber noch zahlreiche andere Bereiche gab, in denen ich mich ausprobieren wollte, habe ich erst spät und mithilfe eines Berufsfindungscoachings herausarbeiten können, dass es sich hierbei für mich um einen realen Berufswunsch und -weg handelt. Ich war immer davon ausgegangen, dass ich zu den Leuten gehöre, die viele Interessen und Kompetenzen haben, denen aber eine ‚wahre Berufung' fehlt. Dass es letztlich darum geht, sich aktiv für einen beruflichen Weg zu *entscheiden*, und zwar aufgrund der eigenen beruflichen und persönlichen Werte, habe ich erst spät verstanden und umgesetzt.

7. Würden Sie Ihren Job wechseln? Warum (nicht)?

Nach so langer selbstbestimmter und -organisierter Arbeit fällt es mir schwer, mich in die doch sehr starren hierarchischen Strukturen der Universität einzugliedern. Wenn ich meinen Job wechseln würden, dann zugunsten einer flexibleren Arbeitsgestaltung und zugleich einer höheren sozioökonomischen Sicherheit und besserer Karriereaussichten. Wie so viele Stellen an der Universität ist auch meine befristet, was für mangelnde Planungssicherheit in diesen Bereichen sorgt. Grundsätzlich strebe ich zudem eine Tätigkeit mit möglichst großem sozialen ‚impact' an, der Wechsel in einen gemeinnützigen Bereich ist also ein langfristiges Ziel.

8. Vor welchen Entscheidungen und Herausforderungen haben Sie gestanden?

Nach dem Studium habe ich zunächst vor der Entscheidung gestanden, ob ich gleich ins Berufsleben starte oder eine Promotion anstrebe. Ironischerweise bin ich selbst – ganz entgegen den Klient*innen, die ich heute bei dieser Entscheidungsfindung unterstütze – mehr oder weniger in diese Promotion hineingeschlittert und habe meine Motivation nie wirklich geklärt, sodass ich über die Jahre hinweg mehrfach vor der Entscheidung stand, die Promotion abzubrechen. Irgendwann war dann der beste Grund, sie zu Ende zu bringen, einfach der, sie zu (einem guten) Ende zu bringen. Meine aus vielfältigen Unsicherheiten resultierende lange Promotionszeit hat zu einem späten Berufseinstieg geführt, der zwar einigermaßen unproblematisch verlief, dessen Auswirkungen für mich aber noch nicht wirklich absehbar sind. Eine weitere Herausforderung bestand für mich darin, nach der Promotion den Weg aus der Wissenschaft zu vollziehen, d. h. zunächst einmal herauszufinden, in welchem Bereich ich überhaupt arbeiten möchte und welche Kompetenzen ich als promovierte Geisteswissenschaftlerin mitbringe. Die *größte* Herausforderung bestand und besteht für mich immer aber noch darin, vom Weg des geringsten Widerstandes zu einem selbstbestimmten Berufsweg zu finden.

9. Wenn Sie Ihrer Laufbahn einen (Film-)Titel geben, wie würde dieser lauten?
Take the lead.

10. Wie viel Geisteswissenschaft steckt in Ihrem Beruf? Beschreiben Sie die geisteswissenschaftlichen Aspekte bei Ihrer Tätigkeit.
In meiner Tätigkeit als Beraterin nützt es mir vor allem, dass ich während des Studiums und der Promotion gelernt habe, durch die richtige Fragestellung Zusammenhänge schnell zu erfassen und kritisch zu hinterfragen. Dabei kommt mir auch mein theoretisches Wissen über Kommunikation zugute. Am meisten geht es jedoch darum, dieses Wissen und verschiedene Modelle und Methoden kreativ umzusetzen und in die eigene Beratungspraxis zu integrieren. Da ich nicht nur im Studium, sondern auch während der Promotion gezwungen war, meine eigenen Methoden und Ergebnisse immer wieder kritisch zu hinterfragen, habe ich – zwangsläufig – eine große Kritikfähigkeit, aber auch Teamfähigkeit entwickelt: Das Feedback und die Zusammenarbeit mit anderen erscheinen mir als besonders wertvolles Korrektiv meiner eigenen Arbeit. Auch eine positive Fehlerkultur und eine daraus resultierende Flexibilität bei der Projektsteuerung habe ich durch meine wissenschaftliche Arbeit gelernt.

11. Welche geisteswissenschaftlichen Kompetenzen konnten Sie bisher nutzen? Wozu?
Ich kann neue Aufgaben systematisch und zielorientiert angehen und habe vor allem gelernt, mich selbst zu organisieren und zu motivieren. Meine Recherchekompetenz erlaubt mir, aus umfangreichen Informationen die wesentlichen herauszufiltern und hilft mir bei der Aufbereitung dieser Informationen für meine Zielgruppe. Meine kommunikative Kompetenz ist nicht nur in der Eins-zu-eins-Beratung wesentlich, sondern auch bei der Gestaltung und Durchführung von Informationsveranstaltungen. Hier sind mir auch die während des Studiums erlernten Präsentationstechniken und meine Lehrerfahrung sehr nützlich.

12. Welche anderen Schlüsselkompetenzen benötigen Sie noch für Ihren Beruf? Warum?
Medienkompetenz, Sprachkompetenzen, Empathie

13. Würden Sie das Gleiche noch mal machen (Studium, Job/s)? Wenn nicht, wie dann?
Auch wenn ich froh bin, die Promotion zu einem guten Ende gebracht zu haben und zufrieden mit dem Ergebnis bin, würde ich mich heute wahrscheinlich gegen eine Promotion entscheiden und direkt in den Beruf einsteigen. Zwar ist meine Promotion für meinen jetzigen Job zwingende Voraussetzung gewesen, jedoch wären andere beraterische Tätigkeiten problemlos auch ohne Promotion möglich. Die nötigen Kompetenzen dafür hätte ich durch ein Studium (ich glaube, heute wäre es eher Soziologie als Germanistik) und eine geeignete Weiterbildung ebenso erlangen können. Rückwirkend glaube ich trotzdem, dass der größte Lerneffekt meiner bisherigen Karriere gerade darin lag, zu erkennen, dass ich allein entscheide, wohin meine berufliche Reise gehen soll. Dafür war der etwas verschlungene Weg vielleicht sogar nötig und sinnvoll. Meine breite Aufstellung durch ganz unterschiedliche Berufserfahrung und Praktika in verschiedenen Bereichen war mir in diesem Sinne nie hinderlich; durch sie habe ich mir – bis ich mich für die Beratung entschieden hatte – viele Wege offen gehalten und konnte zudem ‚abklopfen', was mir an welchen Berufen wirklich Spaß macht und was nicht. Diese Möglichkeiten des Ausprobierens schätze ich im Nachhinein sehr und würde sie mir auch immer gestatten wollen.

14. Welche Tipps würden Sie Studierenden aus der Geisteswissenschaft für ihre Karriereplanung mitgeben?
Wenn ich einen Tipp geben sollte, wäre es wohl der, sich möglichst früh und vor allem immer wieder damit auseinanderzusetzen, wohin die berufliche Reise gehen soll. Es ist auch aus meiner eigenen Erfahrung heraus sehr schwierig, zugleich ein konkretes Ziel vor Augen zu haben *und* die nötige Offenheit und Flexibilität mitzubringen, den Weg dahin stets an die aktuellen Wünsche und Gegebenheiten anzupassen. Ich glaube trotzdem, dass in der Entwicklung einer immer wieder aktuellen persönlichen Vision (welchen beruflichen Idealzustand strebe ich an?) und einer passenden Strategie (mit welchen Mitteln und auf welchen Wegen kann ich diesen erreichen, welche Rahmenbedingungen müssen dafür erfüllt sein?) ein Schlüssel zu beruflicher Zufriedenheit liegt.

Forschungsdatenmanager (Hochschule): Dr. Lukas C. Bossert

Jahrgang: 1985

Ausbildung/Studium ab Schule: 2010 B. A., Kulturwissenschaft der Antike, Universität Konstanz, 2013 M. A., Klassische Archäologie, Humboldt-Universität zu Berlin, 2018 Dr. phil., Klassische Archäologie, Humboldt-Universität zu Berlin.

Berufliche Stationen in Kürze (inkl. Praktika): 2009 Vierwöchiges Praktikum am Deutschen Archäologischen Institut, Abteilung Istanbul, 2010–2013 Wissenschaftliche Hilfskraft am Deutschen Archäologischen Institut, Orient-Abteilung in Berlin, 2016–2018 Redakteur für digitales Publizieren am Deutschen Archäologischen Institut, Redaktion der Zentrale, Berlin, 2018 Wissenschaftlicher Mitarbeiter am Exzellenzcluster Topoi, Berlin, zuständig für Forschungsdatenverwaltung, Entwicklung neuer Publikations- und Verwaltungsformate, 2019 Wissenschaftlicher Koordinator des August-Boeckh-Antikezentrums, Humboldt-Universität zu Berlin, seit 2019 Forschungsdatenmanager an der RWTH Aachen.

Zusatzqualifikationen/Weiterbildungen/Auszeiten/Auslandsaufenthalte etc.: Weiterbildungen: 2012 „English Academic Presentations", „Wie schreibe ich ein wissenschaftliches Exposé?", „Arbeit mit MehrWert durch Projektmanagement – Arbeitsperspektive mit Zukunft", „Schreiben in den Geistes- und Sozialwissenschaften", 2013 „Textverarbeitung und Formelsatz

L. C. Bossert
Herzogenrath-Kohlscheid/Bank, Deutschland

mit LaTeX", 2014 „Scientific Data Protection", 2015 „Fit für die Promotion – Einführung in LaTeX", 2016 „Einführung in die Erstellung von Infografiken", „Geoinformation Systems in Archaeology – Basics", 2017 „Datenbanken – SQL für Anfänger/innen I", 2019: „R – Grundlagen", Auszeiten: vier Monate Elternzeit, aufgeteilt auf drei Blöcke.

1. Beschreiben Sie Ihre aktuelle berufliche Tätigkeit: Was machen Sie als Forschungsdatenmanager?
Ich bin Data Steward an der RWTH Aachen. Im Zuge der zunehmenden Flut an digitalen Forschungsdaten wird das Forschungsdatenmanagement (FDM) immer wichtiger. Als Data Steward bin ich speziell für zwei Sonderforschungsbereiche der zentrale Ansprechpartner für die konkrete Organisation der Forschungsdaten. Ich kümmere mich um die Erstellung von Datenmanagementplänen, gebe Tipps für eine sinnvolle Datenbenennung und -strukturierung, informiere über die unterschiedlichen IT-FDM-Services und organisiere verschiedene Workshops.

2. Was sind Ihre Motivation und Ihr Anreiz für Ihre aktuelle Tätigkeit? Was fasziniert Sie an Ihrem Beruf?
Die Arbeit mit und an Daten und Datenworkflows macht mir besonders Spaß. Während meiner Promotion habe ich gemerkt, dass ich besser darin bin, meine Forschungsdaten zu organisieren und zu verwalten, als zu erheben. Auch wenn man vielleicht argumentieren möchte, dass zu guter Forschung ein gutes Datenmanagement gehört, entspricht dies nicht der Realität. Aber wenn man bereits Studierenden die Grundzüge von Datenorganisation und -management, rechtliche Implikationen und Aspekte von Langzeitarchivierung vermittelt, ist der Grundstein gelegt und man kann im Studium und später in der Promotion oder danach als Forscher*in davon profitieren. Dieses Wissen zu vermitteln ist ein großer Anreiz.

3. Welche Sachen machen Sie besonders gerne, welche weniger gerne?
Als besonders bereichernd finde ich die Gespräche mit den Forschenden und den Blick auf deren Forschungsdaten. Forschungsdaten können sehr verschieden sein, sodass es kein einheitliches Konzept gibt, nachdem alle ihre Daten verwalten oder organisieren könnten. Zwar gibt es allgemeine Regeln, die vor manchen Schwierigkeiten bewahren können (etwa eine sinnvolle Dateibenennung), aber oft hilft der gemeinsame Blick auf die Forschungsdaten. Dann erarbeite ich mit den Forscher*innen an Strukturen und Konventionen.

Ebenso bereitet mir das Tüfteln an digitalen Workflows sehr viel Freude. Einige Tätigkeiten wiederholen sich ständig, zum Beispiel wenn man aus dem OPAC (Onlinekatalog von Bibliotheken) eine Liste an Publikationen von bestimmten Personen benötigt. Da die zur Verfügung gestellten Publikationsdaten unterschiedlicher Qualität sind, bedarf es eines Post-Processing, um einen gewissen Qualitätsstandard einzuhalten. Die entsprechenden Skripte für das Post-Processing schreibe ich selbst und stelle diese anderen zur Verfügung, die ähnliche Aufgaben haben.

Ich habe fortlaufend Treffen mit Forscher*innen verschiedener Abteilungen und Fachbereiche. Dadurch ergibt sich ein erfrischender Querschnitt an unterschiedlichen Personen in einer Forschungsinstitution, mit denen an Projekten gearbeitet wird. Dies führt dazu, dass das Projektthema nie einseitig betrachtet, sondern möglichst ganzheitlich in Angriff genommen wird. Zusammen mit Kolleg*innen aus anderen Uni-Abteilungen (Bibliothek, Dezernat für Forschung etc.) gibt es einen großen Wissens- und Erfahrungsschatz, sodass die Themen umfassend diskutiert und behandelt werden können.

Es fällt mir schwer, mit der Langsamkeit mancher Strukturen und Vorgehensweisen umzugehen. Im Zeitalter der Digitalisierung gibt es laufend Neuerungen, bei denen ich gerne mithalten würde. Es gibt aber, etwa bei der Einführung neuer Software, viele Hürden zu nehmen und Prozesse zu durchlaufen: Zunächst gilt es, ein Pflichtenheft zu schreiben, dann die Ausschreibung vorzubereiten, schließlich den Personalrat zu kontaktieren und zudem mit der technischen Abteilung über IT-Ressourcen zu sprechen. Das kostet sehr viel Zeit und die Inbetriebnahme verzögert sich schnell um mehrere Monate.

4. Wie wirkt sich die Digitalisierung auf Ihre Tätigkeit aus?
Digitalisierung ist das zentrale Thema meiner Arbeit. Die Entwicklungen sind rasant, und es gibt derzeit große Initiativen, die deutsche Forschungsdateninfrastruktur zukunftsfähig zu machen. Konkret heißt das, dass es einen ständigen Austausch mit außeruniversitären Partnern und anderen Unis gibt. Es reicht nicht mehr aus, dass man in seinem Institut oder an der Uni alleine an digitalen Lösungen arbeitet, ansonsten würden viele Parallelsysteme entstehen.

Der Trend geht dahin, dass es entweder vermehrt Joint Venture gibt und Unis gemeinsam Ressourcen für ein Projekt aufbringen oder dass eine Uni zum Beispiel ein Produkt entwickelt, das von anderen mitgenutzt werden kann. Die spürbare Auswirkung der Digitalisierung ist, zusammenfassend gesagt, der intensive gemeinsame Austausch verschiedener Partner.

5. Beschreiben Sie Ihren Übergang vom Studium in die Berufstätigkeit. Wie hat sich Ihr Berufseinstieg vollzogen? Haben Sie Irrtümer, Zweifel, Absagen oder Skepsis erlebt?

Mein Übergang vom Studium/Promotion ins Berufsleben war fließend. Für drei Jahre hatte ich ein Promotionsstipendium, allerdings brauchte ich etwas länger bis zum Abschluss. Daher habe ich bereits neben der laufenden Promotion schon gearbeitet. Zuerst als wissenschaftliche Hilfskraft, dann als wissenschaftlicher Mitarbeiter. Damit hatte ich einen sehr entspannten Einstieg in die Arbeitswelt.

Wie die meisten Arbeitsverträge in der Forschung, so war auch meiner nach der Promotion befristet. Da der Exzellenzcluster, über den ich angestellt war, nicht verlängert wurde, erfüllte ich den Gemeinplatz, den man Geisteswissenschaftler*innen zuschreibt: Studieren für die Arbeitslosigkeit. Aber selbst als ich arbeitslos war, blieb ich optimistisch, da ich die Promotion abgeschlossen und mir bereits ein Profil zugelegt hatte: Ich war jetzt nicht mehr der „klassische" klassische Archäologe, sondern arbeitete vermehrt an und mit digitalen Prozessen. Damit war ich fachlich nicht mehr festgelegt.

Während der Arbeitslosigkeit habe ich vermehrt Initiativbewerbungen an Unternehmen in der freien Wirtschaft abgeschickt, auf die ich jedoch stets eine Absage erhielt. Entweder gab es keinen Bedarf oder – wie ich vermute – konnte man mit einem Archäologen, der nicht in der Forschung bleiben möchte, nichts anfangen. Auf Initiativbewerbungen im akademischen Bereich habe ich verzichtet, da die Stellen ohnehin immer ausgeschrieben werden müssen. Nichtsdestotrotz war ich nach drei Monaten wieder erwerbstätig und das mit einem Job, auf den ich mich ganz bewusst beworben hatte.

6. Wie sind Sie zu Ihrem Beruf gekommen? Wollten Sie schon immer Forschungsdatenmanager werden?

An meine jetzige Stelle bin ich eher zufällig geraten: An einem Sonntagabend habe ich die Stellenausschreibung als Forschungsdatenmanager im Job-Portal der Universität entdeckt. Mir blieben noch 45 min bis zum Ende der Bewerbungsfrist. Die Inhalte und die Rahmenbedingungen hatten mich sofort angesprochen und ich bedauerte sehr, dass ich dieses Angebot nicht schon früher entdeckt hatte. Schlussendlich habe ich mich hingesetzt und kurz vor Fristende meine Bewerbung abgeschickt. Der Rest lief dann wie am Schnürchen: Bewerbungsgespräch, Einstellung.

7. Würden Sie Ihren Job wechseln? Warum (nicht)?
Mein jetziger Job ist sehr vielfältig und wird es wahrscheinlich auch bleiben, da sich die Rahmenbedingungen ständig ändern. Ich sehe daher keinen Grund, einer anderen Beschäftigung nachzugehen: Ich habe die Freiheit, meine Aufgaben selbstständig und nach meinen Vorstellungen umzusetzen.

8. Vor welchen Entscheidungen und Herausforderungen haben Sie gestanden?
Von vielen Leuten werde ich immer gefragt, ob ich es nicht bedaure, das Fach und die Fach-Community verlassen zu haben. Für mich war die Entscheidung gar nicht so tiefgreifend, wie sie nach außen zu sein scheint: Archäologie war für mich viel mehr der Bereich, in dem ich digitale Methoden erprobt und umgesetzt habe. Ich finde die Antike nach wie vor spannend, sehe aber keinen Bruch mit dem, was ich tue, nur der Gegenstand der Bearbeitung hat sich geändert, die Methoden sind die gleichen.

9. Wenn Sie Ihrer Laufbahn einen (Film-)Titel geben, wie würde dieser lauten?
„Quo vadis? Vertraue auf dich und deinen Interessen". Egal, in welche Fach- und Arbeitsbereiche ich mich begeben habe, so habe ich immer das gemacht, was mir liegt und habe meine Interessen verfolgt. Bisher war ich damit immer erfolgreich, vielleicht auch, weil ich die Arbeiten immer zu „meinen" Arbeiten gemacht habe.

10. Wie viel Geisteswissenschaft steckt in Ihrem Beruf? Beschreiben Sie die geisteswissenschaftlichen Aspekte bei Ihrer Tätigkeit.
Ich habe keine Ahnung, was spezielle geisteswissenschaftliche Kompetenzen sind. Was ich bei meiner Tätigkeit anwende, ist in Strukturen zu denken und gegenwärtige Methoden analysieren, Muster suchen, vergleichen, abstrahieren und Konsequenzen daraus ziehen. Es hat bei meiner Tätigkeit viel mit „Nachdenken über Daten" zu tun. Der Blick aus einer Metaebene ist dabei notwendig, um in größeren Zusammenhängen zu denken und zu handeln. Das sind sicherlich Kompetenzen, die ich im Laufe meines Studiums erlernt habe.

11. Welche geisteswissenschaftlichen Kompetenzen konnten Sie bisher nutzen? Wozu?
Siehe oben.

12. Welche anderen Schlüsselkompetenzen benötigen Sie noch für Ihren Beruf? Warum?
In meinem Beruf geht es auch darum, Brücken zu bauen. Ich baue eine Brücke zwischen den Forschenden und den Entwicklern unserer IT-Abteilung, indem ich die Bedürfnisse in einem Forschungsalltag so verpacke und aufbereite, dass sie möglichst schnell in den Entwicklerprozess eingebaut werden können. Hier kommen meines Erachtens verschiedene Schlüsselkompetenzen zusammen: Aktives Zuhören und zugleich im Hintergrund, Ideen für die digitale Übertragung zu spinnen. Anschließend müssen diese Ideen den Entwicklern vermittelt werden. Dabei ist es sehr von Vorteil, dass ich mich schon während des Studiums mir IT-Skills angeeignet hatte.

13. Würden Sie das Gleiche noch mal machen (Studium, Job/s)? Wenn nicht, wie dann?
Das einzige, was ich rückblickend ändern würde, ist nicht mehr sofort nach dem Abitur mit dem Studium zu beginnen: Da ich keinen Zivil- und Grundwehrdienst leisten musste, bin ich sofort auf die Universität gegangen und habe mich in die Fächer eingeschrieben, die ich von der Schule kannte und mir bislang am meisten Freude gemacht hatten. Das waren Mathematik und Latein (auf Lehramt). Schlussendlich habe ich keines von beiden zu Ende studiert und ich bin auch kein Lehrer geworden. Vor dem Studienbeginn kennt man die Bandbreite an möglichen Studiengängen und Jobmöglichkeiten nicht. Man sollte sich die Zeit nehmen und sich gut erkundigen, welche Studiengänge mit welchen Inhalten an den verschiedenen Universitäten angeboten werden. Mit dem Verlauf meines Studiums bin ich zufrieden und würde das sofort nochmals machen. Beim nächsten Mal aber vielleicht dann doch etwas schneller studieren.

14. Welche Tipps würden Sie Studierenden aus der Geisteswissenschaft für ihre Karriereplanung mitgeben?
Ich habe festgestellt, dass es im Studium eigentlich darauf ankommt, dass man Fähigkeiten und Kernkompetenzen entwickeln und herausbilden sollte. Dann hat man später gute Chancen auf dem Arbeitsmarkt. Es kommt nicht auf das Studium an sich an, denn damit hat man noch kein Alleinstellungsmerkmal. Daher mein Tipp an Studierende: Wählt einen Studiengang, der euch anspricht und nutzt ihn, um eure individuelle Fähigkeiten zu entwickeln.

Bereichsleiterin Ausstellung und Pädagogik (Gedenkstätte): Veronika Nahm

Jahrgang: 1978

Ausbildung/Studium ab Schule: 1999–2001 Studium an der Ludwig-Maximilians-Universität München, Zwischenprüfung, 2002–2003 Studium an der Université Paris 1 – Panthéon-Sorbonne im Rahmen des Austauschprogramms Sokrates-Erasmus, 2001–2006 Studium und Abschluss M.A. Neuere/Neueste Geschichte, Alte Geschichte und Teilgebiete des Rechts an der Humboldt-Universität zu Berlin und der Freien Universität Berlin.

Berufliche Stationen: 2004 Praktikum am Haus der Geschichte Baden-Württemberg in Stuttgart, 2003 Praktikum im Jüdischen Museum Berlin, 2003 Praktikum am Deutschen Historischen Institut Paris, 2003 Praktikum am Deutschen Historischen Museum Berlin im Bereich Museumspädagogik, 2003–2007 Freie Mitarbeit im Deutschen Historischen Museum Berlin: Führungen durch verschiedene Wechselausstellungen und die ständige Ausstellung, Ausarbeitung und Durchführung des Geschichtswettbewerbs „2000 Jahre deutsche Geschichte", Redaktion verschiedener museumspädagogischer Publikation, 2003–2007 Freie Mitarbeit im Anne Frank Zentrum: Durchführung verschiedener pädagogischer Formate mit Kinder, Jugendlichen und Erwachsenen, Mitarbeit bei Wechselausstellungen und der ständigen Ausstellung „Anne Frank. hier & heute", 2008–2014

V. Nahm
Berlin, Deutschland

© Der/die Autor(en), exklusiv lizenziert durch Springer-Verlag GmbH, DE, ein Teil von Springer Nature 2021
J. O. Ley und H. Zechner (Hrsg.), *Geisteswissenschaften studieren – und dann?*,
https://doi.org/10.1007/978-3-476-05746-4_15

Bildungsreferentin und Projektleiterin im Anne Frank Zentrum, seit 2014 Leitung des Arbeitsbereichs Berliner Ausstellung im Anne Frank Zentrum.

Zusatzqualifikationen/Weiterbildungen/Auszeiten/Auslandsaufenthalte etc.: nach dem Abitur: Freiwilliges soziales Jahr bei der Stiftung Pfennigparade München, Betreuung und Pflege schwerbehinderter Jugendlicher in einer Schüler*innen-Wohngruppe. Studienbegleitend freie Mitarbeit in der Wohngruppe. Berufsbegleitender Lehrgang „Vermitteln und Kuratieren" der Bundesakademie für kulturelle Bildung Wolfenbüttel. Abschlusspräsentation zu „Menschenrechte als Herausforderung und Inspiration für die Arbeit in Museen". Qualifizierungskurs Betzavta – Training für Demokratie und Toleranz der Landeszentrale für politische Bildung, Berlin „Verunsichernde Orte. Weiterbildung Gedenkstättenpädagogik" mit Barbara Thimm. Ausbildungsgang „Organisations-Management" in Non-Profit-Organisationen der Akademie Management und Politik der Friedrich-Ebert-Stiftung. Viele Studienreisen zu Gedenkstätten in Deutschland, Österreich, Polen, Ungarn, Serbien, Israel, England und den Niederlanden. Mitglied in der der Kommission Jugendbildung im Arbeitskreis deutscher Bildungsstätten, der Fachgruppe Öffentlichkeitsarbeit/Museumspädagogik des Landesverbands Berliner Museen, im Netzwerk Taskforce Education on Antisemitism des American Jewish Committee und im Arbeitskreis Geschichte und Menschenrechte.

1. Beschreiben Sie Ihre aktuelle berufliche Tätigkeit: Was machen Sie als Bereichsleiterin Ausstellung und Pädagogik?
Ich leite den Arbeitsbereich Berliner Ausstellung des Anne Frank Zentrums. Als Abteilungsleiterin arbeite ich an der Leitung der Organisation mit. Für meinen Arbeitsbereich bin ich für die strategische Planung der Ziele und Aktivitäten zuständig, für die Umsetzung, die Evaluierung und die Kommunikation in die Öffentlichkeit. Ich kümmere mich um die laufende Mittelakquise und die Budgetplanung. Ich leite Projekte im Arbeitsbereich, beispielsweise die Entwicklung der neuen ständigen Ausstellung, die im November 2018 eröffnet wurde. Ich vertrete die Arbeit des Anne Frank Zentrums nach außen, etwa bei Veranstaltungen. Ich habe die Fach- und Dienstaufsicht für zehn feste Mitarbeitende, rund 25 freie Mitarbeitende und Freiwillige und Praktikant*innen.

2. Was sind Ihre Motivation und Ihr Anreiz für Ihre aktuelle Tätigkeit? Was fasziniert Sie an Ihrem Beruf?
Mein Anreiz für meine aktuelle Tätigkeit ist es, einen Beitrag zu leisten zu einer demokratischen Gesellschaft, in der Kinder und Jugendliche als

Akteur*innen ernst genommen werden. Mich faszinieren die Begegnungen und Gespräche mit anderen, seien es Kolleg*innen, Kooperationspartner*innen oder Teilnehmende an pädagogischen Programmen. Sehr beeindruckend sind für mich Treffen mit Überlebenden der Verfolgung durch die Nationalsozialisten. Mein Beruf besteht aus einer Vielfältigkeit an Aufgaben, Herausforderungen und Neuerungen in einer sehr lebendigen Institution. Ich habe die Möglichkeit, mich ständig weiter zu entwickeln.

3. Welche Sachen machen Sie besonders gerne, welche weniger gerne?
Besonders gerne lasse ich mich von Ausstellungen, Veranstaltungen, Büchern, Filmen, Fortbildungen oder Gesprächen für meine Arbeit inspirieren, auch im internationalen Kontext. Ich habe immer Fragestellungen aus verschiedenen Bereichen im Kopf und freue mich, wenn sie sich durch verschiedene Puzzlesteine zu Lösungen verdichten. Ich leite gerne Workshops und Besprechungen, aber auch längere Arbeitsprozesse mit vielen verschiedenen Beteiligten. Ich finde die Auseinandersetzung mit den Inhalten meiner Arbeit, also die historisch-politische Bildungsarbeit zu den Themen Nationalsozialismus und Holocaust, zur Arbeit gegen Antisemitismus und andere Diskriminierungsformen, spannend und herausfordernd.

Weniger gerne setze ich mich mit den Unsicherheiten auseinander, die es mit sich bringt, dass das Anne Frank Zentrum als gemeinnütziger Verein für seine Existenz auf Fördergelder und Einnahmen angewiesen ist. Es gibt keine institutionelle Förderung. Glücklicherweise konnte das Anne Frank Zentrum in den letzten Jahren als Institution wachsen, weil die Politik die Arbeit von Nicht-Regierungsinstitutionen im Bereich der Demokratieförderung und der Arbeit gegen Antisemitismus und andere Diskriminierungsformen wertgeschätzt und unterstützt hat. Aber es bleibt überwiegend bei Projektförderungen. Weniger gut gelingt mir mitunter die Abgrenzung zwischen Beruf und Freizeit bzw. in Anbetracht von Deadlines und anderen dringenden Aufgaben keine Überstunden zu machen. Es ist nicht leicht, die Verantwortung am Feierabend auf dem Schreibtisch im Büro liegen zu lassen.

Zudem gelingt es mir nicht immer, gelassen zu reagieren, wenn sich Prozesse in die Länge ziehen, Ziele nicht erreicht werden und Planungen angepasst werden müssen. Vielleicht hilft mir in diesem Punkt ein mehr an Lebenserfahrung?

4. Wie wirkt sich die Digitalisierung auf Ihre Tätigkeit aus?
Der größte Teil unserer pädagogischen Arbeit ist bewusst nicht digital, sondern setzt auf die direkte Begegnung in unserer Ausstellung. Wir entwickeln aber auch Materialien für blended-learning-Prozesse und digitale Angebote, beispielsweise eine Überblicksführung durch die Ausstellung als Filmclip, Webinare für pädagogische Fachkräfte und eine digitale Einheit, in der Schüler*innen die Ausstellung entdecken können. Diese Angebote sehen wir als Ergänzung und vor allem für Menschen, die unsere analogen Angebote nicht wahrnehmen können, etwa weil die Anfahrt zu aufwändig wäre. Im Bereich Öffentlichkeitsarbeit läuft vieles digital und über die sozialen Medien, aber immer noch auch analog in gedruckter Form. Im Bereich Arbeitsorganisation ist ebenfalls Vieles digitalisiert. Allerdings finden Besprechungen und Workshops, in denen wir gemeinsam Inhalte entwickeln, analog statt. Wir haben festgestellt, dass eine Videokonferenz eine analoge Besprechung nicht ersetzten kann.

5. Beschreiben Sie Ihren Übergang vom Studium in die Berufstätigkeit. Wie hat sich Ihr Berufseinstieg vollzogen? Haben Sie Irrtümer, Zweifel, Absagen oder Skepsis erlebt?
Ich habe den Übergang vom Studium in die Berufstätigkeit mit Praktika und freiberuflichen Tätigkeiten langfristig vorbereitet. Im Studium wurde uns immer vermittelt, dass es sehr wichtig ist, schon während des Studiums Kontakte in die Berufswelt zu knüpfen. Schließlich würden wir in einer Wissenschaft ausgebildet und müssten uns unseren Beruf selbst suchen und uns schon während dem Studium zusätzliche Fertigkeiten dafür aneignen.

6. Wie sind Sie zu Ihrem Beruf gekommen? Wollten Sie schon immer Bereichsleiterin Ausstellung und Pädagogik werden?
Als ich mich als Schülerin für meine Leistungskurse Deutsch und Geschichte, aber auch als ich mich nach meinem Freiwilligen Sozialen Jahr für das Studienfach Geschichte entschieden habe, kannte ich das Berufsbild „außerschulische historisch-politische Bildung" nicht. Ich wollte Journalistin werden oder in einer Bibliothek arbeiten. Ich hatte tatsächlich Glück, dass eine Freundin mich dazu überredete, im Anne Frank Zentrum als freie Mitarbeiterin anzufangen. Dort hatte ich die Möglichkeit, an Fortbildungen teilzunehmen und meine pädagogische Arbeit im Team zu reflektieren. Ich habe viel gelernt und nach und nach Sicherheit und Selbstbewusstsein in meinem Tun bekommen.

7. Würden Sie Ihren Job wechseln? Warum (nicht)?
Ich möchte meinen Job nicht wechseln. Ich habe das Gefühl, etwas Sinnvolles in meinem Leben zu tun. Und ich merke, dass ich meine Kompetenzen Jahr für Jahr weiterentwickeln kann, da mich meine Aufgaben fordern, aber nicht überfordern. Ich lerne wirklich täglich etwas Neues. Beides hält meine Motivation für meine Arbeit auf einem hohen Niveau.

8. Vor welchen Entscheidungen und Herausforderungen haben Sie gestanden?
Eine große Herausforderung war sicher meine Situation vor und nach der Geburt meiner Kinder. Ich hatte zu diesem Zeitpunkt mein Studium abgeschlossen und arbeitete als Selbstständige. Die Vereinbarkeit von Familie und Beruf war für mich nur schwer möglich. Die fehlende Absicherung, die eine Anstellung geboten hätte, machte mir zu schaffen. Glücklicherweise bekam ich ein Angebot für eine Anstellung, als die Kinder acht Monate alt waren. Ich konnte mit 20 h die Woche beginnen und mit der Zeit die Anzahl der Stunden zu einer vollen Stelle steigern.

9. Wenn Sie Ihrer Laufbahn einen (Film-)Titel geben, wie würde dieser lauten?
Folge der Stimme deines Herzens. (Untertitel:) Dazu musst Du Dir natürlich die Mühe geben, sie zu hören.

10. Wie viel Geisteswissenschaft steckt in Ihrem Beruf? Beschreiben Sie die geisteswissenschaftlichen Aspekte bei Ihrer Tätigkeit.
Ein Teil meiner Tätigkeit ist tatsächlich die Arbeit an historischen und gesellschaftlichen Inhalten, die ich im Studium kennengelernt habe. Darüber hinaus ist es vor allem der angemessene Umgang mit Komplexität, das Arbeiten in Netzwerken und Teams und die Neugierde auf Menschen, Gedanken und Erfahrungen, Orte und Herausforderungen. Es gilt hier, eine fragende Haltung einzunehmen, keine von vorne herein wissende. Und trotzdem handlungsfähig sein, das heißt in pädagogischen Settings oder auch in Fragen von Führung klare Antworten geben zu können.

11. Welche geisteswissenschaftlichen Kompetenzen konnten Sie bisher nutzen? Wozu?
Ich konnte viele geisteswissenschaftliche Kompetenzen nutzen: Selbstständiges Arbeiten, eine strukturierte Herangehensweise auch an komplexe Aufgaben, lösungsorientiertes Arbeiten und dabei den Prozess von der

Definition der Fragestellung bis zur Lösung zu planen und zu reflektieren und das Ergebnis zu evaluieren. Die Fähigkeit, einen Sachverhalt aus verschiedenen Perspektiven zu betrachten bzw. sich auf die Suche nach diesen Perspektiven zu machen, ist nicht nur in Bezug auf die historischen Inhalte und die pädagogische Vermittlungsarbeit, sondern auch bei der Anleitung von Mitarbeitenden wichtig.

An der Arbeit mit Quellen habe ich grundsätzlich gelernt, dass die Beschreibung und die Analyse der Welt nicht neutral, sondern an eine Sprecher*innen-Position gebunden ist. Es gilt, die Aussage vor diesem Hintergrund zu dekonstruieren. Gleichzeitig muss man größere Zusammenhänge aus den einzelnen Positionen heraus rekonstruieren. Das Denken geht also in zwei Richtungen, in die Details und zu den Zusammenhängen. Dabei muss man sowohl mit Widersprüchen als auch mit einer großen Anzahl von Aussagen umgehen können. Man muss die Komplexität anerkennen, aber man darf sich nicht von ihr überwältigen lassen, um handlungsfähig zu bleiben. Und man muss sich der eigenen Begrenzungen bewusst zu sein, die durch die Biografie, die Erfahrungen und das (Nicht-)Wissen geprägt ist.

12. Welche anderen Schlüsselkompetenzen benötigen Sie noch für Ihren Beruf? Warum?
Im Arbeitsalltag ist es wichtig, Prioritäten zu setzen und das Wichtige vom weniger Wichtigen zu unterscheiden. Sonst sind die Aufgaben nicht zu schaffen.

13. Würden Sie das Gleiche noch mal machen (Studium, Job/s)? Wenn nicht, wie dann?
Im Nachhinein würde ich mir für mich selbst etwas mehr Gelassenheit wünschen in herausfordernden Lebensphasen, wie der Übergang von Schule zum Studium, vom Studium in den Beruf und wiederrum von der Elternzeit in den Beruf. Aber das ist leicht gesagt. Ein geisteswissenschaftliches Studium geht, denke ich, auch heute noch mit einiger Unsicherheit in Bezug auf den späteren Beruf einher.

Vielleicht kann aber ein Mentor*innenprogramm helfen. Ich selbst war die erste Person in meiner Familie, die studiert hat, und das hat denke ich auch zu meiner Verunsicherung beigetragen. Weiterhin würde ich versuchen, eine andere Finanzierung für mein Studium zu bekommen, idealerweise ein Stipendium, denn hier bietet sich zusätzlich ein interessantes Netzwerk. Ich selbst habe während meines Studiums gearbeitet. Das hat mich zwar auch weitergebracht, aber es hat auch meine Studienzeit verlängert.

14. Welche Tipps würden Sie Studierenden aus der Geisteswissenschaft für ihre Karriereplanung mitgeben?
Lassen Sie sich nicht entmutigen auf dem Weg zu Ihrem Wunschberuf. Versuchen Sie, in Kontakt zu kommen mit Menschen, die Dinge beruflich tun, die Sie für sich spannend finden. Lassen Sie sich von deren Karriere(planung) erzählen. Bestimmt finden Sie dadurch etwas, das Sie für sich nutzen können. Machen Sie sich vor einer Bewerbung Ihre eigenen Wünsche und Fähigkeiten bewusst. Verbiegen Sie sich nicht, um eine Stelle zu bekommen. Sprechen Sie auch Dinge an, die Sie in einer Ausschreibung problematisch finden, dafür lassen sich oft Lösungen finden.

Projektleiterin (Zivilgesellschaftliche Initiative): Mascha Roth

Jahrgang: 1988

Ausbildung/Studium ab Schule: 2009–2013 Bachelor in Sinologie und Ethnologie an der Universität Leipzig und der Beijing Language and Cultural University, 2013–2016 Erasmus Mundus Global Studies: Master in Global History an der Universität Wien und Economic History an der London School of Economics.

Berufliche Stationen: Vor und während meines Studiums habe ich verschiedene Praktika absolviert. So war ich jeweils für 2–3 Monate in einem Museum, in einem Büro für Ausstellungsgestaltung, in einer Galerie in Berlin, bei einem Journalisten und in einem Architekturbüro, ebenfalls in Peking, und bei der Planungsstelle des Humboldt Forums, 2017–2020 Projektleiterin in einer zivilgesellschaftlichen Initiative.

Zusatzqualifikationen/Weiterbildungen/Auszeiten/Auslandsaufenthalte etc.: In Asien, insbesondere in China, habe ich immer wieder viel Zeit verbracht. Nach einem Auslandsjahr in Singapur war ich dann vor allem in Peking, um Chinesisch zu lernen. Während meines Studiums habe ich mich immer sehr bemüht, mir neben all der Theorie praktische Skills anzueignen – sei es durch Praktika oder durch Jobs in der Gastronomie, die nicht zu unterschätzen sind, denn hier kann man soziale Kompetenz in schwierigen Situationen erproben. Oder auch durch die Wahl der Projektmanagement-Kursen an der Uni als „Schlüsselqualifikationen".

M. Roth
Berlin, Deutschland

1. Beschreiben Sie Ihre aktuelle berufliche Tätigkeit: Was machen Sie als Projektleiterin?

Der Alltag als Projektleiterin in einer zivilgesellschaftlichen Initiative, die sich für eine Offene Gesellschaft in Deutschland einsetzt, kann je nach Projektphase ganz unterschiedlich aussehen. Als Projektleiterin habe ich Projekte konzipiert, Formatideen entwickelt an der strategischen und inhaltlichen Ausrichtung der Initiative mitgearbeitet und Projekte geleitet. Am Anfang eines neuen Projekts – bei meiner Arbeit ist ein Projekt häufig sehr ähnlich einer Kampagne – steht die Erkenntnis über ein akutes gesellschaftliches Problem. Im besten Fall gibt es eine wilde Idee, was man tun könnte, um entweder das gesellschaftliche Problem zu lösen, oder wie eine Kampagne aussehen könnte, die garantiert Aufmerksamkeit generiert.

Die Konzeptionsphasen sind besonders reizvoll, weil es sich um eine sehr kreative Phase handelt. Beim Brainstorming ist alles möglich und keine Idee zu verwegen. Diese Zeit erlaubt es einem auch zu recherchieren, zu diskutieren, sich umzuschauen. Schlussendlich kommt aber früher oder später eine gehörige Prise Pragmatismus dazu: Welche Finanzierungsmöglichkeiten gibt es, wie steht es um die Kapazitäten, welche Ergebnisse sind realistisch, welche potenziellen Partner*innen könnten Interesse an einer gemeinsamen Umsetzung haben? All das fließt dann kondensiert in ein erstes Grobkonzept, mit dem man überzeugen kann: Im besten Fall nicht nur das eigene Team und den Kosmos der Organisation, sondern auch Geldgeber*innen, Partner*innen, Zweifler*innen. Nun folgt meist eine etwas nüchterne Phase der detaillierten Projektplanung und der internen Organisation. Es muss ein Team aufgestellt werden, das gut zusammenarbeiten kann und sinnvoll alle Aufgabenbereiche abdeckt. Es muss budgetiert, eine sinnvolle Zeitplanung erstellt und skaliert werden – auch hinsichtlich der Erwartungen.

Dass sich ein Projekt schließlich wirklich in der Umsetzung befindet merkt man spätestens daran, dass die Kommunikation nicht mehr in erster Linie intern stattfindet: Es wird mit externen Dienstleister*innen zusammengearbeitet und mit Partner*innen, Formatideen werden als Piloten testweise durchgeführt, angepasst und dann im großen Maßstab umgesetzt. Es werden eigene Veranstaltungen auf die Beine gestellt und Veranstaltungen anderer besucht. Die redaktionelle Arbeit läuft auf Hochtouren und Social Media muss, gerade bei Themen, die von rechten Bewegungen schnell aufgegriffen werden, eigentlich durchgängig betreut werden. Insbesondere die Kommunikation mit der Zielgruppe rückt nun in den Mittelpunkt des Tagesgeschäfts. Gleichzeitig wird begonnen zu evaluieren, inwiefern sich die gewählten Strategien als sinnvoll erweisen. Werden Zielgruppe und Zielvorstellungen erreicht?

Als Projektleitung führt man in jeder dieser Phasen die Fäden zusammen und schaut, dass all diese Aktivitäten zeitlich und inhaltlich sinnvoll ineinandergreifen. Vor allem habe ich das Team im Blick: Haben alle alles, um ihre Arbeit effizient und am besten mit guter Laune ausüben zu können? Sind Aufgaben und Arbeitslast fair verteilt? Können die einzelnen Teammitglieder sich in die von ihnen gewünschten Richtungen weiterentwickeln? Gibt es trotz der Orientierung nach außen genug Zeit und Raum, damit alle ihre Bedenken wie auch ihre Ideen einbringen können? An welchen Stellen kann ich das laufende Projekt noch verbessern und wo muss ich mir vielleicht eingestehen, dass ein Plan nicht aufgeht?

2. Was sind Ihre Motivation und Ihr Anreiz für Ihre aktuelle Tätigkeit? Was fasziniert Sie an Ihrem Beruf?
Was mich an meinem Beruf begeistert, sind die vielen Möglichkeiten, Neues zu lernen und, da in jüngeren Organisationen die Strukturen noch nicht sehr eingefahren sind, die Chancen, sich auszuprobieren. Zudem steht bei einer politischen NGO jedes (Kampagnen-)Thema in einem historischen und gesellschaftlichen Kontext, der nicht außer Acht gelassen werden darf. Das heißt, dass man sich immer wieder in Themen einarbeiten muss, um diese aus unterschiedlichen Perspektiven zu begreifen, und diese Erkenntnisse dann wiederum in eine sinnvolle Kommunikation zu übertragen. Es ist für mich sehr reizvoll, einen Weg zu finden, komplexe wie kontroverse Themen so aufzubereiten, dass Menschen sich gerne mit ihnen auseinandersetzen wollen. Im Alltag meiner Arbeit motiviert mich vor allem die menschliche Komponente. In einem Team etwas Großes auf die Beine zu stellen, zusammen etwas zu erreichen, das macht einfach Spaß. Zur menschlichen Komponente gehört für mich auch das Glück, durch meine Arbeit immer wieder ganz unterschiedliche Menschen kennenlernen zu dürfen. Das ist der vielleicht wichtigste Anreiz, weil er bleibt, auch wenn sich die Probleme häufen und die To Do-Liste täglich länger wird: die Überzeugung für die Sache. Es macht doch einen gewaltigen Unterschied, wenn man auf die Frage, „wofür mache ich das eigentlich?", immer eine Antwort hat.

3. Welche Sachen machen Sie besonders gerne, welche weniger gerne?
Das Einarbeiten in Themenwelten, das Annähern an kontroverse Fragestellungen, das Nachvollziehen der Entwicklungen innerhalb eines bestimmten Diskurses – und bestenfalls das Einwirken auf den selbigen – das sind Dinge, die ich an meiner Arbeit besonders schätze. Darüber hinaus mag

ich das größenwahnsinnige Herumspinnen, das in einer jungen Initiative noch möglich ist. Es hilft mir, mich daran zu erinnern, dass die Welt anders funktionieren kann. Gerne mag ich es dann aber auch, aus den großen Fantasien Machbares abzuleiten und die verrückten Ideen in die reale Welt zu bringen.

Gerade nach den vielen Jahren an der Universität empfinde ich es als besonders befriedigend, Ergebnisse in Form von fertigen Produkten vor sich zu haben. Die Zusammenfassung der Ergebnisse einer Workshop-Reihe visuell spannend aufbereitet in einer Broschüre. Das jährlich von der Initiative herausgegebene Magazin nach monatelanger Arbeit durchzublättern. Oder nach dem Ende einer gelungenen Aktion anzustoßen – all das gehört zu den besonders schönen und erinnerungswürdigen Momenten des Jobs.

Sehr zwiespältig blicke ich auf das Thema Zeitdruck: Zum einen glaube ich fest daran, dass Zeitdruck Effizienz mit sich bringt und wahnsinnig viel ermöglichen kann, zum anderen ist aber der durch die begrenzten Förderzeiträume entstehende Zeitdruck oft hinderlich. Zudem sind häufig bestimmte Projektphasen nicht richtig finanziert, darunter die Konzeptions- und erste Planungs-, manchmal aber auch Dokumentations- und Evaluationsphasen. Das heißt, dass unbezahlte Arbeit nebenbei passieren muss. Oft muss der Projektplan stehen, bevor manche Formate erprobt und ihre Wirksamkeit geprüft werden konnte. So bleibt schnell wenig Spielraum, während der Durchführungsphase nachzubessern oder mit neuen Erkenntnissen Dinge grundlegend anders anzugehen. Es ist besonders schade, wenn sich vielversprechende Wege auftun, aber nicht begangen werden können.

Letztendlich bleibt noch die Herausforderung der zeitlichen Flexibilität. Die Arbeitszeiten können stark variieren. Während sich die Planungs- und Evaluationsphasen eher im „9 to 5" Bereich abspielen, muss man sich vor Augen führen, dass man andere Menschen natürlich eher schlecht in diesen Zeiträumen erreicht. Viele Veranstaltungen finden abends und am Wochenende statt. Abstimmungsprozesse mit Privatpersonen oder Ehrenamtlichen, die an einer Projektumsetzung beteiligt sind, können nicht zur gewöhnlichen Arbeitszeit stattfinden. Je nach Projekt sind also mehr oder weniger Abstriche im Privatleben zu machen, was nicht nur die eigene Flexibilität, sondern auch die des privaten Umfelds erfordert.

4. Wie wirkt sich die Digitalisierung auf Ihre Tätigkeit aus?

Die Projekte, die ich geleitet habe, waren im Wesentlichen fast ausschließlich analog gedacht. Zugleich hat das Digitale bei der Initiative immer eine große Rolle gespielt, weil die Projekte nach dem „Kuratorischen

Prinzip" funktionierten: Das heißt, dass ein Format dezentral von Menschen selbst umgesetzt werden kann. Die Kommunikation, also die Verbreitung der Idee, die Mobilisierung, die begleitende Kampagne – all das findet online statt. Auch die Kommunikation untereinander, das Bündeln der Aktionen, sodass aus vielen kleinen eine große Geschichte wird, all das wäre ohne den digitalen Raum und die digitalen Medien nicht möglich.

Social Media hat uns sicher aber auch manchmal in die Irre geführt. So kann es, gerade bei Mobilisierungskampagnen, durchaus passieren, dass man etliche likes hat, weil alle die Idee gut finden, aber am Ende niemand mitmacht. Das Verstehen und sinnvolle Zusammenführen beider Welten scheint in meinen Augen die große Herausforderung für viele pro-demokratische Initiativen und Partizipationsprojekte allgemein darzustellen. In den letzten Jahren haben wir uns dementsprechend zunehmend mit den Grenzen, Hindernissen und Möglichkeiten des digitalen Raums für die offene Gesellschaft auseinandergesetzt und experimentiert.

5. Beschreiben Sie Ihren Übergang vom Studium in die Berufstätigkeit. Wie hat sich Ihr Berufseinstieg vollzogen? Haben Sie Irrtümer, Zweifel, Absagen oder Skepsis erlebt?
Mein Übergang von der Uni zum Beruf hat sich wie ein Navigieren zwischen vielen Fragezeichen angefühlt. Für mich stand noch die Idee im Raum zu promovieren. Allerdings wurden Bewegungen wie Pegida zu diesem Zeitpunkt so laut, dass es mir absurd erschien, nicht etwas dagegen zu unternehmen. Einfluss auf die Geschichte zu nehmen, statt sie „nur" zu untersuchen. Dieser Wunsch hat mich dann als roter Faden durch die Irren und Wirren der Berufssuche geleitet.

6. Wie sind Sie zu Ihrem Beruf gekommen? Wollten Sie schon immer Projektleiterin werden?
Ich wollte nicht schon immer Projektleiterin werden, aber das liegt eher daran, dass ich mich weniger an Jobbeschreibungen orientiert habe, als an Berufswelten, in denen ich es mir vorstellen konnte zu arbeiten. Mir waren Kulturinstitutionen vertrauter, sodass ich zuerst begann, mich dort umzuschauen. Dann wanderte mein Blick auf diejenigen, die sich rechten Bewegungen direkter in den Weg stellten und dann auf diejenigen, die sich nicht nur *gegen*, sondern *für* etwas einsetzten – eine Einstellung die mich sehr überzeugte.

7. Würden Sie Ihren Job wechseln? Warum (nicht)?

Ja, weil ich überzeugt davon bin, dass es viele interessante Jobs gibt und alle ihre Vor- und Nachteile, ihre Handlungsbereiche und ihre Einschränkungen mitbringen. Und weil ich noch sehr viel zu lernen habe. Auch kann ich mir vorstellen, mich doch noch einmal in die akademische Welt zu begeben, oder auf andere Art wieder inhaltlicher zu arbeiten.

8. Vor welchen Entscheidungen und Herausforderungen haben Sie gestanden?

Rückblickend musste ich mich zumindest vorerst für oder gegen eine akademische Laufbahn entscheiden. Auch in einem Bereich zu arbeiten, in dem die Arbeitsverträge teils sogar nur auf wenige Monate befristet sind, habe ich manchmal als herausfordernd erlebt.

9. Wenn Sie Ihrer Laufbahn einen (Film-)Titel geben, wie würde dieser lauten?

Vom Master zum Machen!

10. Wie viel Geisteswissenschaft steckt in Ihrem Beruf? Beschreiben Sie die geisteswissenschaftlichen Aspekte bei Ihrer Tätigkeit.

Die Geisteswissenschaft steckt bei meiner Arbeit eher zwischen den Zeilen und wäre doch ohne sie nicht denkbar. Weder die tägliche Außenkommunikation einer politischen Initiative, die ja auf die öffentlichen Debatten reagieren können muss, noch die Projekte, die sich ja im Kern immer mit der Frage nach der Zukunft der Offenen Gesellschaft auseinandersetzen, wären ohne Geisteswissenschaft denkbar. Wie sollen wir Position beziehen, wenn wir unseren Kontext nicht kennen? Wie sollen wir über die Zukunft reden, wenn wir die Vergangenheit nicht verstehen?

11. Welche geisteswissenschaftlichen Kompetenzen konnten Sie bisher nutzen? Wozu?

Zu den geisteswissenschaftlichen Kompetenzen gehört sicherlich, sich Fragen strukturiert und analysierend anzunähern und eine ausgeglichene Argumentation auch in einer aufgehetzten Debatte nicht zu verlieren. Besonders als Globalhistorikerin kommt es mir zu Gute, dass ich es trainiert habe, eine Vielzahl, auch widersprüchlicher Perspektiven nebeneinander stehen und sie gemeinsam eine Geschichte erzählen zu lassen. Mein Ethnologiestudium macht es mir leichter, mich aus Situationen herauszuhalten, zur Beobachterin und Moderatorin werden zu können. Und letztendlich hilft mir – ganz in der Tradition Karl Poppers – das im Studium trainierte (selbst-)kritische Denken, das Einordnen des eigenen Agierens und das kritische Hinterfragen der fremder und eigener Theorien und Ansichten.

12. Welche anderen Schlüsselkompetenzen benötigen Sie noch für Ihren Beruf? Warum?
Wie wahrscheinlich bereits deutlich geworden ist, ist eine gute Organisationsfähigkeit von großer Bedeutung. Prozesse strukturieren, den Überblick behalten, die Fäden zusammenhalten. All das funktioniert aber nur mit der richtigen Kommunikation und die ist auf allen Ebenen wichtig und macht den Großteil des Jobs aus: mit Vorgesetzten, mit Partner*innen, mit Zielgruppen, mit dem Team, mit der Presse, direkt, schriftlich, online und offline.

13. Würden Sie das Gleiche noch mal machen (Studium, Job/s)? Wenn nicht, wie dann?
Ich würde zumindest sehr Vieles sehr ähnlich machen. Ich würde wieder versuchen, eine gute Mischung aus verschiedenen Fachrichtungen herzustellen. Mein Geschichtsstudium ist für mich erst durch die globalhistorischen, durch die ökonomischen und durch die ethnologischen Perspektiven so spannend geworden, und ich merke in meiner Arbeit, dass es eben diese interdisziplinären Sichtweisen, das Herstellen von Zusammenhängen ist, das auch meine Arbeit bereichert. Bei meinem Job hatte ich das Glück, von Null auf Hundert einsteigen zu können, das heißt innerhalb von kurzer Zeit viel Verantwortung übernehmen zu dürfen. Dazu braucht es natürlich auch Menschen mit mehr Erfahrung, die einem dieses Vertrauen geben. Hier hatte ich großes Glück und würde eine solche Chance jederzeit noch einmal annehmen. Auf jeden Fall würde ich immer im Blick behalten, von welchen Menschen ich gerade etwas lernen kann und ob es Menschen gibt, die einem das Vertrauen geben, aus sich heraus zu wachsen. Das müssen nicht zwangsläufig „Vorgesetzte" sein!

14. Welche Tipps würden Sie Studierenden aus der Geisteswissenschaft für ihre Karriereplanung mitgeben?
Die eigenen Interessen und das eigene Entwicklungspotenzial sind wichtiger als ein stimmiger Lebenslauf. Es lohnt sich, sich auf Themen einzulassen, die einen auf den ersten Blick abschrecken. Sich genau die Bereiche vorzuknöpfen, vor denen man zu viel Respekt hat. Wer sagt „Wirtschaft ist nichts für mich, das kann ich nicht", sollte versuchen, zumindest zu verstehen, was

sie oder er nicht versteht. Die Scheu vor dem Unverständlichen abzulegen, „Das kann ich *noch* nicht" statt „das kann ich nicht" zu sagen, hilft beim Studium ungemein und erleichtert den Start in die Berufswelt. Und zu guter Letzt: die Neugier behalten und sich wirklich in die Interessensfelder hineinbegeben. Zu relevanten Veranstaltungen gehen, Menschen kennenlernen, die sich ebenfalls mit den Themen beschäftigen. Keine falsche Scheu haben, Menschen um Rat zu fragen. Die meisten helfen gerne und freuen sich, wenn sich jemand nach der eigenen Arbeit erkundigt!

Bildungsmanager (Kommune): Dr. Robert Lucic

Jahrgang: 1974

Ausbildung/Studium ab Schule: 1985–1989 Gymnasium bis 9. Klasse, Abgang auf die Realschule, 1992 Mittlere Reife, Beginn einer Lehre als KFZ-Mechaniker, 1993 Abbruch nach einem Jahr, 2000 Abitur auf dem 2. Bildungsweg, 2001–2008 Philosophie- und Geschichtsstudium an der Humboldt-Universität zu Berlin, 2011–2018 Promotion am Leibniz-Zentrum für Zeithistorische Forschung in Potsdam.

Berufliche Stationen: 1993 Gebäudereiniger, 1994–1997 Marketing-Mitarbeiter, 1998–2000 Nachhilfelehrer, 2004–2008 studentische Hilfskraft, 2007–2009 Content-Manager in einer Nachrichtenagentur, 2009–2010 Projektmanager, 2010–2011 Wissenschaftlicher Mitarbeiter, 2011–2014 Herausgeber einer wissenschaftlichen Zeitschrift, 2016–2018 Redakteur in der Medienbeobachtung.

Zusatzqualifikationen/Weiterbildungen/Auszeiten/Auslandsaufenthalte etc.: Fortbildungen im Bereich Content-Management sowie Bildbearbeitung; Lehrgänge in der Interviewführung und -auswertung; zahlreiche Weiterbildungen im Bereich Bildungs- und Netzwerkmanagement; mehrere Forschungsaufenthalte im ehemaligen Jugoslawien.

R. Lucic
Berlin, Deutschland

1. Beschreiben Sie Ihre aktuelle berufliche Tätigkeit: Was machen Sie als Bildungsmanager?

Als Bildungsmanager besteht meine Aufgabe darin, ein datenbasiertes kommunales Bildungsmanagement auszubauen und weiterzuentwickeln. Orientiert am Bildungsverständnis des lebenslangen Lernens, nehme ich dabei alle Bildungsformen in den Blick; dies umfasst das formale Lernen im Schulbereich genauso wie das nicht-formale Lernen etwa bei innerbetrieblichen Weiterbildungen oder in Sport- und Kulturvereinen; gleichzeitig fokussiere ich in meiner Tätigkeit aber auch das informelle Lernen im Lebensalltag, beispielsweise in der Familie oder in Jugend-Clubs. Die Förderung und Entwicklung aller Bildungsformen steht im Zentrum meiner Tätigkeit als Bildungsmanager.

Zu meinen Hauptaufgabenfeldern zählt dabei die Vernetzung von Bildungsakteur*innen innerhalb und außerhalb der Verwaltung; dies beinhaltet die Vorbereitung, Durchführung und Nachbereitung unterschiedlicher Arbeitsgemeinschaften und Gremien. Neben der Vernetzung bin ich dafür verantwortlich, die aufgabenbezogene Integration von verteilten Zuständigkeiten innerhalb etablierter Bildungsstrukturen einer Kommune zu sichern; dies kann etwa die Bündelung unterschiedlicher Fachplanungen unter dem Dach einer integrierten Sozial- und Bildungsplanung umfassen; die fach- und ämterübergreifende Integration kann aber auch die Organisation von Fokusgruppen beinhalten, deren Mitglieder etwa an der Schnittstelle zwischen Sportvereinen, Jugend-Clubs und dem Schulalltag neue pädagogische Angebote entwickeln und konzipieren.

Ein weiterer zentraler Aufgabenbereich ist die Sicherstellung von aussagekräftigen Bildungsdaten, um die Prozesse der Vernetzung und Integration zielgerichtet zu ermöglichen; dies erfordert eine enge Zusammenarbeit mit dem Bildungsmonitoring, das für die Sammlung und Auswertung aller bildungsrelevanten Daten wie etwa Einschulungszahlen oder Betreuungsquoten in Kindertagesstätten zuständig ist. Gemeinsam mit dem Bildungsmonitoring werden zielgruppenorientierte Maßnahmen entwickelt, da durch die Auswertung von Bildungsdaten der Blick auf spezifische Problemlagen eröffnet wird.

2. Was sind Ihre Motivation und Ihr Anreiz für Ihre aktuelle Tätigkeit? Was fasziniert Sie an Ihrem Beruf?

Die entscheidende Motivation für die Tätigkeit als Bildungsmanager besteht für mich in der Tatsache, mit der Entwicklung der kommunalen Bildungslandschaft einen Beitrag zu mehr Teilhabe und Chancengleichheit leisten zu können. Auch wenn gute Bildungsstrukturen noch kein Garant dafür sind, dass Menschen ihr Recht auf gesellschaftliche Partizipation wahrnehmen können, ist die Sicherung zielgruppenorientierter Bildungsmaßnahmen eine notwendige Bedingung hierfür. Neben dieser ethischen Motivation, mit der eigenen Tätigkeit einen Beitrag zur Verbesserung der gesellschaftlichen Umstände zu leisten, motiviert mich auch das Erleben kreativer Momente. Wenn man es auf der Grundlage gesicherter Bildungsdaten bewerkstelligt, die richtigen Personen mit einer gemeinsamen Zielsetzung zusammenzubringen, ist es ein Hochgenuss, die entstehenden Innovationen gleichsam sprudeln zu sehen. Diese Momente überzeugen mich, Teil von etwas Gutem zu sein und geben mir die Kraft, auch über Hindernisse hinweg deren Verwirklichung zu verfolgen.

3. Welche Sachen machen Sie besonders gerne, welche weniger gerne?
Ich liebe es, Dinge auf den Punkt zu bringen, sprich: Einsichten zu konzeptionalisieren. Gleichzeitig genieße ich die Spontaneität von Gruppenerlebnissen, sodass ich sehr gerne Arbeitsgemeinschaften steuere. Die Präsentation von Konzepten, Maßnahmen oder Herausforderungen bereitet mir ebenfalls sehr viel Freude und ich genieße es sehr, wenn dem Vortrag eine kritische Auseinandersetzung mit dem Inhalt folgt.

Weniger Freude bereitet es mir, gegen das anzugehen, was ich „stumme Gegner" nennen möchte. Unwirksame Verfahrensweisen oder überlebte Traditionen im Umgang mit Herausforderungen fördern zwar meine kämpferischen Fähigkeiten, doch wenn daran trotz besseren Wissens festgehalten wird, ist das ein Sachverhalt, mit dem ich weniger gerne umgehe.

4. Wie wirkt sich die Digitalisierung auf Ihre Tätigkeit aus?
Die Digitalisierung ist für den Bildungsbereich der Zukunft von entscheidender Bedeutung und gleichzeitig Chance und Herausforderung für die kommunale Bildungslandschaft. Dabei muss sowohl die Verfügbarkeit als auch die Verwendbarkeit sichergestellt werden. Dies umfasst im Bildungsbereich die Sicherstellung eines schnellen flächendeckenden Zugangs zu schnellem Internet. Gleichzeitig muss gewährleistet sein, dass die Nutzer*innen über aktuelle Endgeräte verfügen, um die entsprechenden Angebote auch nutzen zu können. Die Schulen und Schüler*innen mit der nötigen Infrastruktur auszurüsten, gehört zu meinen täglichen Herausforderungen bei der Digitalisierung.

In meiner Arbeit merke ich aber auch, wie mangelndes Anwenderwissen bzw. Naivität im Umgang mit dem Datenschutz eine Kehrseite der

Digitalisierung darstellen können. Die Digitalisierung bleibt im Grunde genommen nichts weiter als „tote Materie", wenn die Anwender*innen nicht in der Lage sind, die technische Infrastruktur gewinnbringend zu nutzen. Ältere Generationen von Lehrer*innen fit zu machen für Errungenschaften wie WhatsApp oder Zoom bzw. den Digital Natives ein (Selbst-)Bewusstsein für den Wert persönlicher Daten und die Gefahren des Missbrauchs zu vermitteln, sind notwendige Parallelentwicklungen, für die meine Kolleg*innen und ich uns tagtäglich in unserer Bildungsarbeit stark machen.

5. Beschreiben Sie Ihren Übergang vom Studium in die Berufstätigkeit. Wie hat sich Ihr Berufseinstieg vollzogen? Haben Sie Irrtümer, Zweifel, Absagen oder Skepsis erlebt?
Den Übergang aus dem Studium und der Promotion ins Berufsleben möchte ich als eine „Success story des Leidens" umschreiben. Nach dem Studium habe ich anderthalb Jahre erste Schritte als Projektmanager gewagt, um dann in die geförderte Promotion zu wechseln. Der Ausstieg aus der Wissenschaft fiel mir nicht leicht. Berge an Antrags- und Bewerbungsprosa wurden verfasst, viele Bewerbungsgespräche mussten geführt werden und oftmals gab es kaum qualifizierte Kritik, um Ablehnungen und Absagen zu reflektieren. Stets aufs Neue konnte mir in dieser Zeit mein „inneres Geländer" aus Überzeugungen und Wertvorstellungen Orientierung bieten. Zudem passierten die interessanten Dinge oft auf den Umwegen. Eine gute Portion Dynamikbereitschaft hat mir geholfen, festen Fuß zu fassen in meiner jetzigen Tätigkeit.

6. Wie sind Sie zu Ihrem Beruf gekommen? Wollten Sie schon immer Bildungsmanager werden?
Bildungsmanager zu werden war kein Berufswunsch wie Tierarzt oder Feuerwehrmann. Zu sprechen, zu organisieren und zu verändern, waren meine Wunschvorstellungen an einen möglichen Beruf, die ich im Tätigkeitsbereich des Managements am besten zu verwirklichen glaube. Das es letztlich der Bildungsmanager geworden ist, halte ich für eine glückliche Fügung.

7. Würden Sie Ihren Job wechseln? Warum (nicht)?
Ich bin mit meiner Arbeit sehr zufrieden und verspüre nicht den Wunsch, daran etwas zu ändern. Gleichzeitig hat mich meine Biografie gelehrt, dass man nur bedingt in der Lage ist, die zukünftigen Entwicklungen zu steuern.

Vielleicht ist es auch ein Ausdruck unserer momentanen Arbeitswelt, dass man sich Gedanken an einen Wechsel des Berufsfeldes aus prinzipiellen Gründen nicht verwehrt. Ein Wechsel meines Tätigkeitsfeldes bleibt für mich vorstellbar, solange ich meinen inneren Wertvorstellungen treu bleiben kann.

8. Vor welchen Entscheidungen und Herausforderungen haben Sie gestanden?
Entscheidungen und Herausforderungen gab es viele. Etwa den Mut aufzubringen, eine so brotlose Kunst wie Philosophie zu studieren; oder aber auch die Entscheidung nach der Promotion, nicht mehr für die Wissenschaft Jobangeboten hinterher zu reisen. Das Abwägen zwischen individueller Verwirklichung und Familiengründung dürfte die schwierigste Entscheidung und die größte Herausforderung gewesen sein.

9. Wenn Sie Ihrer Laufbahn einen (Film-)Titel geben, wie würde dieser lauten?
Wie oben bereits erwähnt: Eine Success story des Leidens.

10. Wie viel Geisteswissenschaft steckt in Ihrem Beruf? Beschreiben Sie die geisteswissenschaftlichen Aspekte bei Ihrer Tätigkeit.
Der Beruf des Bildungsmanagers steckt voller geisteswissenschaftlicher Aspekte. Sich mit unterschiedlichen Konzepten auseinanderzusetzen und diese zu begreifen, ist ein wichtiger geisteswissenschaftlicher Aspekt meiner Tätigkeit. Mit einer großen Masse an Informationen umgehen zu können, ohne dabei die Orientierung zu verlieren, ist ebenfalls ein Aspekt meiner Arbeit, der m. E. besonders von Geisteswissenschaftler*innen gemeistert werden kann. Überblick, Weitsicht und gleichzeitige Detailtreue qualifizieren uns für meine Tätigkeit als Bildungsmanager.

11. Welche geisteswissenschaftlichen Kompetenzen konnten Sie bisher nutzen? Wozu?
Entscheidend ist es, strategisch zu denken, zusammenhängend zu sprechen und sinnstiftend zu schreiben. Das sind zentrale Kompetenzen, die ich tagtäglich anwenden muss. Leitbilder oder Maßnahmenkataloge werden ersonnen, gegenüber Bildungspartner*innen gerechtfertigt und dann in entsprechende Anwendungspläne gegossen – die klassischen Elemente meiner Arbeit. So banal es auch klingen mag, doch Ingenieure*innen oder Verwaltungsmitarbeiter*innen tun sich oftmals schwer damit. Denken, sprechen und schreiben sind auszeichnende Kompetenzen von Geisteswissenschaftler*innen.

12. Welche anderen Schlüsselkompetenzen benötigen Sie noch für Ihren Beruf? Warum?

Eine weitere wichtige Schlüsselkompetenz ist das Multitasking. Viele Arbeitsschritte müssen parallel erledigt werden, und selten einmal besteht die Möglichkeit, längerfristig an einer Sache zu arbeiten. Ein Gespür für Menschen und die Fähigkeit, mit ihnen zusammen zu arbeiten, ist ebenfalls unerlässlich, um zielgerichtet zu lenken und zu steuern. Souveränität im Umgang mit Rückschlägen, Widerspruch und Kritik, ist nie eine schlechte Kompetenz; beim Umgang mit Menschen und ihren Wünschen, Bedürfnissen und Ängsten aber unerlässlich.

13. Würden Sie das Gleiche noch mal machen (Studium, Job/s)? Wenn nicht, wie dann?

Diese Frage ist schwer zu beantworten und gleicht Gedankenspielen aus meinem Philosophiestudium. Wenn ich meine Biografie vom momentanen Stand her betrachte, ist es sehr gut so, wie es bisher gelaufen ist. Nichtsdestotrotz wünsche ich mir, dass ich manchmal mehr Mut aufgebracht hätte, ungewöhnliche Angebote auch anzunehmen – etwa während des Studiums trotz bzw. mit Kind und Familie ins Ausland zu gehen. Mehr Erfahrungen im praktischen Berufsleben hätten mir sicherlich ebenfalls einiges erspart. Der Weg bleibt aber holprig, und wie bereits gesagt: die spannenden Dinge passieren meist auf den Umwegen.

14. Welche Tipps würden Sie Studierenden aus der Geisteswissenschaft für ihre Karriereplanung mitgeben?

Entscheidend ist m. E., dass man versucht, seinen Vorstellungen so gut als eben möglich treu zu bleiben. Die Möglichkeiten ergeben sich. Man sollte stets mit aufmerksamen Augen durchs Leben gehen, um diese auch zu erkennen.

Projektkoordinatorin (Forschungsinstitut): Sabrina Anastasio

Jahrgang: 1985
Ausbildung/Studium ab Schule: Deutsch-Italienische Studien, Rheinische Friedrich-Wilhelms-Universität Bonn und Università degli Studi di Firenze (Italien) mit einem Doppeldiplom (Bachelor of Arts, Abschluss 2008) Kulturwirtschaft/International Cultural and Business Studies, Universität Passau (Master of Arts, Abschluss 2011).

Berufliche Stationen: verschiedenen Praktika, u. a. Übersetzungsbüro Bonn, Tourismusinformation Florenz, Wirtschaftsrepräsentanz Berlin-Brandenburg (Teil der Berlin Partner GmbH) Brüssel, BMW Group Repräsentanz Brüssel, Praktikum in Veranstaltungsorganisation Bonn, Reisebüro Bonn, vhs Passau, Studentische Mitarbeit im Career Service der Universität Passau, 2011–2015 Projektbearbeiterin Studien- und Promotionsförderung in der Heinrich-Böll-Stiftung Berlin, 2015–2017 Wissenschaftliche Mitarbeiterin im Büro eines Bundestagsabgeordneten, Berlin, seit 2017 Wissenschaftliche Mitarbeiterin und seit 2019 Projektkoordinatorin bei der Forschungsinstitut Betriebliche Bildung (f-bb) gGmbH.

Zusatzqualifikationen/Weiterbildungen/Auszeiten/Auslandsaufenthalte etc.: 2007/2008 Auslandsaufenthalt im Rahmen des Bachelorstudiums an der Università degli Studi di Firenze, Italien, 2008/2009 Auslandspraktika in

S. Anastasio
Berlin, Deutschland

Brüssel, Belgien (Wirtschaftsrepräsentanz Berlin-Brandenburg [Teil der Berlin Partner GmbH] Brüssel, BMW Group Repräsentanz Brüssel).

1. Beschreiben Sie Ihre aktuelle berufliche Tätigkeit: Was machen Sie als Projektkoordinatorin?
Das Forschungsinstitut Betriebliche Bildung (f-bb) setzt Projekte im Feld der betrieblichen Bildung um und entwickelt, in enger Zusammenarbeit mit seinen Auftraggebern aus Politik und Wirtschaft, Konzepte innovativer betrieblicher Bildungsarbeit. In meiner Position koordiniere ich aktuell drei Projekte, die sich mit den Themen Übergang Schule-Beruf und Übergang Studienabbruch-Ausbildung beschäftigen. Dabei kümmere ich mich um das Projektmanagement, die Finanzplanung und die inhaltliche Anleitung der Mitarbeitenden.

2. Was sind Ihre Motivation und Ihr Anreiz für Ihre aktuelle Tätigkeit? Was fasziniert Sie an Ihrem Beruf?
Beim f-bb habe ich den Eindruck, eine gute Mischung von Dingen gefunden zu haben, die mir Spaß machen und die mir wichtig sind. Zum Beispiel finde ich es gut, dass ich mich mit den Projekten, die ich betreue, indirekt an Bildungskonzepten beteilige. Bildung ist ein wichtiges Gut in der Gesellschaft, und schon in meiner Masterarbeit habe ich mich mit dem Konzept des „lebenslangen Lernens" beschäftigt. Ich mag es außerdem, im Team zu arbeiten und gemeinsam mit den Kolleg*innen Lösungen zu entwickeln. Darüber hinaus gibt es viele organisatorische Aufgaben, die mir gut liegen. Schließlich besteht meine Tätigkeit nicht nur aus klassischer Büroarbeit. Ich habe auch regelmäßigen Kontakt zu Menschen bei Partnern und Auftraggebern und bin bei Veranstaltungen o. Ä. unterwegs.

3. Welche Sachen machen Sie besonders gerne, welche weniger gerne?
Schon während meiner Tätigkeiten an der Uni oder auch in der Studenteninitiative, in der ich während meines Masters engagiert war, habe ich festgestellt, dass ich gut im Planen und Organisieren bin. Das macht mir heute noch viel Spaß und hilft mir in meiner Funktion als Projektleitung. Die Zusammenarbeit mit meinen Kolleg*innen ist mir, wie schon gesagt, wichtig und es motiviert mich sehr, wenn ein Team gut funktioniert und jede*r seine/ihre Stärken einbringen kann. So entstehen gute Ergebnisse und man kann voneinander lernen. 2019 bin ich von der wissenschaftlichen Mitarbeiterin zur Projektkoordinatorin befördert worden. In dieser Position

habe ich Einblick in „das große Ganze". Das finde ich spannend und so kann ich mich auch über die tägliche Arbeit hinaus in die langfristigen Entwicklungen des Instituts einbringen.

Weniger schön sind natürlich Gespräche, die anstehen, wenn mal etwas nicht so läuft, wie geplant. In der Projektarbeit gibt es oft Zeitdruck und knappe Fristen. Wenn man dann nur abarbeitet und versucht, die Aufgaben so schnell wie möglich zu erledigen, bleibt der Spaß und die Motivation für die Sache auch manchmal auf der Strecke. Das finde ich schade.

4. Wie wirkt sich die Digitalisierung auf Ihre Tätigkeit aus?
Ohne Computer ist die Arbeit ja eigentlich kaum möglich, das merke ich erst neulich wieder, als unser Bürogebäude vom Stromausfall betroffen war. Der Schriftverkehr läuft fast nur noch über E-Mails, immer weniger Dokumente, z. B. Berichte für den Auftraggeber oder Angebote im Rahmen von Projektausschreibungen, müssen noch in Papierform eingereicht werden. Da das Institut mehrere Standorte in verschiedenen deutschen Städten hat, versuchen wir, Meetings vermehrt über ein Videokonferenzsystem stattfinden zu lassen. Immer mehr Vorgänge in der internen Dokumentenverwaltung werden digitalisiert. Darüber hinaus erproben wir innerhalb unserer Projektteams digitale Projektmanagement- und Kommunikationstools. Zur Ansprache unsere Zielgruppen bieten wir natürlich Projektwebseiten an, nutzen niedrigschwellige Kanäle über Social Media und produzieren eigene Podcasts und Chatbots.

5. Beschreiben Sie Ihren Übergang vom Studium in die Berufstätigkeit. Wie hat sich Ihr Berufseinstieg vollzogen? Haben Sie Irrtümer, Zweifel, Absagen oder Skepsis erlebt?
Ich habe direkt im Anschluss an die Abgabe der Masterarbeit mit der Jobsuche begonnen. Klar war für mich, dass ich nicht an meinem damaligen Studienort Passau bleiben wollte. Der Standort hat für meine Berufswahl schon eine Rolle gespielt, wobei nur wenige Städte in Betracht kamen. Ich hatte mir mehr Einladungen zu Vorstellungsgesprächen gewünscht, es wäre natürlich schön gewesen, wenn man eine Auswahl an Angeboten gehabt hätte. Aber dann kam das Angebot aus Berlin und ich habe es angenommen. Der Job war zunächst für zwei Jahre befristet. Das fand ich toll, weil ich das auch als Probezeit für Berlin angesehen habe, eine Stadt, die ich bis dahin nur zwei, drei Mal als Touristin besucht hatte. Tja, heute sind es neun Jahre.

6. Wie sind Sie zu Ihrem Beruf gekommen? Wollten Sie schon immer Projektkoordinatorin werden?

Während der Schulzeit wollte ich „was mit Sprachen machen". Ich hatte jeweils Abiturprüfungen in Französisch und Italienisch abgelegt, deshalb entschied ich mich für ein Studium im Bereich Übersetzen und Dolmetschen. Bei der Recherche bin ich auf den Studiengang Deutsch-Italienische Studien aufmerksam geworden. Das damals neue Prinzip der Bachelor- und Masterstudiengänge wurde gerade erst eingeführt. Der nur dreijährige Studiengang Deutsch-Italienische-Studien lockte mit einem breiten Einblick in Sprach-, Literatur- und Kulturwissenschaft und mit einem Doppeldiplom. Schnell hat sich gezeigt, dass der Studiengang auf eine wissenschaftliche Karriere abzielte, die ich nicht einschlagen wollte.

Nach dem einjährigen Auslandsaufenthalt in Florenz nahm ich mir ein Jahr Zeit, um durch Praktika herauszufinden, mit welchem Master es weitergehen sollte. Eine Idee war, Tourismusmanagement zu studieren, woraufhin ich ein Praktikum in einem Reisebüro machte. Das Praktikum war furchtbar, neben mir gab es nur den Chef und zehn andere Praktikant*innen. Nach nur vier Wochen brach ich ab, das erste Mal im Leben habe ich etwas nicht zu Ende gebracht. Glücklicherweise erhielt ich kurz darauf eine Zusage für ein Praktikum im Veranstaltungsmanagement. Es ging um die Organisation und Durchführung von Fachtagungen, Kongressen und Messen im Hochschulbereich. Das lag mir, das Team war toll, der Chef wollte mir nach nur drei Monaten eine Anstellung geben.

Im Nachhinein würde ich sagen, dass das prägend für die spätere Berufswahl war. Ich entschied mich jedoch für ein Masterstudium der Kulturwirtschaft an der Uni Passau, was mir auf der einen Seite weiterhin den geisteswissenschaftlichen Hintergrund bot. Auf der anderen Seite waren aber auch BWL-Fächer enthalten. Die Arbeit als studentische Mitarbeiterin im Career Service festigte den Wunsch, einen Job im Hochschul- oder Bildungsbereich anzustreben. Elemente wie die Organisation von Veranstaltungen und die Arbeit mit Menschen, z. B. im Beratungskontext, sollten dabei nicht fehlen. Nach dem Abschluss bewarb ich mich bei Unis, Bildungsträgern und internationalen Einrichtungen. Eine Bewerbung ging an die Heinrich-Böll-Stiftung, die dann auch erfolgreich war.

7. Würden Sie Ihren Job wechseln? Warum (nicht)?

Zu Beginn des Berufslebens habe ich nur befristete Arbeitsverträge bekommen, hier war immer ein gewisser Druck, wie es weitergeht. Inzwischen verfüge ich nicht nur über ein unbefristetes Arbeitsverhältnis, sondern fühle mich als Projektkoordinatorin sehr wohl. Die tägliche Arbeit im Bereich der (Berufs-)Bildung macht mir Spaß, zudem habe ich tolle Kolleg*innen in meinem Team, mit denen ich interessante Projekte umsetze. Aktuell sehe ich keinen Anlass, mich nach einer neuen Tätigkeit umzusehen.

8. Vor welchen Entscheidungen und Herausforderungen haben Sie gestanden?
Die Arbeit im Bundestag und in der Politik war sehr herausfordernd für mich. Durch meine Tätigkeiten in Lobby-Büros in Brüssel hatte ich zwar Erfahrung im Bereich Politik, selbst parteipolitisch aktiv war ich jedoch nie. Von Beginn an fiel es mir schwer, mich in diesem ganz eigenen Kosmos zurechtzufinden. Als Mitarbeiterin von Mandatsträgern verschwand man förmlich hinter der Partei und den Aussagen des Abgeordneten. Dazu kam, dass es im Berliner Büro nur insgesamt drei Mitarbeitende gab. Ich habe ziemlich schnell gemerkt, dass mir ein Team fehlt, mit dem ich Ideen gemeinsam entwickeln und mit dem ich diskutieren kann. Nach zwei Jahren war klar, dass ich mir etwas Neues suchen muss, um im Arbeitsalltag wieder glücklicher sein zu können. Ich wollte auch zurück in den Bildungskontext. 2017 schrieb ich rund 20 Bewerbungen, vorrangig an Stiftungen und Hochschulen. Ziel war, ins Veranstaltungsmanagement oder in die Beratungstätigkeit einzusteigen. Meine Bewerbung bei der FAW gGmbH wurde zwar nicht für die ausgeschriebene Stelle berücksichtig, aber in der Unternehmensgruppe weitergeleitet. So bin ich beim f-bb gelandet.

9. Wenn Sie Ihrer Laufbahn einen (Film-)Titel geben, wie würde dieser lauten?
Viele Wege führen nach Rom bzw. zum Ziel.

10. Wie viel Geisteswissenschaft steckt in Ihrem Beruf? Beschreiben Sie die geisteswissenschaftlichen Aspekte bei Ihrer Tätigkeit.
Von den eigentlichen Studieninhalten habe ich mich schon mit dem ersten Job wegentwickelt. Das viele Lesen – damals zum Lernen verschiedener literatur- oder kulturwissenschaftlicher Theorien, heute, um auf dem aktuellen Stand in der Bildungspolitik zu bleiben – sowie die Textproduktion – damals Hausarbeiten, heute Berichte und Publikationen – sind jedoch verbindende Elemente.

11. Welche geisteswissenschaftlichen Kompetenzen konnten Sie bisher nutzen? Wozu?
Die Fähigkeit, sich auf neue, komplexe Zusammenhänge einzulassen, wurde auf jeden Fall im Studium angelegt. Auch profitiere ich vom Germanistikstudium, wenn es um das Verfassen oder Redigieren von Texten geht. Auf diese Kompetenz greifen auch Kolleg*innen immer wieder gern zurück. Generell denke ich, dass auch eine selbstständige Arbeitsweise befördert wurde, da das Studium generell eine hohe Selbstorganisation erforderte.

12. Welche anderen Schlüsselkompetenzen benötigen Sie noch für Ihren Beruf? Warum?
Neben dem selbstständigen Arbeiten ist auch die Fähigkeit als Teamplayer gefragt. Dazu benötige ich Methodenkompetenzen für verschiedene Veranstaltungsformate und natürlich Projektmanagementwissen.

13. Würden Sie das Gleiche noch mal machen (Studium, Job/s)? Wenn nicht, wie dann?
Wahrscheinlich würde ich nicht wieder Sprachen studieren. Oder zumindest nicht vorrangig. Heutzutage gibt es durch Programme zum Auslandsaufenthalt, egal ob im Studium oder via Praktikum, genug Möglichkeiten, Fremdsprachenkompetenzen zu stärken. Die Praktika und Studentenjobs haben bei mir am Ende die Weichen gestellt, deswegen würde ich damit im nächsten Leben vielleicht schon früher anfangen.

Mit den beruflichen Erfahrungen nach dem Studium bin ich recht zufrieden. Auch wenn es an der ein oder anderen Stelle schwer war und ich mich mit Teilen der Arbeit nicht zufrieden gefühlt habe, habe ich doch viel über mich gelernt. Diese Erfahrungen haben mich gestärkt, was sich positiv auf die nächsten Bewerbungen ausgewirkt hat.

14. Welche Tipps würden Sie Studierenden aus der Geisteswissenschaft für ihre Karriereplanung mitgeben?
Ich kann jedem nur empfehlen, sich zu informieren. Natürlich fällt es jungen Menschen schwer, sich angesichts der Vielzahl von Studienfächern und Studieninhalten, die oftmals von Hochschule zu Hochschule unterschiedlich sind, zu orientieren. Erfahrungen sammelt man jedoch nicht (nur) im Hörsaal. Man sollte so viele Praktika machen, wie möglich, bestenfalls in ganz verschiedenen Bereichen. Sollte ein Bereich nicht gefallen, kann man immerhin eine Tür im Haus der Möglichkeiten schließen. Da heutzutage kaum jemand sein/ihr gesamtes Arbeitsleben bei einem/einer Arbeitgeber*in verbringt, gibt es ja auch immer wieder neue Türen, die sich öffnen.

Leiter Fundraising (Hilfsorganisation): Thomas Jung

Jahrgang: 1972

Ausbildung/Studium ab Schule: Nach dem Schulabschluss 1989 an der Allgemeinbildenden Oberschule Lehre zum Elektronikfacharbeiter mit Abitur in Rostock, abgebrochen, danach Fachgymnasium für Wirtschaft und Verwaltung in Rostock, Abschluss Allgemeine Hochschulreife, 1993–1995 Ausbildung zum Rettungshelfer/Rettungssanitäter DRK und Maltesern in Berlin, 1995–2007 Studium der Neueren/Neueste Geschichte, Politikwissenschaft und Philosophie an der Humboldt-Universität zu Berlin, Abschluss Magister, 2006 Ausbildung zum Erste-Hilfe-Trainer bei den Johannitern in Berlin, 2011–2013 berufsbegleitendes Studium Fundraising an der Fundraising-Akademie Frankfurt a. M., Abschluss: Fundraising-Manager (FA).

Berufliche Stationen: 1996–2017 studentischer Mitarbeiter, Mitarbeiter und Einsatzleiter in Notfallrettung, Krankentransport und Sanitätsdienst, 2001 Praktikum Institut für Zeitgeschichte Berlin, Praktikum Yad Vashem Archives Israel Berlin, 2002 Praktikum bei Bundestagsabgeordnete/Fraktionsvorsitzende 2008 Teamleiter und Projektmanager bei einem Sprachdienstleister in Berlin, seit 2009 bei den Johannitern, Regionalverband

T. Jung
Berlin, Deutschland

Berlin, bis 2013 als Leiter Schulsanitätsdienst, seit 2014 als Leiter Fundraising johanniter.de/spenden-berlin.

Zusatzqualifikationen/Weiterbildungen/Auszeiten/Auslandsaufenthalte etc.: 1991–1993 Mitglied/Gruppensprecher Amnesty International Gruppe Rostock, 1993–1995 Zivildienst Rettungshelfer Krankentransport DRK Landesverband Berlin, 1995–2004 Gesellschafter Privater Sanitätsdienst, 2006–2013 Mitbegründer/Vorstandsvorsitzender jungmeister e. V., 2008–2014 Inhaber/Produktionsleitung Veranstaltungsagentur Erlebnisorganisation Jungmeister.

1. Beschreiben Sie Ihre aktuelle berufliche Tätigkeit: Was machen Sie als Fundraiser?

Ich bin bei den Berliner Johannitern (dem Regionalverband Berlin des föderalen bundesweiten e. V.) als Ein-Mensch-Abteilung für das Fundraising verantwortlich. Ich bin zum einen zuständig für die Beschaffung (meist finanzieller) Mittel für laufende und geplante soziale Vorhaben und Programme. Hierzu adressiere ich Aufrufe, Kampagnen oder Anträge an private und institutionelle Förderer. Zum anderen beschäftigt mich die vielschichtige Kommunikation „nach draußen" – an „unsere" Mitglieder und Spender*innen, Stiftungen und öffentliche Förderer sowie an Unternehmen. Dieses Sozialmarketing und Beziehungsmanagement reicht von Anrufen bis zu Dankschreiben, vom Projektbericht bis zur Veranstaltung. Nicht zuletzt arbeite ich daran, Fundraising als strategische Leitungsaufgabe zu etablieren; denn so kann ich langfristige Leistungs- und Spendenziele definieren und einlösen.

2. Was sind Ihre Motivation und Ihr Anreiz für Ihre aktuelle Tätigkeit? Was fasziniert Sie an Ihrem Beruf?

Ich arbeite seit der Studienzeit bei den Johannitern – und der verbindende „Familiencharakter" des Verbandes motiviert mich stark. Ich finde es reizvoll, sichtbar bei der Lösung sozialer Probleme zu helfen und dabei viel mit fachlichen Menschen im Austausch um gute Lösungen zu sein. Gleichzeitig engagiere ich mich dabei praktisch auch als Prozess-, Projekt-, und Organisationsentwickler- und gerade durch diesen Querschnittscharakter erlebe ich meine Arbeit nach innen wie nach außen als wirksam und daher sehr befriedigend. Ich sammle viele Erfahrungen, lerne stets Neues und kann Innovationen in meinem Bereich selbstverantwortlich umsetzen; das und der kollegiale und inspirierende Umgang in der „Fundraising-Szene" finde ich immer wieder faszinierend.

3. Welche Sachen machen Sie besonders gerne, welche weniger gerne?
Ich plane gerne kreativ Maßnahmen und suche gerne die richtigen Instrumente im Förderdschungel. Ich finde gerne gemeinsam mit den Beteiligten die richtigen Wege vom Projekt zum Spender und gebe entsprechende Erfahrungen weiter. Das unmittelbare Gespräch mit Förderern und Intermediären macht Spaß, Kostenpläne aufzustellen und Controllingberichte zu schreiben schon weniger. Notwendig und dabei manchmal unbefriedigend ist es, mit Administration und Verwaltung nahezu wie Don Quijote Sach- und Prozessfragen auszuhandeln.

4. Wie wirkt sich die Digitalisierung auf Ihre Tätigkeit aus?
Digitale Tools zur internen Analyse und Prozesssteuerung (Datenbanken) sowie für die Spenderkommunikation (Online-Fundraising) sind wichtig geworden. Das erleichtert, erweitert und verbessert viele Bereiche meiner Arbeit und fordert mich zur Fortbildung.

5. Beschreiben Sie Ihren Übergang vom Studium in die Berufstätigkeit. Wie hat sich Ihr Berufseinstieg vollzogen? Haben Sie Irrtümer, Zweifel, Absagen oder Skepsis erlebt?
Der „richtige" Berufseinstieg gelang mir erst ca. 14 Monate nach dem formalen Studienabschluss. Inzwischen hatte ich mich bei rund 70 Institutionen und Organisationen in den Feldern Politik und Geschichte beworben (einschließlich Praktika- und Volontariatsstellen). Ich bekam Absagen, erweiterte den Berwerbungsradius – letztlich waren so nur 20 Bewerbungen wirklich inspiriert. In der Rückschau würde ich gerade dies nicht noch einmal tun, da die Fokussierung schwand und die Frustration gleichzeitig eher wuchs. Letztendlich hatte ich vier Bewerbungsgespräche – jeweils m. E. knapp an einer Einstellung vorbei. Mal fehlten vermutlich einige Prozent an Expertise, mal kannte ich die Organisationskultur zu wenig und mal hatte ich keine direkten Bande zum Haus.

Durch eben einen solchen Kontakt startete ich eine Anstellung in einem völlig fachfremden Metier – einem Sprachdienstleister. Eine falsche Entscheidung aus gestiegener Verzweiflung; wenige Monate später beendete ich das Experiment. Auch nach dem Studienabschluss arbeitete ich aber stets weiter bei den Johannitern. Ich bewarb mich hier auf eine Teilzeit-Anstellung in der Jugendarbeit, wurde genommen und arbeitete – zwar wieder in einem Bereich, der wenig mit meinem Studium verband, jedoch viel mit meinem Faible für Medizin. Für diesen ersten richtigen Job war ich dankbar und arbeitete darin mit vergänglicher Begeisterung 4 Jahre lang.

In der Rückschau war dieser Schritt dennoch alles andere als ein Fehler. Nur aus der nun gewonnenen wirtschaftlichen Sicherheit und mentalen Souveränität konnte ich mich weiterentwickeln.

6. Wie sind Sie zu Ihrem Beruf gekommen? Wollten Sie schon immer Fundraiser werden?

Faktisch bin ich durch ein weiteres Studium zu meinem Beruf gekommen. Während meiner Studienzeit wäre es mir nicht in den Sinn gekommen, Fundraiser zu werden; ich kannte das Berufsfeld auch zunächst gar nicht. Ich hörte und las jedoch auf der Suche nach einer beruflichen Neuorientierung nach zwei Jahren Jugendarbeit bei den Johannitern immer mehr und interessierter davon.

Ich überzeugte meinen Verbandsvorstand vom neuen Geschäftsfeld – Fundraising lag ohnehin „in der Luft" und hatte Konjunktur in NGOs – absolvierte zwei Jahre die studiumähnliche berufsbegleitende Ausbildung dazu und startete im Anschluss wie verabredet auf der neu geschaffenen Stelle.

7. Würden Sie Ihren Job wechseln? Warum (nicht)?

Ja, dafür bin ich grundsätzlich offen. Ich kann mir vorstellen weiterhin als Fundraiser zu arbeiten, aber auch ein anderes (gesellschafts-)politisches Feld ist denkbar. In jedem Falle sollte es eine interessante wie leistbare Herausforderung sein.

8. Vor welchen Entscheidungen und Herausforderungen haben Sie gestanden?

Eher spät und mit den ersten Bewerbungen lernte ich einzuschätzen bzw. zu sortieren, in welches Berufsfeld ich eigentlich einsteigen will und wo gleichzeitig vermeintlich gute Jobchancen bestehen. Die zahlreichen Absagen verunsicherten mich. In Bewerbungsrückmeldungen gab es kaum Anhaltspunkte, welche die „Was-fehlt" oder „Warum-nicht-ich"-Fragen beantworteten. Der finanzielle Druck wuchs, mein erstes Kind war „auf dem Weg" – ich dehnte die Suche unwillkürlich aus. Heraus kam eine kompromisshafte Entscheidung für den ersten Job; das schließlich stärkte das jedoch meinen Fokus und Mentalität bei der Jobsuche wieder.

9. Wenn Sie Ihrer Laufbahn einen (Film-)Titel geben, wie würde dieser lauten?

Zuerst fällt mir „Die Reifeprüfung" ein. Aber nein – besser passt eigentlich „Sag niemals nie".

10. Wie viel Geisteswissenschaft steckt in Ihrem Beruf? Beschreiben Sie die geisteswissenschaftlichen Aspekte bei Ihrer Tätigkeit.
In meiner täglichen Arbeit steckt auf den ersten Blick eher wenig Geisteswissenschaft – im „Fundraising-Fundament" jedoch recht viel. Das betrifft auf Basis einschlägiger Theorien historische wie moderne sozialanthropologische und ethische Grundlagen des Spendens (Gabetheorie, Ethikkodex). Auch hilft mir, für Kontextualisierung und Entwicklung von Fundraising das Wissen um gesellschafts- und sozialpolitische Strukturen (Sozialstaatstheorie, Sozialsysteme, Subsidiaritätsprinzip). Dieses und Fachwissen im Feld Soziale Arbeit fließen dann deduktiv, vermittelt und schlussfolgernd in meine Spenderkommunikation ein. Nach meiner Erfahrung lassen sich dann in der Symbiose von Konkretem und „Großem Ganzen" die Evidenz und Relevanz von Fundraisingzielen aussichtsreicher erzählen.

11. Welche geisteswissenschaftlichen Kompetenzen konnten Sie bisher nutzen? Wozu?
Neue soziale Themen stehen für mich immer wieder auf der Tagesordnung – das fordert analytische Rezeption, kritisches Denken und das fundierte Erschließen von Zusammenhängen in Fachtexten und Handlungskonzepten. Für mein operatives Fundraising-Handeln geht es im Anschluss um strukturiertes, komplexitätsreduziertes und argumentatives Schreiben und Sprechen.

12. Welche anderen Schlüsselkompetenzen benötigen Sie noch für Ihren Beruf? Warum?
Wesentlich für meine Arbeit ist umfassende Kommunikationskompetenz. Ansprachen und Kommunikationsprinzipien sind bei der Vielzahl an Stakeholdern im Fundraising sehr verschieden – von strategisch sach-/zielorientiert (Commitment) bis emotional und werteverbunden. Marketing- und Projektmanagementkompetenzen hier im Feld Sozial-/Beschaffungsmarketing sind wichtig, um Fundraisingmaßnahmen erfolgreich umzusetzen.

13. Würden Sie das Gleiche noch mal machen (Studium, Job/s)? Wenn nicht, wie dann?
Ich würde mein Studium jederzeit wieder genauso machen – diese breiten und tiefen Lernerfahrungen schätze ich noch heute und immer wieder sehr. Meine studentische Arbeit im Rettungsdienst war – weil etwas völlig Anderes – immer ein spannender und wertvoller Ausgleich. Und schließlich hat mich dieser Kontakt nach einigen Wendungen zu meiner heutigen Arbeit geführt.

14. Welche Tipps würden Sie Studierenden aus der Geisteswissenschaft für ihre Karriereplanung mitgeben?

Begeben Sie sich auf die Suche nach Institutionen oder Unternehmen, die sich merklich mit „Ihren" Studien-Themen beschäftigen. Nehmen Sie Verbindung auf und werden Sie dort Volunteer, Praktikant oder studentische Hilfskraft. Wenn sich Ihre Vorstellungen dann nicht mit der Wirklichkeit decken: Probieren Sie etwas Neues. Halten Sie persönlichen Kontakt auch zu ehemaligen Arbeitgeber*innen und bleiben Sie informiert.

Schreiben Sie in der Endphase des Studiums Bewerbungen auf echte Stellenausschreibungen. Diese Trainingsergebnisse lassen Sie von Profis wie auch von guten Freunden kritisieren. Üben Sie auch Bewerbungsgespräche. Halten Sie den Rechercheradius für Ihre dann echten Bewerbungen am Beginn eher größer und verkleinern diesen dann. Gehen Sie zu jedem Bewerbungsgespräch, zu dem Sie eingeladen werden.

Kommunikationsmanagerin (Verband): Nina Kollas

Jahrgang: 1981

Ausbildung/Studium ab Schule: Magisterstudium Neuere und Neueste Geschichte, Politik und Sozialwissenschaften, Publizistik und Kommunikationswissenschaft an der Humboldt-Universität zu Berlin und der Freien Universität Berlin, Abschluss 2007.

Berufliche Stationen: während der Oberstufe freie Mitarbeit bei einer Lokalzeitung, während des Studiums verschiedene Praktika, u. a. bei den „Potsdamer Neuesten Nachrichten", dem Bundestagsbüro einer SPD-Abgeordneten, im Medien- und Kommunikationszentrum der Bundeszentrale für politische Bildung, im Museum für Kommunikation, im Deutschen Historischen Museum und im Berliner Landesstudio des ZDF, 2007 studentische Hilfskraft am Zentrum für Zeithistorische Forschung in Potsdam, 2000er Jahre Mitglied des Studierendenparlaments der Humboldt-Universität zu Berlin, 2007–2011 Volontariat und Arbeit bei einer Berliner PR-Agentur, 2011–2018 Beraterin in einer PR-Agentur für Kommunikation und Fundraising für Non-Profit-Organisationen, seit 2018 Kommunikationsmanagerin in einem Verband.

Zusatzqualifikationen/Weiterbildungen/Auszeiten/Auslandsaufenthalte etc.: 2003 Erasmus-Aufenthalt an der Sorbonne, 2007–2008 Abendstudium

N. Kollas
Berlin, Deutschland

Public Relations und Öffentlichkeitsarbeit an der University of Management and Communications (FH) Potsdam, 2014 und 2016/2017 Elternzeiten.

1. Beschreiben Sie Ihre aktuelle berufliche Tätigkeit: Was machen Sie als Kommunikationsmanagerin?

Seit September 2018 bin ich als Kommunikationsmanagerin in unbefristeter Festanstellung vollzeitnah bei einem Verband im Berliner Hauptstadtbüro tätig. Meine Kolleg*innen und ich sind für die interne und externe Kommunikation des Verbandes und seiner verschiedenen Projekte, Programme, Think Tanks, Abteilungen und Töchter zuständig: die Kommunikation mit den Mitarbeitern, Mitgliedern und Gremien, strategische Kommunikation, Medienarbeit, Onlinekommunikation und Social Media, Veranstaltungen, Publikationen und vieles mehr.

Mein Aufgabenschwerpunkt liegt in der Mitgliederkommunikation: Ich bin dafür zuständig, dass unsere ca. 3000 Mitglieder immer gut informiert sind über die Aktivitäten ihres Verbandes, konzipiere Dialog- und Beteiligungsmöglichkeiten und sorge dafür, dass die Botschaften, die Inhalte und der Ton unserer Kommunikation stimmen. Das ist bei so einem großen Verband und einer so vielfältigen Mitgliederstruktur gar nicht immer leicht. Als eines meiner ersten Projekte habe ich einen Mitglieder-Newsletter konzipiert, der seit Anfang 2019 erscheint und über unsere Projekte, aber auch zu Verbandsinterna und Serviceangeboten informiert. Daneben mache ich Pressearbeit für verschiedene kleinere Projekte, schreibe Pressemitteilungen, spreche mit Journalist*innen und versuche, die Themen und Aktivitäten unseres Verbandes in den für uns wichtigen Medien zu platzieren.

Darüber hinaus bin ich seit Ende letzten Jahres auch als Betriebsrätin aktiv. Diese zusätzliche Tätigkeit ist ziemlich herausfordernd, da sie zumindest jetzt in der Anfangszeit doch deutlich mehr Zeit in Anspruch nimmt, als ich ursprünglich erwartet habe. Da ich aber immer schon gut strukturiert und organisiert war, effizient arbeite und Prioritäten setzen kann, kriege ich trotzdem alles unter einen Hut. Die Arbeit als Betriebsrätin ist mir persönlich sehr wichtig, und ich betrachte sie auch zum Teil als Ehrenamt, weil ich mich „für Gerechtigkeit" einsetzen kann, zumindest ein ganz klein bisschen als Anwältin für die Interessen meiner Kolleg*innen.

2. Was sind Ihre Motivation und Ihr Anreiz für Ihre aktuelle Tätigkeit? Was fasziniert Sie an Ihrem Beruf?

Die Tätigkeit als Betriebsrätin ist intellektuell herausfordernd, ich lerne schnell sehr viel Neues, bekomme viel davon mit, was in unserem Verband so los ist und welche Themen die Arbeitgeber*innenseite umtreiben. Das erweitert meinen Horizont enorm, trainiert meine Soft Skills und hilft mir auch bei meiner Arbeit im Bereich der internen Kommunikation. Am wichtigsten aber ist, dass ich so trotz meines sehr straff organisierten Alltags weiter engagiert sein kann.

An meinem eigentlichen Beruf als Kommunikatorin gefallen mir vor allem die kreativen und intellektuellen Aspekte, der Austausch mit anderen Menschen und die Möglichkeit, über Sprache den Auftritt und Charakter unseres Verbandes mitzuprägen. Dazu kommt der Abwechslungsreichtum meiner Tätigkeit als Kommunikationsmanagerin: Ich bin in so vielen verschiedenen Projekten und Arbeitsgruppen aktiv, dass es mir nie langweilig wird. In unserem Verband herrscht ein sehr wertschätzendes, offenes und diskussionsfreudiges Klima, das es mir ermöglicht, bei sehr vielen Themen ganz konkret mitzudenken, meine Meinung frei heraus zu sagen, gute Ideen, aber auch mal Schnapsideen unbefangen zu äußern. Meine Meinung ist gefragt und wird wertgeschätzt, ich werde gefördert und bekomme gutes Feedback. Wenn ich eine Idee habe, kann ich sie meist umsetzen, ich habe viel Entscheidungs- und Gestaltungsspielraum.

3. Welche Sachen machen Sie besonders gerne, welche weniger gerne?

Ich liebe es, stets mehrere Bälle in der Luft zu haben und im Laufe des Arbeitstages auf meiner gut gepflegten und prall gefüllten To-Do-Liste einen Punkt nach dem anderen abzuhaken. Als gut strukturierte Lehrerstochter habe ich auch eine heimliche Freude daran, andere Projektbeteiligte an Deadlines und zugesagte Zulieferungen zu erinnern, Wiedervorlagen einzurichten, Protokollentwürfe und Agendavorschläge zu verschicken, Korrektur zu lesen oder anderer Leute Texte und Konzepte zu kommentieren. Sehr viel Spaß macht es mir, viele kleine Dinge schnell nacheinander wegzuschaffen. Bei längerwierigeren Tätigkeiten wie Texten oder Konzepten prokrastiniere ich auch mal ganz gerne ein kleines Weilchen und finde immer ein paar Dinge, die ich stattdessen „mal schnell" erledige. Wenn ich dann aber einmal in Schwung gekommen bin, laufen auch die vermeintlich eher unangenehmeren Aufgaben.

4. Wie wirkt sich die Digitalisierung auf Ihre Tätigkeit aus?

Die Digitalisierung spielt für meinen Beruf natürlich eine sehr große Rolle – vor allem, da ich für einen Verband kommuniziere, der sich stark mit diesem Thema beschäftigt. Zunehmend verschiebt sich viel Kommunikation in den digitalen Raum, und wir lernen in Windeseile, virtuelle Meetings, Mitgliederversammlungen, Netzwerktreffen zu organisieren. Um unsere Kommunikationsziele auch in einer virtuellen Umgebung zu erreichen, müssen wir oft ganz neu nachdenken über die Planung und den Ablauf von Veranstaltungen und neue Ideen entwickeln. Das ist zwar ganz schön anstrengend, aber auch sehr inspirierend und im besten Sinne abenteuerlich. Ansonsten habe ich den Eindruck, dass die Digitalisierung neben dem Handwerk, dem „Womit", vor allem das „Wie" der Kommunikation beeinflusst. Es ist wichtig, hier am Ball zu bleiben und sich auf die neuen Denkweisen einzulassen, die mit der Digitalisierung einhergehen. Stichworte dabei sind z. B. Agile Methoden oder Design Thinking. Viele meiner neuen jungen Kolleg*innen bringen eine Vielfalt an Methodenskills mit und ganz neue Ansätze dafür, Projekte zu planen oder umzusetzen. Das finde ich sehr spannend und ich glaube, dass es sehr wichtig ist, mit ihnen Schritt zu halten, z. B. über Weiterbildungen, aber auch übers einfach Mitmachen, offen und interessiert bleiben und von den Jungen lernen.

5. Beschreiben Sie Ihren Übergang vom Studium in die Berufstätigkeit. Wie hat sich Ihr Berufseinstieg vollzogen? Haben Sie Irrtümer, Zweifel, Absagen oder Skepsis erlebt?

Mein Übergang vom Studium in die Berufstätigkeit verlief reibungslos. Gleich die erste Bewerbung war erfolgreich. Im Oktober 2007 trat ich bei einer Berliner PR-Agentur, die Kommunikationsleistungen für Politik und Zivilgesellschaft erbringt, meine erste richtige Stelle als Volontärin an. Die Arbeit machte mir sehr großen Spaß: Die Kolleg*innen waren klasse, die Themen und Aufgaben sowieso. Ich arbeitete in großen Kampagnen verschiedener Bundesministerien mit und betreute verschiedene kleinere Projekte für Kund*innen aus dem NGO-Bereich, zunächst als Volontärin, später als Junior-Beraterin. Während des Volontariats finanzierte mir die Agentur ein berufsbegleitendes einjähriges Abendstudium Public Relations und Öffentlichkeitsarbeit an der University of Management and Communications (FH) Potsdam.

Ich kann mich aber noch gut erinnern, dass ich in den ersten Wochen des Vollzeit-Jobs oft sehr erschöpft nach Hause gekommen bin. Es ist doch ein sehr großer Unterschied, ob man ein frei bestimmtes Studentinnenleben führt oder einer fest geregelten Arbeit von 9 bis 18 Uhr nachgeht. Anfangs konnte ich mir nur schwer vorstellen, wie neben der Erwerbsarbeit noch ein soziales Leben möglich sein sollte, da ich nur noch Kraft für die Couch und den Fernseher aufbringen konnte. Aber ich hatte mich dann schnell an den neuen Rhythmus gewöhnt und war bald wieder in der Lage, nach der Arbeit Freunde zu treffen und Dinge zu unternehmen. Heute – dreizehn Jahre älter, mit einem Vollzeitjob UND zwei Kindern – lache ich natürlich höhnisch über mich selbst, wenn ich an diese jugendliche Schlaffheit zurückdenke.

6. Wie sind Sie zu Ihrem Beruf gekommen? Wollten Sie schon immer Kommunikationsmanagerin werden?
Während der Schule habe ich als freie Mitarbeiterin für unsere Lokalzeitung gearbeitet und dort unter anderem regelmäßig für die Jugendseite geschrieben. Mein Berufswunsch seit der Kindheit: als politische Enthüllungsjournalistin und scharfzüngige Kommentatorin für Wahrheit und Gerechtigkeit kämpfen. Auch der kreative Prozess der Themenfindung, des Nachdenkens über die Themenaufbereitung und das Schreiben selbst haben mir immer großen Spaß gemacht. Ich habe dann während des Studiums verschiedene Praktika und Hospitationen bei unterschiedlichen Medien absolviert, konnte mir dann aber immer weniger vorstellen, tatsächlich als Journalistin zu arbeiten. Zum einen erschien mir als schwäbischer Angestelltenseele die Einkommenssituation zu unsicher. Zum anderen hatte ich die journalistische Arbeit oft als sehr kurzlebig erfahren: So viel Arbeit für einen Artikel in einer Zeitung, die am nächsten Tag schon Altpapier war – so viel Mühe für einen Fernsehbeitrag, der dann in letzter Sekunde wegen dringlicherer Nachrichten aus dem Programm genommen.

Also wechselte ich die Schreibtischseite: Bei meiner Arbeit für die Bundeszentrale für politische Bildung hatte ich schon erste Erfahrungen mit dem Berufsfeld Presse- und Öffentlichkeitsarbeit gesammelt, da die bpb für verschiedene Projekte mit PR-Agenturen zusammenarbeitete. Diese kreative Projekt- und Konzeptionsarbeit an (gesellschafts-)politischen Themen erschien mir abwechslungsreich, anspruchsvoll und befriedigend.

7. Würden Sie Ihren Job wechseln? Warum (nicht)?
Ich bin aus den oben genannten Gründen sehr zufrieden mit meiner Tätigkeit. Die flexiblen Arbeitszeiten und auch sonst sehr familienfreundlichen Arbeitsbedingungen bei meinem aktuellen Arbeitgeber passen sehr gut zu mir und meinem Leben. Mein Mann und ich teilen uns Kinderbetreuung

und Hausarbeit fair auf und profitieren beide von flexiblen Arbeitszeiten, Gleitzeit und der Möglichkeit zu Homeoffice. Wir bringen die Kinder im Wechsel morgens zur Kita und holen sie abwechselnd am frühen Nachmittag wieder ab. An einem Tag in der Woche übernehmen die Großeltern. Diese günstigen Umstände ermöglichen mir eine für mich perfekte Balance von Beruf und Familie, uns beiden ein gutes berufliches Fortkommen und entspannte Familienfinanzen mit zusätzlicher privater Altersvorsorge.

Man muss sich aber natürlich darüber im Klaren sein, dass es in diesem Beruf viel Konkurrenz gibt und die Gehaltsaussichten überschaubar sind. Deswegen ist es wichtig, sich zusätzliche Kompetenzen anzueignen und mit Fort- und Weiterbildungen am Ball zu bleiben.

8. Vor welchen Entscheidungen und Herausforderungen haben Sie gestanden?
Im Grunde hat sich in meinem bisherigen Leben eigentlich immer alles gut von selbst gefügt. Mir fallen keine Meilensteine oder Wegmarken ein, an denen ich vor großen Herausforderungen gestanden oder gewichtige Entscheidungen hätte treffen müssen. Meine Studienfächer waren Herzenssache, der Umzug in die Hauptstadt ebenfalls, die Entscheidung gegen den Journalismus und für die PR ist mir aus den skizzierten Gründen leicht gefallen. Auch die beiden Jobwechsel waren wohl überlegt und gut begründet. Eine große und einschneidende Lebensentscheidung ist die für oder gegen Kinder und Familie, aber auch in dieser Frage war ich mir immer sicher. Im Rückblick wäre es vielleicht für meine Karriere- und Gehaltsentwicklung sowie für meine allgemeine Lebenszufriedenheit besser gewesen, wenn ich schon früher die Agenturwelt verlassen hätte. Aber auch damals hatte ich mich bewusst dafür entschieden, das zweite Kind noch beim damaligen Arbeitgeber zu bekommen und erst danach zu neuen beruflichen Herausforderungen aufzubrechen.

9. Wenn Sie Ihrer Laufbahn einen (Film-)Titel geben, wie würde dieser lauten?
Also, da will mir beim besten Willen nichts einfallen.

10. Wie viel Geisteswissenschaft steckt in Ihrem Beruf? Beschreiben Sie die geisteswissenschaftlichen Aspekte bei Ihrer Tätigkeit.
Ein geisteswissenschaftliches Studium ermöglicht einen bunten Strauß an beruflichen Möglichkeiten. Es gleicht eher einem Studium Generale als einer konkreten beruflichen Qualifikation. Man lernt, scharf zu denken und

aufmerksam zu lesen, gut und prägnant zu schreiben, auf hohem Niveau zu diskutieren, einen Aspekt von mehreren Seiten zu beleuchten. Gleichzeitig stellte das geisteswissenschaftliche Magisterstudium, das es so heute ja leider nicht mehr gibt, hohe Anforderungen an Eigenmotivation, Selbstorganisation und -disziplin, Strukturiertheit und Durchhaltevermögen. All diese Fähigkeiten, die ich während des Studiums erworben habe, sind für meinen heutigen Beruf wichtig und tragen zu meinem Erfolg bei. Auch in meiner jetzigen Tätigkeit lese und schreibe ich viel, muss ich die Inhalte der Texte aus den Think Tanks und der Programmabteilung unseres Verbandes verstehen und für meine Zwecke „verarbeiten". Das Studium war sehr frei: Man konnte sich ohne Probleme bequem durchmogeln – oder für sich und die eigene Charakterbildung und intellektuelle Entwicklung das Beste herausholen. Letzteres gelang aber nur mit hoher Motivation, Strukturiertheit und Disziplin.

11. Welche geisteswissenschaftlichen Kompetenzen konnten Sie bisher nutzen? Wozu?
Im Studium musste ich mich immer wieder in neue Themen und Inhalte hineinfinden, unterschiedliche Positionen nachvollziehen und mit anderen diskutieren. Auch das ist in meinem Beruf eine wichtige Kompetenz. Die wichtigste Fähigkeit, die man in einem geisteswissenschaftlichen (Magister-) Studium erwirbt, ist aber wahrscheinlich die geistige und organisatorische Selbstständigkeit und Flexibilität. Diese Schlüsselkompetenzen, ein geschärfter Verstand und weiter Horizont sowie die Fähigkeit, Inhalte schriftlich und mündlich gut zu präsentieren – machen mich in einem Beruf erfolgreich. Und das gilt sicherlich für viele weitere Berufe.

12. Welche anderen Schlüsselkompetenzen benötigen Sie noch für Ihren Beruf? Warum?
Als Kommunikationsmanagerin in meinem Verband brauche ich neben den genannten Fähigkeiten diplomatisches Geschick, Charme, Dienstleistungsbereitschaft, Umsicht und den Blick fürs große Ganze. Ich bin Auftragskommunikatorin und habe die Aufgabe, meinen Verband in der Öffentlichkeit und vor unseren Mitgliedern gut und professionell zu präsentieren. Um diese Aufgabe zu erfüllen, sind oft intensive Gespräche mit unseren Fachabteilungen und Töchtern notwendig, die naturgemäß auch eigene Vorstellungen und Kommunikationsinteressen haben.

Da Verbandkommunikation ein weites Feld ist und ich an vielen ganz unterschiedlichen Projekten beteiligt bin, ist es außerdem sehr wichtig für mich, effizient, strukturiert und gut organisiert zu arbeiten, die richtigen Prioritäten zu setzen und auch mal „Nein" zu sagen. Nicht alles ist gleich wichtig. Nicht jede Aufgabe muss mit 100-%iger Qualität erfüllt werden, und nicht jede muss von mir erledigt werden. Dafür brauchen andere To Dos auch einmal meinen 150-%igen Einsatz. Es ist wichtig, das eine vom anderen unterscheiden zu können und die Entscheidung selbstbewusst zu vertreten.

13. Würden Sie das Gleiche noch mal machen (Studium, Job/s)? Wenn nicht, wie dann?
Eigentlich bin ich sehr zufrieden mit meinem bisherigen beruflichen Weg. Ich denke, viel hängt davon ab, was für ein Mensch man ist, welche Persönlichkeit man mitbringt. Natürlich bedauere ich manchmal, dass ich es nicht gewagt habe, an meinem Berufswunsch Journalistin festzuhalten – nach wie vor mein Traumberuf. Inzwischen kenne ich natürlich viele Journalist*innen, die keineswegs unter der Brücke schlafen, sondern ein ebenso solides und gut ausgestattetes Leben führen wie ich. Niemand kann wissen, ob mir das auch gelungen wäre. Vielleicht würde ich mich heute von Auftrag zu Auftrag hangeln? Wäre gelangweilt vom immer gleichen lokaljournalistischen Klein-Klein? Ich denke, ich habe einen ganz guten Kompromiss gefunden mit meiner Tätigkeit als (Auftrags-)Kommunikatorin. Ich übe einen kreativen Beruf aus, in dem ich viel (journalistisch) schreiben kann, führe Interviews, arbeite mit Journalist*innen zusammen – und mache darüber hinaus noch so viel mehr, was mir Spaß macht und als Journalistin nicht möglich gewesen wäre.

Auch mit dem Studium bin ich nach wie vor glücklich – auch im Rückblick. Geschichte und Politik würde ich immer wieder studieren. Für mein zweites Nebenfach, „Publizistik und Kommunikationswissenschaften", würde ich mich allerdings nicht noch einmal entscheiden. Ich hatte schon während des Studiums immer wieder damit gehadert und überlegt, ob ich nicht stattdessen lieber ein Fach wie „Ost(mittel)europakunde" belegen sollte. Ich hatte mir „PuK" praxisnäher vorgestellt und mir konkrete Einblicke in die Berufswelt vorgestellt. Stattdessen hatten wir sehr viel theoretisch gearbeitet, was mir keinen Mehrwert gebracht und mich auch nicht besonders interessiert hat. Das Knowhow für den Job habe ich dann in Praktika und in der beruflichen Ausbildung selbst bzw. im PR-Abendstudium erworben. Im Rückblick wäre es besser gewesen, das schneller zu erkennen und das Nebenfach entschlossen zu wechseln.

Könnte ich meine Vergangenheit noch einmal verändern, würde ich außerdem weniger Praktika machen und mehr reisen, mehr auszuprobieren, versuchen, mehr Abenteuer zu erleben. Das ist nämlich später mit Beruf und Familie – und mit höherem Lebensalter – nicht mehr so einfach möglich. Mit den Jahren wird man unflexibler und hat deutlich mehr Einschränkungen – äußere wie innere. Ich war immer sehr ehrgeizig (und bin es noch) und habe stets versucht, 150 % zu geben. Heute würde ich sagen, dass der Ertrag oft in keinem vernünftigen Verhältnis zum Aufwand stand.

14. Welche Tipps würden Sie Studierenden aus der Geisteswissenschaft für ihre Karriereplanung mitgeben?
Vieles hängt nach meiner Erfahrung stark von der Persönlichkeit, von der Fähigkeit zum Netzwerken und letztlich auch vom Zufall ab. Bist du sympathisch? Arbeiten die Leute gerne mit dir zusammen? Hast du Humor, kannst du Smalltalk, verfügst du über ein gewinnendes Wesen? Dann holen dich die Leute in ihre Teams, vertrauen dir Projekte an, fördern dich und haben dich auf dem Schirm. Ob du dein Studium dann mit 1,1 oder 2,3 abgeschlossen, ob du drei oder 13 Praktika gemacht, zwei oder 25 Weiterbildungen im Lebenslauf hast, ist im Vergleich dazu eher unwichtig. Abgesehen davon ist heute doch so viel an Veränderung zu jeder Zeit möglich. Nur die wenigsten werden ihr ganzes Berufsleben lang bei einem Arbeitgeber verbringen. Es gibt so viele Möglichkeiten, sich berufsbegleitend weiterzubilden, keine Entscheidung muss für immer sein. Da man so viel kostbare Lebenszeit bei der Arbeit verbringt, ist meines Erachtens die entscheidende Frage, ob man mit dem, was man tut, auch wirklich zufrieden ist. Denn kein Spitzengehalt, keine Topkarriere ist es wert, seine Tage mit einer frustrierenden Tätigkeit zu verschwenden. Also lautet mein Rat: Tut das, was ihr liebt – dann werdet ihr darin auch gut sein und es öffnen sich viele Türen. Genießt das Studium, findet eine gute Balance zwischen Ehrgeiz, Pläneschmieden und Leben und vertraut auf euch und eure Persönlichkeit.

Teamleiterin (Bildungsträger): Franziska Gensch

Jahrgang: 1990

Ausbildung/Studium ab Schule: Ich habe das erste Jahr nach der Schule nur nebenbei gejobbt, weil ich nicht direkt einen Studienplatz bekommen habe. 2009–2013 B.Sc. Mathematik an der Technischen Universität Berlin angefangen, jedoch nach drei Jahren abgebrochen, weil ich an den Anforderungen des Studiums gescheitert bin. 2013–2016 Studium Erziehungs- und Bildungswissenschaften an der Freien Universität Berlin, Abschluss 2016 als B.A.

Berufliche Stationen: 2010–2012 studentische Hilfskraft im Steuerbüro, 2012–2014 studentische Hilfskraft an der Humboldt-Universität zu Berlin, 2014–2016 studentische Hilfskraft bei Studio2B GmbH, seit 2016 Projektreferentin bei der Studio2B GmbH.

Zusatzqualifikationen/Weiterbildungen/Auszeiten/Auslandsaufenthalte etc.: Mastermodul (Bildungswissenschaften) an der Carl von Ossietzky Universität Oldenburg.

F. Gensch
Berlin, Deutschland

1. Beschreiben Sie Ihre aktuelle berufliche Tätigkeit: Was machen Sie als Teamleiterin?

Momentan arbeite ich als Teamleitung bei der Studio2B GmbH im Bereich Akquise. Das Team von insgesamt zehn Personen und ich versuchen, Unternehmen, Fördermittelgeber*innen, Partner*innen, Institutionen usw. von unserer Arbeit zu überzeugen. Von Personalverantwortung, inhaltliche und strategische Entwicklung bis hin zum operativen Geschäft gestaltet sich mein Alltag im Büro. Zusammen mit dem Geschäftsführer für den Bereich plane ich Strategien und Prozesse, um neue Projekte und Aufträge für die Firma zu erzielen. Ich bin vor allem dafür verantwortlich, dass die Strategien dann umgesetzt werden. Dafür muss ich die Personalressourcen immer im Blick haben, schauen wo die Stärken der einzelnen Teammitglieder sind und welche Prozesse und Strukturen nötig sind, um die Strategie erfolgreich umzusetzen. Als Teamleitung bin ich auch die Schnittstelle zwischen Mitarbeiter*innen und Geschäftsführung, ich berichte also immer in beide Richtungen von der jeweils anderen Seite. Auch die Budgetverantwortung liegt bei mir, sodass ich immer Umsätze und Ausgaben im Blick haben und ggf. reagieren muss, sollten die Zahlen von der Planung abweichen. Bewerbungsgespräche für die Neubesetzung für Stellen in meinem Team begleite ich vom ersten Gespräch bis zur Einstellung.

2. Was sind Ihre Motivation und Ihr Anreiz für Ihre aktuelle Tätigkeit? Was fasziniert Sie an Ihrem Beruf?

Alles, was meine Kollegen*innen und ich täglich tun, ermöglicht Schüler*innen Berufsorientierung auf verschiedene Art und Weisen zu erleben. Da ich selbst orientierungslos nach der Schule war, motiviert es mich, Wege und Möglichkeiten zu kreieren, die Schüler*innen helfen können, ihren Weg nach der Schule in eine Ausbildung zu finden.

3. Welche Sachen machen Sie besonders gerne, welche weniger gerne?

Ich kümmere mich sehr gerne um alle Personalangelegenheiten, entwickle gerne Prozesse und Strukturen für reibungslose Abläufe und habe immer die Zahlen (Kosten und Umsatz) im Blick.

Das Schreiben von längeren Texten, zum Beispiel für Anträge oder Ausschreibungen, fällt mir dagegen immer sehr schwer und ist für mich mühsam. In meiner Berufslaubahn habe ich mich viel mit Abrechnung von öffentlichen Mitteln beschäftigt, bin aber froh, dass dieser Bereich nicht mehr zu meinem Alltag gehört.

4. Wie wirkt sich die Digitalisierung auf Ihre Tätigkeit aus?
Zum einen sorge ich durch meine Arbeit selbst für eine stärkere Digitalisierung im Bildungsbereich, da digitale Instrumente oft Bestandteil unserer Produkte und Projekte sind. So kümmern wir uns zum Beispiel darum, dass Schüler*innen mit Hilfe von VR-Brillen in verschiedene Berufe virtuell eintauchen ohne den Klassenraum zu verlassen. Zum anderen wird der Alltag im Büro auch Schritt für Schritt digitalisiert, womit Prozesse und Abläufe optimiert werden. Ich habe eine Zeit lang in der Finanzabteilung gearbeitet und dort wurden alle Belege noch ausgedruckt und in Papierform ordentlich in Ordner geheftet. Somit ist der Keller natürlich voll mit Unterlagen. Heutzutage haben wir die komplette Buchhaltung digital, was zum einen Papier und Platz spart, aber auch die Suche nach einem bestimmten Beleg um ein Vielfaches erleichtert.

5. Beschreiben Sie Ihren Übergang vom Studium in die Berufstätigkeit. Wie hat sich Ihr Berufseinstieg vollzogen? Haben Sie Irrtümer, Zweifel, Absagen oder Skepsis erlebt?
Ich habe bereits im letzten Jahr meines Studiums als studentische Hilfskraft bei meinem derzeitigen Arbeitgeber gearbeitet. Hier wurde mir dann nahtlos ein Vollzeitjob angeboten. Die Arbeit und das Arbeiten in der Firma hat mir damals schon Spaß gemacht, sodass es mir leicht fiel, den Job anzunehmen. So sind mir Job suchen, bewerben und klassische Bewerbungsgespräche erspart geblieben. Der Weg zum ersten richtigen Job war daher sehr leicht, auch wenn mir jetzt gewisse Erfahrungen fehlen. Ich habe bisher in meinem Leben nur zwei bis drei Bewerbungsgespräche gehabt und das nur für studentische Hilfskraftstellen. Wenn ich jetzt in ein Bewerbungsgespräch sitzen würde, wäre ich sicherlich sehr unsicher und nervös, einfach, weil mir die Erfahrung für genau diese Situation fehlt. Auch der Umgang mit Absagen fehlt mir, was bei der Jobsuche eine normale Erfahrung ist.

6. Wie sind Sie zu Ihrem Beruf gekommen? Wollten Sie schon immer Teamleiterin werden?
Ich war damals nicht zufrieden in meiner Stelle als studentische Hilfskraft, da mir der Alltag zu trocken und öde war. Die Aufgaben hier bestanden hauptsächlich darin, Texte zu schreiben und die Ablage im Büro aktuell zu halten. Daher habe ich mich nach einer anderen Stelle umgeguckt und habe die Stelle einer Projektbetreuung für ein Projekt im frühkindlichen Bereich gefunden. Von da an habe ich in der Firma alles Mögliche gemacht. So gehörten zu meinem Aufgabenprofil immer die Betreuung

eines oder mehrerer Projekte, doch auch Tätigkeiten aus der Finanzabteilung und Büroorganisation begleiten mich. Nach dreieinhalb Jahren in der Firma wurde ich Teamleiterin. Mir war es schon immer wichtig, mehr Verantwortung zu übernehmen, sodass ich mich immer weiterentwickelt habe, um der Rolle auch gerecht zu werden. Das Ausprobieren von diversen Bereichen war wichtig für mich, und ich bin dankbar, dass ich das in einer Firma ausprobieren konnte. Die Konstante des gleichen Arbeitgebers hat mir geholfen, mich inhaltlich auszuprobieren, ohne mich mit wechselnden Rahmenbedingungen abzulenken. Dennoch fällt es mir immer schwer, eine genaue Berufsbezeichnung zu nennen. Teamleiterin als Bezeichnung sagt nichts über die inhaltliche Ausrichtung aus. So sage ich nun immer, dass ich Teamleiterin bei einem Bildungsträger bin.

7. Würden Sie Ihren Job wechseln? Warum (nicht)?
Ich bin jetzt vier Jahre in der Vollzeitstelle, sechs Jahre insgesamt in der Firma und hatte eine Phase, in der ich den Job wechseln wollte. Ich war unglücklich mit meinen Aufgaben und schaute mich auf dem Arbeitsmarkt um. Ich konnte aber innerhalb der Firma eine bessere Position besetzen, sodass ich meinen Job gerade nicht wechseln würde. Da ich mit der Firma als Arbeitgeber zufrieden war, brauchte ich nur eine inhaltliche Umorientierung. Ich fühlte mich ein wenig „stehengeblieben" in meiner Entwicklung. Damals hat sich dann ein neuer Geschäftsbereich ergeben und ich habe den Aufbau von Anfang an miterlebt und begleitet und arbeite bis heute in diesem Bereich.

8. Vor welchen Entscheidungen und Herausforderungen haben Sie gestanden?
In meinem Job beschäftige ich mich täglich mit dem Bildungsbereich für Jugendliche, ich sage jedoch immer „ich bin in der frühkindlichen Bildung zu Hause". So habe ich mich für Positionen im frühkindlichen Bereich beworben, habe aber durch die Umstrukturierung in meiner Firma den Prozess abgebrochen. Die Sehnsucht nach dem frühkindlichen Bereich begleitet mich jedoch weiterhin, mal stärker und mal weniger stark. Da allerdings sonst alles in meinem Job stimmt, kann ich mit den Abstrichen, die man sicherlich bei jedem Job machen muss, leben. Wichtig ist mir, im Bildungsbereich zu arbeiten und diesen würde ich nicht wechseln wollen.

9. Wenn Sie Ihrer Laufbahn einen (Film-)Titel geben, wie würde dieser lauten?

Back to the roots. Ich wollte schon immer etwas Soziales machen. Nachdem ich dann aber ein Mathematikstudium angefangen hatte, merkte ich nach zwei Jahren doch, dass ich in den sozialen Bereich gehöre und habe den Studiengang gewechselt und erfolgreich abgeschlossen. Also bin ich zu meinen ursprünglichen Wurzeln zurück.

10. Wie viel Geisteswissenschaft steckt in Ihrem Beruf? Beschreiben Sie die geisteswissenschaftlichen Aspekte bei Ihrer Tätigkeit.

Meine Arbeit wirkt sich hoffentlich auf den Bildungsbereich in Deutschland aus. Neue Instrumente und Methoden in die Schulwelt zu implementieren und so ein Teil der Weiterentwicklung der Schulwelt zu sein, ist das große Ziel. Neue innovative Ideen werden bei uns in der Firma entwickelt und mein Team versucht, diese in die Bildungslandschaft zu bringen. Die Arbeit mit verschiedenen Methoden und die Implementierung von Innovation durch Kommunikation sind für mich geisteswissenschaftliche Aspekte.

11. Welche geisteswissenschaftlichen Kompetenzen konnten Sie bisher nutzen? Wozu?

Um ehrlich zu sein, musste ich erst einmal nachschauen, was sich genau hinter geisteswissenschaftlichen Kompetenzen versteckt. Die Ergebnisse zeigen dann aber doch, dass ich Kompetenzen, die ich in der Studienzeit erworben habe, im Alltag anwende und durch die praktische Tätigkeit vertiefe. Ich bin sehr lösungsorientiert, sodass ich mich nicht auf die Probleme versteife, sondern direkt Lösungen finde und auch dafür sorge, dass diese effektiv und für alle Beteiligten zufriedenstellend umgesetzt werden. Dazu habe ich immer einen guten Überblick über die Gesamtsituation, was für Lösungsansätze immer wichtig ist. Weiter bin ich ein sehr kommunikativer und empathischer Mensch, was meine Arbeit auch erleichtert. Seitdem ich eine Leitungsfunktion in der Firma angenommen habe, sind diese Kompetenzen wichtiger geworden und ich kann sie ausbauen.

12. Welche anderen Schlüsselkompetenzen benötigen Sie noch für Ihren Beruf? Warum?

Zum einen eine hohe Belastbarkeit, um Alltagsstress zu meistern, Krisen zu managen und trotzdem für ein gesamtes Team ein offenes Ohr zu haben. Daher gehören Kritikfähigkeit und Resilienz zu den Kompetenzen, die ich von Tag eins entwickeln musste und mit der Zeit weiterentwickle. Zum anderen Durchsetzungsvermögen, da kleine und große Entscheidungen getroffen werden müssen und dabei eine angemessene Autorität mitschwingen muss.

13. Würden Sie das Gleiche noch mal machen (Studium, Job/s)? Wenn nicht, wie dann?
Ich würde definitiv noch einmal Erziehungs- und Bildungswissenschaften studieren und auch mein abgebrochenes Mathematikstudium würde ich jetzt nicht missen wollen. Jeder Job, jedes Studium hat mich und meine Kompetenzen weiterentwickelt, sodass ich heute glücklich in meinem Job bin.

14. Welche Tipps würden Sie Studierenden aus der Geisteswissenschaft für ihre Karriereplanung mitgeben?
Ich würde immer für verschiedene Jobs neben dem Studium plädieren, im Idealfall bereits in dem Bereich, der für einen selbst interessant ist. Das erleichtert den Berufseinstieg enorm und bereitet einen perfekt vor. Dabei spielen nicht unbedingt inhaltliche Aspekte eine große Rolle, sondern das Arbeiten an sich, Erfahrungen sammeln und erste Krisen und Herausforderungen erleben.

Referentin für Öffentlichkeitsarbeit (Menschenrechtsinstitution): Christine Weingarten

Jahrgang: 1986

Ausbildung/Studium ab Schule: 2006 bis 2010 Studium der Europäischen Ethnologie und Germanistischen Linguistik an der Humboldt-Universität zu Berlin und an der Universität Wien, Abschluss Bachelor of Arts, 2010 bis 2013 Studium der Europäischen Ethnologie an der Humboldt-Universität zu Berlin, Abschluss Master of Arts.

Berufliche Stationen: Während des Studiums absolvierte ich Praktika in Online-, TV- und Hörfunkredaktionen, z. B. „Berliner Morgenpost" (Online), radioeins (rbb), Hitradio SKW, „Menschen bei Maischberger", Onlinestadtmagazin Townster. Hinzu kamen Mitarbeiten in studentischen Projekten (u. a. Studierendenzeitung „Unaufgefordert") und dem Fachjournalist-Podcast. Mit der Arbeit als studentische Mitarbeiterin in der Stabsstelle Öffentlichkeitsarbeit der Humboldt-Universität zu Berlin habe ich dann erste Kenntnisse aus der Öffentlichkeitsarbeit erworben. Nach dem Studium arbeitete ich 2014/2015 als Onlineredakteurin an der Hochschule für Technik und Wirtschaft Berlin. Seit

C. Weingarten
Berlin, Deutschland

2015 bin ich Referentin für Öffentlichkeitsarbeit am Deutschen Institut für Menschenrechte.

Zusatzqualifikationen/Weiterbildungen/Auszeiten/Auslandsaufenthalte etc.: Ein Semester an der Universität Wien im Rahmen von ERASMUS, Kurs im Podcasten beim Fachjournalistenverband und Grundlagen Bildbearbeitung und InDesign (über das Career Center der Humboldt-Universität zu Berlin).

1. Beschreiben Sie Ihre aktuelle berufliche Tätigkeit: Was machen Sie als Referentin für Öffentlichkeitsarbeit?
Ich arbeite hauptsächlich für die Abteilung Kommunikation und begleite die Öffentlichkeitsarbeit der Monitoring-Stelle UN-Kinderrechtskonvention. Dabei betreue ich den Webauftritt, bereite Veranstaltungen mit vor und nach und unterstütze Kolleg*innen im Lektorat. Mittlerweile bin ich auch Teil des Webteams, dass sich um die gesamte Homepage des Instituts kümmert.

Ein typischer Arbeitstag beginnt für mich um kurz vor 9 Uhr. Ich überprüfe meine E-Mails und beginne dann mit der Arbeit. Es gibt alle zwei Wochen Teamsitzungen, in denen Aufgaben besprochen und neu verteilt werden. Neben der Sitzung der Monitoring-Stelle UN-Kinderrechtskonvention ist für mich vor allem die Teamsitzung der Abteilung Kommunikation wichtig. Hier laufen alle Projekte des Instituts zusammen. Wir überlegen, in welcher Art und Weise ein Projekt oder eine Publikation medial begleitet und verbreitet werden kann. Während dieser Arbeit stimmen wir uns immer wieder eng mit den Kolleg*innen ab, sodass die Botschaft gut vermittelt werden kann.

2. Was sind Ihre Motivation und Ihr Anreiz für Ihre aktuelle Tätigkeit? Was fasziniert Sie an Ihrem Beruf?
An meiner Arbeit mag ich, dass ich die Erkenntnisse und Empfehlungen der wissenschaftlichen Mitarbeiter*innen verbreiten und im Idealfall die Lebenslagen von Kindern verbessern kann. Die Entwicklung von Kommunikationskonzepten ist immer wieder eine Herausforderung – das reizt mich an meiner Arbeit. Davon ist auch abhängig, wie gut die Erkenntnisse verbreitet werden können.

3. Welche Sachen machen Sie besonders gerne, welche weniger gerne?
Besonders gern konzipiere ich neue Webseiten, überlege, für welche Zielgruppe die Inhalte wie aufbereitet werden müssen und wie interne Kommunikationsprozesse verbessert werden können.

Das Schreiben von Protokollen, z. B. bei Teamsitzungen oder im Plenum, ist eine Aufgabe, die ich nicht so gern mache, die aber gemacht werden muss. So können zum einen wir wichtiges für die eigene Arbeit festhalten, machen unsere Arbeit aber auch den Kolleg*innen gegenüber transparent.

4. Wie wirkt sich die Digitalisierung auf Ihre Tätigkeit aus?
Die Digitalisierung spielt in meiner Arbeit eine große Rolle, da viele Publikationen veröffentlicht werden, viele gedruckt und einige nur noch als PDF. Beide Produkte müssen beworben werden und das geschieht überwiegend digital über über die Webseite, Twitter und ggf. in Veranstaltungen. Die Herausforderung besteht darin, gut verzahnt crossmedial zu arbeiten.

5. Beschreiben Sie Ihren Übergang vom Studium in die Berufstätigkeit. Wie hat sich Ihr Berufseinstieg vollzogen? Haben Sie Irrtümer, Zweifel, Absagen oder Skepsis erlebt?
Schon während meines Studiums und danach bewarb ich mich um Volontariate im privaten und öffentlichen Hörfunk. Dies klappte jedoch nicht und so beschloss ich, mich um Volontariate in der Öffentlichkeitsarbeit und in Onlineredaktionen zu bewerben. Erst innerhalb von Berlin, dann auch außerhalb. Ich wollte sehr gern ein Volontariat machen, da es eine Ausbildung ist und mir neue Kenntnisse vermittelt hätte. Letztendlich begann ich meinen Berufsweg nicht mit einem Volontariat, sondern direkt mit einer Stelle als Onlineredakteurin. Nicht zuletzt deshalb, weil ich in Berlin bleiben konnte und es besser bezahlt war. Danach vertraute ich darauf, dass mir der erste Job die Türen zum nächsten öffnet.

6. Wie sind Sie zu Ihrem Beruf gekommen? Wollten Sie schon immer Referentin für Öffentlichkeitsarbeit werden?
Ursprünglich wollte ich Journalistin werden. Dafür habe ich während meines Studiums viele Praktika bei den unterschiedlichsten Medien absolviert um herauszufinden, in und mit welchem Medium ich arbeiten möchte. Parallel dazu versuchte ich viel in Projekten mitzuarbeiten, da Arbeitsnachweise immer wichtig sind. Ich entdeckte so meine Leidenschaft für den Onlinejournalismus und das Radio und Podcasts. Gleichzeitig bekam ich während des Studiums die Möglichkeit, in der Presse- und Öffentlichkeitsarbeit der Humboldt-Universität zu Berlin zu arbeiten (Schwerpunkt Onlineredaktion) und konnte so Einblicke in diese Tätigkeit erhalten. Ich entschied mich, diese als zweite Berufsoption zu wählen. Denn ich wusste damals nicht, was klappen könnte. Wenn ich nicht direkt bei den Medien arbeiten kann, dann wollte ich dazu beitragen, dass sie gut arbeiten können. Dies ist mit Öffentlichkeitsarbeit möglich.

Bevor ich mich beim Deutschen Institut für Menschenrechte bewarb, hatte ich mit Menschenrechten thematisch nicht gearbeitet. Die Erfahrungen der Praktika, der studentischen Mitarbeit in der Öffentlichkeitsarbeit der Humboldt-Universität zu Berlin und die Mitarbeit am Webrelaunch der Hochschule für Technik und Wirtschaft Berlin haben mir geholfen, den Job zu finden.

7. Würden Sie Ihren Job wechseln? Warum (nicht)?
Ich mag meinen Beruf und das Team, doch der Arbeitsvertrag ist befristet, da es sich (noch) um ein Projekt handelt. Ich hätte gern einen unbefristeten Arbeitsvertrag, da viele Dinge dann einfach planbarer sind. Aus diesem Grund würde ich den Job wechseln. Und auch, wenn es doch irgendwann die Möglichkeit gibt unter guten Bedingungen beim rbb zu arbeiten.

8. Vor welchen Entscheidungen und Herausforderungen haben Sie gestanden?
Besonders schwierig war es für mich, meine Sehbehinderung offensiv in meinem Anschreiben zu erwähnen. Ich hatte Angst, dass ich durch sie gleich aussortiert werde. Denn in der Bewerbung um Praktika habe ich dies erlebt. Allerdings weiß ich nun, dass es sinnvoll ist, sie zu erwähnen, da es generell, und besonders im öffentlichen Dienst, Quoten für die Einstellung von Menschen mit Behinderungen gibt.

9. Wenn Sie Ihrer Laufbahn einen (Film-)Titel geben, wie würde dieser lauten?
Mit Flexibilität zum Ziel.

10. Wie viel Geisteswissenschaft steckt in Ihrem Beruf? Beschreiben Sie die geisteswissenschaftlichen Aspekte bei Ihrer Tätigkeit.
Der Job als Online-Redakteurin und in der Öffentlichkeitsarbeit ist für mich eine klassische Tätigkeit für Geisteswissenschaftler*innen. Vieles was ich in meinem Studium gelernt habe, nützt mir hier und ich kann es anwenden. Ich arbeite mit Texten, analysiere und paraphrasiere komplexe Themen und kommuniziere diese.

11. Welche geisteswissenschaftlichen Kompetenzen konnten Sie bisher nutzen? Wozu?
Die wichtigste erlernte Kompetenz aus meinem Studium ist es, Fragen zu stellen und genau hinzusehen. und zu zu hören Die Kompetenzen des wissenschaftlichen Arbeitens sind z. B. wichtig, wenn es um das Lektorat

von Texten geht. Wichtig ist auch das Vereinfachen und „Übersetzen" komplexer Formulierungen, für das Texten im Web.

12. Welche anderen Schlüsselkompetenzen benötigen Sie noch für Ihren Beruf? Warum?
Flexibilität und Kreativität sind wichtig. Kreativität benötige ich bei der Entwicklung von Kommunikationskonzepten. Flexibilität in der Aufgabenbewältigung – mitunter müssen gut überlegte Pläne geändert werden, z. B. wenn sich politische Ereignisse überschlagen oder Arbeitsvorhaben länger dauern als gedacht.

13. Würden Sie das Gleiche noch mal machen (Studium, Job/s)? Wenn nicht, wie dann?
Wenn ich die Möglichkeit eines Studiums hätte, würde ich auf jeden Fall wieder Europäische Ethnologie studieren. Linguistik war damals eher eine Notlösung, da ich für meinen favorisierten Zweitstudiengang abgelehnt wurde. Mit dem heutigen Wissen hätte ich wohl Publizistik an der FU Berlin studiert.

14. Welche Tipps würden Sie Studierenden aus der Geisteswissenschaft für ihre Karriereplanung mitgeben?
Ich empfehle nicht nur einen Plan A in Sachen Berufswunsch zu haben, sondern einen möglichen Plan B zu entwickeln. Dieser entsteht manchmal aber auch erst im Laufe des Studiums. Praktika und vor allem praktische Erfahrung in studentischen Projekten helfen dabei. In meinem Fall war das die Arbeit bei der Studierendenzeitung der Humboldt-Universität zu Berlin, über die viele Kontakte entstanden sind. Auch die Angebote für Berufseinsteiger*innen an den Hochschulen sind sehr hilfreich, etwa bei dem Finden eines Praktikumsplatzes oder der Überarbeitung der Bewerbungsunterlagen.

Marketing Managerin (Spendenplattform): Lisa-Sophie Meyer

Jahrgang: 1991

Ausbildung/Studium ab Schule: 2010–2011 Freie Universität Berlin, Kombi-Bachelor Allgemeine und Vergleichende Literaturwissenschaft (Hauptfach), Publizistik und Kommunikationswissenschaft (Nebenfach; abgebrochen nach 2 Semestern), 2011–2014 Humboldt-Universität zu Berlin, B.A. Geschichte (Hauptfach), Europäische Ethnologie (Nebenfach), 2014–2018 Freie Universität Berlin, M.A. Nordamerikastudien.

Berufliche Stationen: 2011 Praktikum in der Online-Redaktion der Berliner Tageszeitung „Der Tagesspiegel", 2012–2014 Studentische Hilfskraft in der Allgemeinen Studienberatung und -information der Humboldt-Universität zu Berlin, 2014–2016 Werkstudentin in den Bereichen Museumspädagogik und Besucherservice der Stiftung Denkmal für die ermordeten Juden Europas, 2015–2016 Praktikum im Zentrum für Zeithistorische Forschung Potsdam, 2016–2018 Werkstudentin in der Marketingabteilung von betterplace.org-Deutschlands größter Spendenplattform, seit 2018 Marketing Managerin Content&Creative bei betterplace.org – Deutschlands größter Spendenplattform.

Zusatzqualifikationen/Weiterbildungen/Auszeiten/Auslandsaufenthalte etc.: September 2013-Dezember 2013 Auslandssemester an der New York University, Training in Leichter Sprache, Training in Design Thinking.

L.-S. Meyer
Berlin, Deutschland

1. Beschreiben Sie Ihre aktuelle berufliche Tätigkeit: Was machen Sie als Marketing-Managerin?

Als Marketing-Managerin Content&Creative bin ich in erster Linie für alle Dinge, die im weitesten Sinne mit Text zu tun haben, zuständig. Das reicht vom Schreiben von Newslettern über automatisierte Mailings und Blogartikel bis hin zu Funktionstexten und Input zu UX Writing in Zusammenarbeit mit dem Produktmanagement. Auf Basis der Brand-Tonalität (die Art und Weise, in der Unternehmen und Marken mit ihren Kund*innen sprechen wollen), die ich vor zwei Jahren entwickelt habe, ist es hierbei meine Aufgabe, dafür zu sorgen, dass wir als Unternehmen auf unserer Plattform konsistent mit unseren Nutzer*innen kommunizieren – und dabei so sprechen, wie wir als Marke wahrgenommen werden wollen. Dazu gehört es, andere Mitarbeiter*innen so einzuarbeiten, dass sie unsere Sprache und Tonalität in ihrem Aufgabenbereich richtig einsetzen. Darüber hinaus gebe ich kreativen Input zu Problemstellungen an unsere digitalen Produkte und gehe diese in interdisziplinären Arbeitsgruppen konzeptionell an. Auch in der Zusammenarbeit mit externen (Kreativ-)Agenturen bin ich interne Ansprechpartnerin für inhaltliches Feedback und begleite entsprechende Kampagnen auf Unternehmensseite.

2. Was sind Ihre Motivation und Ihr Anreiz für Ihre aktuelle Tätigkeit? Was fasziniert Sie an Ihrem Beruf?

Wie vermutlich bei den meisten Menschen, die im gemeinnützigen Sektor arbeiten, ist das Gefühl, etwas Gutes oder Sinnvolles zu tun, auch bei mir ein starker Motivator. Am Ende des Tages habe ich im Zweifelsfall etwas dazu beigetragen, dass eine Obdachloseneinrichtung, eine Initiative für Geflüchtete oder die Eichhörnchenhilfe Brandenburg mehr Spenden erhalten hat und ihre wichtige Arbeit weiterhin machen können – und das fühlt sich natürlich einfach gut an. Doch auch davon abgesehen bleibt mein Job vor allem deswegen reizvoll, weil die oft begrenzten finanziellen Mittel im gemeinnützigen Sektor dazu zwingen, dann eben mit kreativen Mitteln aus wenig viel Impact zu machen und unsere Produkte trotzdem bestmöglich weiterzuentwickeln.

3. Welche Sachen machen Sie besonders gerne, welche weniger gerne?

Grundsätzlich mache ich die meisten meiner Aufgaben gerne. Es sind jedoch besonders die Dinge, die ganz explizit mit Sprache zu tun haben, die mir am meisten Spaß machen. Dazu gehört sowohl die Weiterbildung meiner Kolleg*innen, als auch das Herumfeilen an der perfekten Überschrift. Ähnlich viel Freude bereiten mir aber auch die komplexen Fragestellungen zur strategischen Weiterentwicklung unserer digitalen Produkte – auch wenn offenes Brainstorming ohne Denkverbote nicht immer realistische Lösungen hervorbringt, so ist es dennoch immens befriedigend, auch nur den Funken einer Idee zu finden, die weiterzuverfolgen sich lohnt. Weniger spannend sind dann die Aufgaben, die sehr ritualisiert sind – wie beispielsweise das technische Set-Up eines Newsletters vorzubereiten.

4. Wie wirkt sich die Digitalisierung auf Ihre Tätigkeit aus?
Immens. Da ich in einem Unternehmen arbeite, das ausschließlich digitale Produkte vertreibt, gäbe es meinen Job ohne die Digitalisierung vermutlich einfach nicht.

5. Beschreiben Sie Ihren Übergang vom Studium in die Berufstätigkeit. Wie hat sich Ihr Berufseinstieg vollzogen? Haben Sie Irrtümer, Zweifel, Absagen oder Skepsis erlebt?
Nach Abschluss meines Studiums war ich in der glücklichen Position, aus meinem letzten Werkstudentinnenjob in die Vollzeit übernommen zu werden. Da ich zum einen sehr gerne in diesem Unternehmen gearbeitet habe und es noch immer tue, und zum anderen noch das Schreiben meiner Masterthesis ausstand, habe ich zu keinem Zeitpunkt in Erwägung gezogen, mich nach einem anderen Job umzusehen. Dementsprechend war mein Berufseinstieg sehr einfacher und reibungsloser Natur. Ein Faktor – und das ist vermutlich Jammern auf hohem Niveau –, der bei einer Übernahme aus Werkstudent*innenjob zu Vollzeit jedoch eine Rolle spielte, war die Herausforderung, im Team in der neuen Rolle wahr- und ernstgenommen zu werden.

6. Wie sind Sie zu Ihrem Beruf gekommen? Wollten Sie schon immer Marketing-Managerin werden?
Eigentlich wollte ich mal Journalistin werden. Das hat sich allerdings damals nach meinem Praktikum beim „Tagesspiegel" relativ schnell erledigt – was nicht am Tagesspiegel lag. Vielmehr empfand ich alltägliche Redaktionsaufgaben als Praktikantin (dpa-Meldungen umformulieren, Fotogalerien basteln) als relativ unspannend und habe gleichzeitig festgestellt, dass ich eigentlich eher ungerne auf fremde Menschen zugehe, um sie nach irgendwas zu fragen. Nicht die beste Voraussetzung für eine angehende Journalistin. Von da an bin ich tatsächlich einfach irgendwie da gelandet, wo ich jetzt bin. Ein Werkstudent*innenjob ergab sich aus einzelnen Qualifikationen des vorherigen; einzig im Fall meines Jobs bei der Stiftung

Denkmal für die ermordeten Juden Europas war mein tatsächliches Studienfach (Geschichte) von inhaltlicher Relevanz. Bei der Auswahl der Jobs spielte für mich neben den eigentlichen Aufgaben auch immer der Arbeitgeber selbst eine immense Rolle. Kann ich mich mit dem Unternehmen bzw. dem Arbeitgeber identifizieren oder habe ich das Gefühl, meine Seele zu verkaufen?

7. Würden Sie Ihren Job wechseln? Warum (nicht)?
Ich fühle mich in meinem jetzigen Job größtenteils wohl und möchte mich inhaltlich in meinen bisherigen Arbeitsbereichen weiterentwickeln. Eine komplette Neuorientierung ist also für mich gerade kein Thema. Viel mehr könnte ich mir auf lange Sicht vorstellen, die Themenbereiche Copywriting, Kreation und Konzeption auf Agenturseite kennenzulernen und mich dort in einem Umfeld mit mehr Variation hinsichtlich der zu vermarktenden Produkte auszutoben.

8. Vor welchen Entscheidungen und Herausforderungen haben Sie gestanden?
Da mein Einstieg ins Berufsleben zwar nicht unbedingt sehr geradlinig, so doch relativ hindernisfrei ablief, gab es keine allzu großen Herausforderungen und Entscheidungen, denen ich mich stellen musste. Die einzige Herausforderung, vor der vermutlich jede*r arbeitende Student*in steht, war auch bei mir die Vereinbarkeit von Nebenjob und Studium. Hierbei vor allem die Frage: mehr Verantwortung und ein erweiterter Aufgabenbereich im Nebenjob und damit einhergehend mehr Arbeitsstunden oder mehr Fokus auf das Studium? Das zu Balancieren war eine Herausforderung, an der ich dahingehend gescheitert bin, als dass ich definitiv ab einem gewissen Punkt meinem Studium zu wenig Aufmerksamkeit und Raum gegeben und mich stattdessen mehr auf meinen Nebenjob konzentriert habe – was natürlich auch finanzielle Gründe hatte. Sich diese Frage überhaupt stellen zu können, ist zweifelsohne ein Privileg.

9. Wenn Sie Ihrer Laufbahn einen (Film-)Titel geben, wie würde dieser lauten?
Tatsächlich … Marketing.

10. Wie viel Geisteswissenschaft steckt in Ihrem Beruf? Beschreiben Sie die geisteswissenschaftlichen Aspekte bei Ihrer Tätigkeit.

Vermutlich spricht es Bände über meine eigene Studienzeit, dass ich erst einmal googeln musste, was genau „geisteswissenschaftlich" eigentlich impliziert. Und auch jetzt bin ich mir nicht wirklich sicher, welche Aspekte meines alltäglichen Tuns wirklich als geisteswissenschaftlich gelten können. Strenggenommen wissenschaftlich arbeite ich grundsätzlich nicht. Das Fach aus meiner Studienzeit, dessen Fragestellungen meiner Arbeit allerdings doch recht nahekommen, ist die Europäische Ethnologie. Denn im Grunde liegt meiner Arbeit die Suche nach dem Verständnis von Menschen und ihren Motivationen und Bedürfnissen zugrunde. Warum spenden Menschen? Wann spenden Menschen? Ist Spenden vielleicht ein Ritual für sie, zum Beispiel jedes Jahr an Weihnachten? Welche Themen sprechen unterschiedliche Menschen an und motivieren sie zum Spenden? Sind Tierschutzspender*innen andere Menschen als jene, die für den Bau einer Schule in Tansania spenden? Und – wenn ich auf diese Fragen Antworten habe – wie passe ich meine Kommunikation entsprechend an? In Sachen Methodik wird man allerdings meiner Erfahrung nach in der echten Welt sehr schnell auf den harten Boden der datenbasierten Tatsachen zurückgeholt. Für qualitative Interviews – eine der wichtigsten Methoden von Ethnolog*innen – ist im „echten Leben" nur wenig Zeit. Stattdessen ist die Erkenntnisgewinnung sehr viel mehr abhängig von bereitwilliger Datenweitergabe der Nutzer*innen und guten Google-Analytics- Auswertungen.

11. Welche geisteswissenschaftlichen Kompetenzen konnten Sie bisher nutzen? Wozu?

Die mit Abstand wichtigste und relevanteste Kompetenz, die ich persönlich aus dem Studium mitgenommen habe, ist das Gespür für soziale Debatten und Diskurse und die damit einhergehende Sensibilität für gewisse Themen. In den jetzigen Zeiten eine Geisteswissenschaft zu studieren, heißt, sich in irgendeiner Form mit teilweise sehr hitzigen Debatten um inklusive Sprache und das kulturelle Selbstverständnis unserer Gesellschaft auseinanderzusetzen. Sich in diesen Debatten sicher zu fühlen und gut und fundiert argumentieren zu können, ist eine Kompetenz, die heutzutage jedes Unternehmen benötigt. Man denke an die desaströsen Werbekampagnen, die alle paar Monate Shitstorms aufgrund von plakativem Sexismus, Rassismus oder anderer Diskriminierung hervorrufen, und bei denen sich jede*r fragt: „Das ist durch so viele Hände gegangen. Warum hat da niemand was gemerkt?". Geisteswissenschaftler*innen können – bestenfalls – diejenigen sein, die etwas (be-)merken und dann auch noch genau begründen können, wo das Problem liegt. Ganz alltäglich nutze ich natürlich unbewusst die Soft-Skill-Kompetenzen, die viele Jahre geisteswissenschaftliches Studium mit sich bringen wie beispielsweise analytisches und exploratives Herangehen an Problemstellungen und schnelles Erfassen von komplexen Zusammenhängen und neuen Themen.

12. Welche anderen Schlüsselkompetenzen benötigen Sie noch für Ihren Beruf? Warum?
Ich nenne es mal „interdisziplinäre Teamfähigkeit" – also das Abgeben von Aufgaben und Zusammenarbeiten in Teams aus Menschen mit völlig unterschiedlichem Skillset. Das lernt man bei Gruppenarbeiten im Studium mit fünf Geschichtsstudierenden an einem Tisch, die alle ungefähr das Gleiche können, leider nicht. In der Arbeitswelt arbeitet man dann jedoch selten ganz abgeschlossen nur im eigenen Team, ohne dass man auf die Kompetenzen anderer Teams angewiesen ist – zumindest ist das in meinem Fall so.

13. Würden Sie das Gleiche noch mal machen (Studium, Job/s)? Wenn nicht, wie dann?
Ich kann schlecht sagen, ich würde direkt Praktika im Bereich Marketing machen, wenn ich erst durch meinen tatsächlichen Weg dort gelandet bin. Im Grunde genommen würde ich also vermutlich bis zum Ende meines Bachelors das Gleiche noch einmal machen. Lediglich für den Masterstudiengang würde ich im Nachhinein einen praxisorientierteren und inhaltlich kompakteren Studiengang, gegebenenfalls auch an einer kleineren Universität oder einer Fachhochschule auswählen. So interessant der Master Nordamerikastudien auch inhaltlich war, war er doch sehr stark auf einen Weg in die Forschung ausgelegt – was für mich von Anfang an nie in Frage kam.

14. Welche Tipps würden Sie Studierenden aus der Geisteswissenschaft für ihre Karriereplanung mitgeben?
Es spricht absolut nichts dagegen, rein interessengetrieben eine oder mehrere Geisteswissenschaften zu studieren, aber sofern ihr nicht in die Forschung wollt: Arbeitet während des Studiums. Auch wenn ihr reiche Eltern habt und es eigentlich nicht müsst. Sucht euch einen Werkstudent*innenjob mit zehn Stunden pro Woche. Nur so erlebt ihr schon während des Studiums zumindest einen Hauch des „echten" Arbeitslebens, habt Kontakt mit Menschen außerhalb eures Fachbereichs und der Uni und

lernt, die methodischen Kompetenzen eures Studiums in der Arbeitswelt einzusetzen und zu abstrahieren. Verkopft euch nicht abgeschottet unter Kommiliton*innen mit endlosen Diskussionen über das Vanitasmotiv in der Barockdichtung. Niemand hat mich jemals nach den Themen meiner Masterarbeit, Bachelorarbeit, geschweige denn irgendeiner Hausarbeit gefragt – wichtig war immer nur, dass ich überhaupt studiert hatte.

Stattdessen lag der Fokus jedes Vorstellungsgesprächs auf den Aufgaben und Verantwortungsbereichen, die ich in vorherigen Jobs hatte. Studijobs und Praktika helfen zudem ungemein dabei, sich auszuprobieren und frühzeitig zu lernen, was man später eben (doch) nicht machen will – wie in meinem Fall Journalismus und Public History. Wenn ich nicht neben dem Studium hätte arbeiten müssen, wäre ich zwar zwei Jahre früher fertig gewesen, hätte aber auch mit einer Masterarbeit über Beyoncé auf dem Arbeitsmarkt herumgestanden und nicht den blassesten Schimmer gehabt, wohin mit mir. Das soll mitnichten ein Plädoyer gegen Geisteswissenschaften sein – im Gegenteil.

Man sollte sich meines Erachtens nur darüber im Klaren sein, dass das eigene Studienfach in den meisten Fällen alleine keine Befähigung für einen Job darstellt. Das heißt aber auch: Ein Mensch, der Geisteswissenschaften studiert und neben dem Studium Berufserfahrung in beispielsweise einer Unternehmensberatung gesammelt hat, ist am Ende interessanter für einen Job in diesem Bereich, als ein Mensch, der ohne jegliche Arbeitserfahrung ein Vernunfts-BWL-Studium durchgezogen hat.

Softwareentwicklerin (Unternehmen): Kaja Santro

Jahrgang: 1987

Ausbildung/Studium ab Schule: 1999–2006 Oberschule (Humboldt Gymnasium Tegel), 2006–2007 Technische Universität Berlin (Architektur), 2007–2016 Humboldt-Universität zu Berlin (Philosophie und Historische Linguistik) B.A.

Berufliche Stationen: 2006–2012 Lehrerin in einer Nachmittags-Betreuung für Schulkinder mit Migrationshintergrund bei Stadtkinder e. V. im Wedding (vor allem in den Fächern Deutsch, Französisch, Englisch und Mathematik), Sommer 2007 Kinder-Animation im Hotel Schloss Elmau, Sommer 2010: Kellnerin bei Shan Rahimkhan am Gendarmenmarkt, Sommer 2011: Auslandspraktikum auf dem Bio-Demeter-Hof Vill in Italien, Betreuung der Schülerpraktikant*innen und Wwoofer (internationale, freiwillige Helfer*innen der Bio-Landwirtschaft), Mithilfe bei Werbe-Projekten für den Öko-Tourismus, Sommer 2012: Barista bei Balzac Coffee am Potsdamer Platz, 2012–2015 Deutschlehrerin bei der Deutsch-Akademie Berlin (Sprachschule für Erwachsene), Juni 2016 Praktikum bei Betterplace.org im Bereich Web-Entwicklung, Mitarbeit am Code der Ruby-Application (Ruby on Rails), 2017–2020 Software-Entwicklerin bei Absolventa, seit Februar 2020 Software-Entwicklerin bei LieferFactory.

K. Santro
Berlin, Deutschland

Zusatzqualifikationen/Weiterbildungen/Auszeiten/Auslandsaufenthalte etc.: Oktober 2015 Teilnahme am Rails Girls Beginners Workshop, 2015–2016 Auslandsaufenthalt in Marokko mit Sprachkurs in Darija, 2016–2017 arbeitssuchend und Teilnahme an einer Ruby Übungsgruppe der Rails Girls Berlin mit wöchentlichen Übungen und Unterricht, 2016 Kurs für Web Developer bei der CareerFoundry, Sommer 2017 Rails Girls Summer of Code bei Absolventa (dreimonatiges Projekt-Stipendium für Open Source Software Entwicklung).

1. Beschreiben Sie Ihre aktuelle berufliche Tätigkeit: Was machen Sie als Softwareentwicklerin?
Ich baue Software für die LieferFactory. Ich programmiere meist mit der Programmiersprache Ruby an verschiedensten Webanwendungen und Software-Programmen für das Unternehmen. Ruby ist eine Programmiersprache, die sich vor allem wegen ihrer Flexibilität und Objektorientierung sehr gut für die Backendbereiche von Webanwendungen eignet. Außerdem ist Ruby Open Source und wird von der Community stets für alle weiterentwickelt. Mein Team besteht aus ca. 20 Entwickler*innen, zwei Produkt-Managerinnen und einem CTO (Technischer Direktor). Die Entwickler*innen sind in drei Teams aufgeteilt: ein Team für mobile Entwicklung, ein Team für Backend und Infrastruktur und ein Team für Performance. Jedes Team hat auch eine*n Teamleader*in. Ungefähr ein Drittel der Entwickler*innen sind Frauen, was für ein Tech-Team eine gute Quote ist. Allerdings ist unser Ideal von 50 % noch nicht erreicht.

Der Tagesablauf ist oft unterschiedlich, je nachdem ob wir gerade in einer Season- (vier Wochen, in denen wir überwiegend Programmieren) oder in der Off-Season-Woche sind. In einer Season gruppieren wir uns nochmal in kleinere Teams von drei bis vier Personen, sogenannte Squads. In den Squads arbeiten wir dann an kleinen abgesteckten Zielen und Features. Während der Season haben wir täglich ein 15-minütiges Squad-Standup-Meeting, in dem wir besprechen, woran wir gerade arbeiten und wie wir unseren Tag strukturieren wollen, und wer mit wem gerne zusammenarbeiten möchte. Ansonsten gibt es noch weitere regelmäßige Meetings und dann natürlich die Zeit, in der wir programmieren. Das kann entweder alleine sein oder zu zweit. Nach einer abgeschlossenen Season folgt eine Off-Season-Woche, in der wir Zeit für Tätigkeiten haben, die sonst auf der Strecke bleiben (Weiterbildung in einem bestimmten Bereich, Code-Aufräumarbeiten, Fachliteratur, Blogposts und Dokumentationen schreiben usw.). Bei der Arbeit sprechen wir meist Englisch.

2. Was sind Ihre Motivation und Ihr Anreiz für Ihre aktuelle Tätigkeit? Was fasziniert Sie an Ihrem Beruf?

Das Programmieren an sich macht Spaß, weil es sehr kreativ ist. Meistens beginnt der Prozess damit, ein bestimmtes Problem zu verstehen und im Detail zu analysieren, um dann die bestmögliche Lösung dafür zu erfinden. Mir sind beim Programmieren zunächst keine Grenzen gesetzt und es ist fast alles möglich. Natürlich gibt es auch sinnvolle Restriktionen, aber die machen meist nur noch erfinderischer. Beispiele für Restriktionen können messbare Dinge sein wie die Kosten (viele Daten zu hosten, kostet auch mehr Geld und Strom usw.). Es gibt aber auch weichere Restriktionen, wie das Prinzip der Community, leserliche Codes zu schreiben oder eine bestimmte Zeilenanzahl nicht zu überschreiten.

Das Tolle ist auch, dass man jeden Tag etwas Neues lernen kann. Es ist nie langweilig und das kollektive Fachwissen entwickelt sich ständig weiter. Außerdem ist Ruby eine wunderschöne Programmiersprache. Sie wurde von dem Japaner Yukihiro Matsumoto entwickelt mit dem Ziel „to make programmers happy". Das zeigt sich tatsächlich in der alltäglichen Arbeit.

Eine extrinsische Motivation für meinen Beruf gibt es auch: das Privileg, sehr gefragt zu sein. Damit geht einher, dass Entwickler*innen aktuell selten nach einem Job suchen müssen, sondern gesucht werden. Hinzu kommt dann natürlich, dass die Jobs dementsprechend gut bezahlt werden, und man sehr gute Arbeitsbedingungen hat (zum Beispiel flexible Arbeitszeiten, Homeoffice, 4-Tage-Woche usw.).

3. Welche Sachen machen Sie besonders gerne, welche weniger gerne?

Was ich gerne mache: Programmieren, besonders knifflige Sachen, auf Konferenzen fahren (sowohl Talks geben als auch hören), Pairing (zu zweit Programmieren).

Was ich nicht so gerne mache: an Sitzungen, die meistens sehr lange dauern und von Männern dominiert werden, teilnehmen, Frontend, also Programmieren in den Views. Die Dateien, die in HTML und Javascript geschrieben sind, nennt man „Views", weil sie quasi das beschreiben, was der/die User*in im Browser sehen kann. Alles andere hingegen ist das eigentliche Programm, das im Hintergrund funktioniert und zum Beispiel automatisch eine Bestätigungsemail schickt, wenn ich auf „registrieren" klicke, zu lange allein an einem Projekt arbeiten.

4. Wie wirkt sich die Digitalisierung auf Ihre Tätigkeit aus?

Sie schafft Arbeit.

5. Beschreiben Sie Ihren Übergang vom Studium in die Berufstätigkeit. Wie hat sich Ihr Berufseinstieg vollzogen? Haben Sie Irrtümer, Zweifel, Absagen oder Skepsis erlebt?

Direkt nach meinem Bachelorabschluss in Philosophie und Historischer Linguistik habe ich mich beim Jobcenter arbeitslos gemeldet. Dadurch konnte ich von den Nebenjobs wegkommen, die ich während des Studiums zur Studienfinanzierung machen musste. Zudem brauchte ich Zeit, um zu überlegen, was ich eigentlich beruflich machen wollte. Zum Glück bin ich über die Rails Girls Berlin zum Programmieren gekommen. Die Rails Girls Berlin ist eine Organisation, die Frauen unterstützt, sich Skills im IT-Bereich anzueignen. Während der Arbeitslosigkeit habe ich mich dann sehr intensiv mit dem Programmieren beschäftigt und bin zu allen Veranstaltungen und Workshops gegangen, die ich finden konnte. Ich habe mir auch sehr viel selber beigebracht und von zu Hause aus gelernt. Allerdings war es schwierig, sich ohne Arbeitserfahrung zu bewerben. Zunächst habe ich einige Ablehnungen bekommen und konnte lediglich ein Schnupperpraktikum machen, was allerdings das Jobcenter überzeugt hat, mir eine Weiterbildung zur Web-Entwicklerin bei der CareerFoundry zu finanzieren. Das war eine große Hilfe. Danach wurde ich wenigstens schon zu einigen Bewerbungsgesprächen eingeladen, allerdings hat es immer noch nicht gänzlich geklappt. Deshalb habe ich mich für den „Rails Girls Summer of Code" beworben und das erhaltene Projektstipendium in den Räumen der Absolventa GmbH verbracht. Dort konnte ich mit meinem Fachwissen überzeugen und letztendlich meine erste Festanstellung als Entwicklerin bekommen.

6. Wie sind Sie zu Ihrem Beruf gekommen? Wollten Sie schon immer Softwareentwicklerin werden?

Nein. Ich wusste überhaupt nichts vom Programmieren und habe mich auch nie dafür interessiert, weil ich keine Berührungspunkte damit hatte. Allerdings hat mir während meines Aufenthaltes in Marokko ein Freund das Thema Web-Entwicklung ein wenig näher gebracht und es hat mir so viel Spaß gemacht, dass ich zurück in Berlin sofort nach Workshops gesucht habe. Die meisten Angebote waren für mich allerdings unbezahlbar, da ich absolut kein Einkommen hatte. Deshalb war ich sehr froh darüber, dass es bei den Rails Girls Berlin kostenlose Workshops und Studygroups gab.

7. Würden Sie Ihren Job wechseln? Warum (nicht)?

Nein. Es gibt an dem Job sehr wenig Nachteile, und ich kann mir im Moment auch nichts vorstellen, was ich lieber machen würde.

8. Vor welchen Entscheidungen und Herausforderungen haben Sie gestanden?
Meine größte Herausforderung war eigentlich das Überleben selbst. Ich stamme aus sehr armen Verhältnissen und war lange geplagt von Existenzängsten und finanziellen Problemen. Derzeit ist die einzige wirkliche Herausforderung als Frau eine gleichwertige Stellung in der Tech-Branche zu bekommen, wie ein Mann. Als Beispiel hier eine Anekdote: Eine renommierte Entwicklerin hat mich auf einer Konferenz mit einem fachlich brillanten Vortrag über ihre Arbeit sehr beeindruckt. Als ich sie ein paar Monate später privat traf und mit ihr sprach, stellte sich heraus, dass sie nach ihrem Vortrag von einigen Männern auf der Konferenz gefragt wurde, was sie beruflich mache. Die Männer reagierten erstaunt, als sie hörten, dass sie natürlich Entwicklerin war.

9. Wenn Sie Ihrer Laufbahn einen (Film-)Titel geben, wie würde dieser lauten?
Life Hack.

10. Wie viel Geisteswissenschaft steckt in Ihrem Beruf? Beschreiben Sie die geisteswissenschaftlichen Aspekte bei Ihrer Tätigkeit.
Null Geisteswissenschaften.

11. Welche geisteswissenschaftlichen Kompetenzen konnten Sie bisher nutzen? Wozu?
Ich konnte mein durch die formale Logik geschliffenes logisches Denken anwenden.

12. Welche anderen Schlüsselkompetenzen benötigen Sie noch für Ihren Beruf? Warum?
Die sogenannten Soft Skills oder auch People Skills. Ich muss gut kommunizieren können und mein Wissen immer nachhaltig im Team verbreiten, damit der sogenannte Bus-Factor (das gesamte Wissen ist nur bei einem Teammitglied) nicht zu hoch ist. Außerdem ist es sehr wichtig, kritikfähig zu sein und Kritik dafür zu nutzen, sich weiterzuentwickeln und zu verbessern. Es ist auch sehr hilfreich, selbstbewusst zu sein und Entscheidungsprozesse mitzugestalten. Ich arbeite immer in Teams, dabei ist alles aufeinander abgestimmt und muss gut zusammen funktionieren. Das heißt, dass ich mögliche Konflikte konstruktiv lösen muss und möglichst für eine gute Stimmung sorgen sollte. In meiner Qualifikations-Checkliste steht

„be pleasant to work with". Daran kann man auch sehen, dass verschiedene Sprachkenntnisse von Vorteil sind, denn das Team kommuniziert meistens auf Englisch.

13. Würden Sie das Gleiche noch mal machen (Studium, Job/s)? Wenn nicht, wie dann?
Das Philosophiestudium hat Spaß gemacht und meinen Horizont erweitert. Historische Linguistik war auch spannend, obwohl ich mir im Nachhinein wünsche, ich hätte mich eher in die Computerlinguistik orientiert. Das wäre jetzt sehr hilfreich. Ich würde auch nicht nochmals als Kellnerin arbeiten wollen. Die Arbeit als Deutschlehrerin war in Ordnung, allerdings unterbezahlt und ich habe dort nicht viel Neues gelernt, was den Alltag irgendwann sehr repetitiv gemacht hat.

Ab dem Zeitpunkt, wo ich mit dem Programmieren angefangen habe, würde ich nichts anders machen. Das war perfekt und lief wie am Schnürchen.

14. Welche Tipps würden Sie Studierenden aus der Geisteswissenschaft für ihre Karriereplanung mitgeben?
Nehmt euch die Zeit für die berufliche Orientierung. Mir hat die Arbeitslosigkeit geholfen, introspektiv zu sein, sprich zu überlegen, was möchte ich wirklich. Der Vollzeitjob kommt irgendwann sowieso und dann ist dafür keine Zeit mehr. Sucht euch eine Community. Wenn ihr mit Menschen umgeben seid, die ähnlich ticken, findet ihr wahrscheinlich auch Rollenbilder, an denen ihr euch orientieren könnt.

Heilpraktikerin (eigene Praxis): Christine Goerlich

Jahrgang: 1977

Ausbildung/Studium ab Schule: 1996 Allgemeine Hochschulreife, 1997 Tischlerausbildung (abgebrochen), 1998–2000 Ausbildung Kauffrau für Bürokommunikation, 2004–2009 Studium der Medienwissenschaft und Kulturwissenschaften an der Humboldt-Universität zu Berlin, 2015 Vollzeit-Ausbildung zur Heilpraktikerin an der Akademie für Ganzheitsmedizin Heidelberg.

Berufliche Stationen: 1996 Praktikum Architekturbüro 1998–2000 kaufmännische Ausbildung, 2001 Trainee e-commerce Avis Autovermietung, 2002–2004 Coordinator Recruitment Avis Autovermietung, Studium mit diversen Nebenjobs (u. a. 2004–2006 Call Centre Agent Breakdown Hotline Hertz Autovermietung, 2006–2007 Studentische Mitarbeiterin im Sekretariat am Institut für Medienwissenschaft der Humboldt-Universität zu Berlin, 2007–2009 Studentische Mitarbeiterin im Dekanat der Fakultätsverwaltung der Philosophischen Fakultät III der Humboldt-Universität zu Berlin), 2009–2012 Referentin für Lehre und Studium an der Humboldt-Universität zu Berlin, Heilpraktikerin. Aktuell Heilpraktikerin in eigener Vollerwerbs-Praxis.

C. Goerlich
Potsdam, Deutschland

Zusatzqualifikationen/Weiterbildungen/Auszeiten/Auslandsaufenthalte etc.: diverse Weiterbildungen in Personalentwicklung und Recruitment, zahlreiche medizinische/gesundheitliche Weiterbildungen.

1. Beschreiben Sie Ihre aktuelle berufliche Tätigkeit: Was machen Sie als Heilpraktikerin?

Als Heilpraktikerin habe ich mich spezialisiert auf die Therapie chronischer Erkrankungen sowie auf die ganzheitliche Kinderheilkunde. Hier kommen Patient*innen zu mir, die in der gängigen Medizin keine Hilfe für langjährige Leiden gefunden haben, denen gesagt wurde, es gäbe keine Lösung mehr für ihr Problem („austherapiert") bzw. Menschen, die ihre Gesundheit mit sanften und natürlichen sowie traditionellen Mitteln und Methoden unterstützen möchten. Hierzu zählen auch Eltern, die für ihre Kinder Alternativen zur Schulmedizin suchen.

2. Was sind Ihre Motivation und Ihr Anreiz für Ihre aktuelle Tätigkeit? Was fasziniert Sie an Ihrem Beruf?

Die Arbeit in einem ganzheitlichen Heilberuf ergibt sich in der Regel mehr, als dass man darauf von jung auf hinarbeitet. Mir war schon mit Anfang 20 klar, dass ich später mal in diesem Bereich tätig sein möchte – doch war mir ebenso klar, dass es hierfür ein gewisses Maß an Lebenserfahrung und Sozialkompetenzen benötigt. Außerdem gibt es vom Gesetzgeber einige Vorgaben, z. B. das Mindestalter von 25 Jahren. Motiviert hat mich schon immer der Wunsch, mit einfachen Mitteln zu heilen, bzw. die Gesundheit zu unterstützen. Es fasziniert mich an meiner Tätigkeit, Menschen in schwierigen, und oft schon lange währenden Situationen einen möglichen Ausweg aufzuzeigen. Gehen müssen sie ihn dann natürlich selbst.

3. Welche Sachen machen Sie besonders gerne, welche weniger gerne?

Besonders gerne mache ich Erstanamnesen, also die erste Bestandsaufnahme mit neuen Patient*innen. Ich liebe es, die Puzzleteile zu sammeln und zu einem Bild zusammenzufügen. Es macht Freude, den Patient*innen zu erklären, wie verschiedene Symptome zusammenhängen, was die aktuelle berufliche Situation möglicherweise damit zu tun hat und mit welchen kleinen Veränderungen man schon viel erreichen kann. Es ist manchmal mühsam, manchmal sehr komplex, aber letztendlich ist es sehr erfüllend zu erleben, wie gut es den Patient*innen schon allein dadurch geht, dass man sich Zeit nimmt alles zu sortieren.

Außerdem besuche ich gerne Heilpraktiker-Kongresse, Weiterbildungen oder andere Formen des Austauschs innerhalb der Branche, weil ich dies als sehr bereichernd empfinde. Wissen zu teilen nutzt am Ende allen. Gerne erledige auch das Drumherum, wie das Schaffen einer Wohlfühlatmosphäre im Raum, die Gespräche mit dem Apotheker meines Vertrauens, die Besuche auf der Blutegelfarm, von der ich meine Tiere beziehe, sowie die Termine mit Pharmavertreter*innen aus dem alternativmedizinischen Bereich. Weniger gerne erledige ich die Buchhaltung und Steuerangelegenheiten. Auch das Praxismarketing ist häufig anstrengend. Beides steht einfach im Gegensatz zu dem, was meinen Beruf ausmacht und erfordert völlig andere Fähigkeiten. Es ist eine Notwendigkeit, aber ich kann es nicht mit der gleichen Leidenschaft ausführen wie meine eigentliche heilpraktische Tätigkeit.

4. Wie wirkt sich die Digitalisierung auf Ihre Tätigkeit aus?
Die Digitalisierung wirkt sich natürlich auch auf meinen Berufsstand aus. Insgesamt tut sich meine Branche eher schwer damit, weil es eben nichts mit der eigentlichen heilerischen Tätigkeit zu tun hat, für die wir leben. Meine Akten führe ich manuell, auch wenn mittlerweile die digitalisierte Variante empfohlen wird. In Bezug auf Buchhaltung und Abrechnung spart die Digitalisierung viel Zeit und bietet Rechtssicherheit. Hier finde ich sie alternativlos. Denn gesundheitsbezogene Daten sind die sensibelsten Daten überhaupt. In Bezug auf das Praxismarketing kommt man um die Digitalisierung ebenfalls nicht herum, wie z. B. die Suchmaschinenoptimierung der eigenen Website, Werbung über Social Media Kanäle u. Ä. Auch die DGSVO betrifft uns kleinen „Einzelkämpfer*innen" und bringt Digitalisierung und Bürokratie in die Heilarbeit.

5. Beschreiben Sie Ihren Übergang vom Studium in die Berufstätigkeit. Wie hat sich Ihr Berufseinstieg vollzogen? Haben Sie Irrtümer, Zweifel, Absagen oder Skepsis erlebt?
Mein Übergang vom Studium in die Berufstätigkeit war fließend, da ich als studentische Hilfskraft im Dekanat gearbeitet habe und hier vom Dekan selbst das Angebot der Referentinnenstelle nach dem Studium erhielt. Die größere Herausforderung war eher, das Studium in einer bestimmten Zeit beenden zu müssen, um den Job antreten zu können. Insgesamt habe ich in meinem Berufsleben natürlich auch Zweifel oder Skepsis erlebt, das aber immer gut auffangen können. Absagen habe ich in meinem Leben bislang wenige erhalten, da ich mich immer auf Stellen beworben habe, die wirklich zu mir passten und die ich auch wollte. Das kann man dann in der Bewerbung und im Gespräch entsprechend glaubhaft vermitteln und findet so rasch zueinander. Aber das Thema stellt sich jetzt für mich nicht mehr, Heilpraktiker*innen sind immer selbständig tätig.

6. Wie sind Sie zu Ihrem Beruf gekommen? Wollten Sie schon immer Heilpraktikerin werden?
Ich wollte schon immer etwas mit Menschen machen. Mit Anfang Zwanzig bildete sich mein Interesse an Naturheilkunde aus und begleitete mich privat immer intensiver. Mit dem Beruf der Heilpraktikerin habe ich dann ab Ende 2000 geliebäugelt, aber ich wollte dafür zunächst mehr Kompetenzen und Lebenserfahrung sammeln. Mit 32 Jahren lernte ich meinen heutigen Ehemann kennen, der mich in meinem Vorhaben nochmal eine ganz neue berufliche Richtung einzuschlagen bestärkt und unterstützt hat.

7. Würden Sie Ihren Job wechseln? Warum (nicht)?
Ich würde meinen Job niemals wieder wechseln wollen. Zum einen war der Weg dahin wirklich lang, mühsam und teuer, sowohl hinsichtlich des Studiums als auch hinsichtlich der Ausbildung zur Heilpraktikerin. Zum anderen ist die Ausübung von Heilkunde das, was mich selbst persönlich erfüllt. Ich betrachte es tatsächlich nicht als Beruf, sondern als Berufung.

8. Vor welchen Entscheidungen und Herausforderungen haben Sie gestanden?
Es gibt viele Entscheidungen und Herausforderungen, bis man in seiner eigenen Praxis sitzt und Patent*innen behandelt. Die Schulmedizin kritisiert an uns Heilpraktiker*innen, dass wir mit einer Schmalspurausbildung (oder auch gar keiner) am Ende an Patient*innen arbeiten dürfen. In der Tat ist es so, dass es keine staatliche Ausbildung gibt. Wir arbeiten auf Grundlage eines Gesetzes von 1939, und für die Erlaubnis zur berufsmäßigen Ausübung der Heilkunde ohne Bestallung müssen wir lediglich zwei Prüfungen vor dem Gesundheitsamt bestehen. Allerdings müssen wir in diesen Prüfungen gut ein Drittel des Wissens eines Medizinstudiums vorweisen. Dazu kommt, dass Heilpraktiker*innen eine ganze Reihe weniger Heilkunde ausüben dürfen als Ärzte: Wir impfen nicht, wir operieren nicht, wir behandeln keine der im Infektionsschutzgesetz genannten Krankheiten, wir stellen keine kassenpflichtigen Rezepte aus, vorordnen keine Kuren etc. Wer die erste, schriftliche Prüfung besteht, muss noch in eine mündliche Überprüfung. Fällt man hier durch, muss auch die schriftliche Prüfung wiederholt werden. Ich habe die Vollzeit-Ausbildung an der Heidelberger Akademie für Ganzheitsmedizin besucht, und mir anschließend noch ein halbes Jahr Zeit zur Prüfungsvorbereitung genommen. Wenn man dann die Prüfungshürden geschafft hat und die Erlaubnisurkunde in den Händen

hält, muss man sich erst mal weiterbilden in den Methoden, mit denen man arbeiten will.

Die Gründung einer Praxis erfordert dann nochmal einiges an Zeit, Aufwand und Geld für Miete, Versicherungen und andere laufende Kosten, Einrichtung, Marketing, Verbrauchsmaterial, etc. Und dann heißt es: einen Stamm an Patient*innen aufbauen. Dazu ist eine aussagekräftige Website das Mindeste, weitere kostenpflichtige Marketingmaßnahmen sinnvoll. Im Grunde investiert man aber erst mal den Großteil seiner Zeit in Netzwerke: Vorträge halten, Seminare geben, Menschen kennenlernen, die als Multiplikator*innen dienen können etc. Man sagt, bis eine Naturheilpraxis richtig läuft, gehen mindestens fünf Jahre intensiver Marketingarbeit ins Land. Dazu kommen dann noch die persönlichen Herausforderungen, wenn es bei den ersten Patient*innen nicht immer sofort gut läuft: dann tauchen Selbstzweifel auf, man hinterfragt ob man wirklich dazu geeignet ist Menschen zu heilen.

9. Wenn Sie Ihrer Laufbahn einen (Film-)Titel geben, wie würde dieser lauten?
Der Weg nach draußen führt durch die Tür.

10. Wie viel Geisteswissenschaft steckt in Ihrem Beruf? Beschreiben Sie die geisteswissenschaftlichen Aspekte bei Ihrer Tätigkeit.
Als meine Mutter meine Entscheidung hörte, die Babypause zur Heilpraktiker*innenausbildung zu nutzen, rief sie entsetzt „Aber dann war ja das ganze teure Studium umsonst!" Und ich bin froh, dass sie dies sagte – hat es mich doch angeregt, immer wieder hinzuschauen, welche Kompetenzen und Aspekte meines Studiums in meiner Arbeit zu finden sind. Am Ende konnte ich sie dann beruhigen: Ohne mein Studium wäre ich heute sicherlich nicht in der Lage, so klar und konsequent eine Selbständigkeit zu führen und unterschiedlichste Menschen zu behandeln.

11. Welche geisteswissenschaftlichen Kompetenzen konnten Sie bisher nutzen? Wozu?1
Bezogen auf meine aktuelle Tätigkeit und den Weg dahin setzte und setze ich viele geisteswissenschaftliche Fähigkeiten regelmäßig ein. Angefangen bei der Bewältigung von Unmengen an Informationen, der Lernkompetenz (auch heute im Rahmen der Weiterbildung immer wieder gefragt) bis hin zur Kompetenz, Dinge schnell zu erfassen, z. B. in den Anamnesegesprächen. Hier ist auch ein großes Maß an Flexibilität gefragt, um sich

auf die unterschiedlichen Patient*innen einstellen zu können. Es ist unabdingbar in Zusammenhängen, also ganzheitlich und systematisch zu denken und zu analysieren, sich mit Informationen rund um Therapien und Therapeutika auch kritisch auseinanderzusetzen. Kommunikative Kompetenzen sind wichtig, um die Patient*innengespräche zu führen, aber auch um die Patient*innen während der Behandlung zu begleiten. Es gilt, sich selbst zu organisieren, selbständig zu arbeiten und die eigene Arbeit auch kritisch zu hinterfragen oder auch mit Kritik von Patient*innen umgehen zu können. Auch interkulturelle Kompetenzen können ein Thema sein.

12. Welche anderen Schlüsselkompetenzen benötigen Sie noch für Ihren Beruf? Warum?
Mein Job erfordert ein hohes Maß an Sozialkompetenzen: Einfühlungsvermögen, Offenheit, Toleranz, die Fähigkeit zur Motivation, ein gewisses Maß an Führungskompetenz, selbstverständlich Kommunikationsstärke und Problemlösungskompetenz. Wenn es um Honorare der Bedingungen für Seminare oder Vorträge geht, ist auch mal Verhandlungsgeschick gefragt. Unter den Persönlichkeitskompetenzen sind Engagement, Flexibilität, Lernbereitschaft, Selbstdisziplin und -motivation, aber auch Selbstvertrauen, Verantwortungsgefühl und natürlich Zuverlässigkeit wichtig und alltäglich.

Fachkompetenz ist in meinem Beruf ebenso obligatorisch wie unabdingbar. Bei den Methodenkompetenzen stehen sicherlich die Lösungsorientierung, das analytische Denken und rhetorische Fähigkeiten im Vordergrund.

13. Würden Sie das Gleiche noch mal machen (Studium, Job/s)? Wenn nicht, wie dann?
Ja, ich würde alles nochmal genau so machen. Auch wenn Stationen dazwischen waren, die alles andere als erfüllend und schön waren (z. B. die Ausbildung zur Tischlerin, in der ich eine hohe psychische Belastung auszuhalten hatte), so sind doch alle wesentlich gewesen, um meine Persönlichkeit in einer Art und Weise auszubilden, die mir bei meiner heutigen Tätigkeit entgegenkommt. Ich finde, dass es keine Fehler bei der Berufswahl gibt. Es kann sein, dass man mal danebengreift, aber auch das Ausschlussprinzip kann zum Ziel führen – wichtig ist nur, dass man erkennt, ob einen der Job glücklich macht. Wenn nicht: ändern.

14. Welche Tipps würden Sie Studierenden aus der Geisteswissenschaft für ihre Karriereplanung mitgeben?

Ich habe es oft erlebt, dass sich Geisteswissenschaftler*innen dadurch verunsichern lassen, dass in den gängigen Jobbörsen und Stellenausschreibungen nicht steht „Wir suchen eine*n Geisteswissenschaftler*in der Fachrichtung XY". Unschlüssig über das eigene Profil, bewirbt man sich dann auf irgendetwas – was fast nie eine überzeugende Bewerbung produziert. Dabei sind wir Geisteswissenschaftler*innen eigentlich der Joker für alle Unternehmen: Unsere Stärke ist es, in jede erdenkliche Disziplin zu schauen und mit unserem Methodenwissen und unseren Kompetenzen zu glänzen. Wir können die Astronomen im Planetarium dabei unterstützen, ein publikumswirksames Programm aufzusetzen, oder in einer IT-Software-Firma im Personalmanagement für Chancengleichheit sorgen. Wir können in der Strategieabteilung betriebswirtschaftlicher Unternehmen dafür sorgen, über den Elfenbeinturm hinaus Fakten zu sammeln und zu sortieren, um Aspekte an den Tag zu bringen, die Wirtschaftswissenschaftler*innen nicht auf dem Schirm haben. Oder wir können die kulturelle Zusammenarbeit verschiedener städtischer Abteilungen fördern, im Sportverein die Sponsoringabteilung übernehmen, bei großen Reiseveranstaltern Programme aufsetzen und in international agierenden Unternehmen Schnittstellen verwalten. Und letztendlich auch in jedem nur erdenklichen Bereich selbständig oder freiberuflich arbeiten.

Für jede*n Geisteswissenschaftler*in findet sich der passende Job mit den richtigen Fragen an sich selbst: Was kann ich? Und was will ich? Und in welcher Branche möchte ich das gerne einsetzen? Wenn dann am Ende herauskommt, dass man einen „harten Bruch" machen möchte, und von der Medien- und Kulturwissenschaftlerin zur Heilpraktikerin wird, dann ist das in Ordnung so – solange man jeden Morgen gerne dafür aufsteht. Niemand erwartet mehr gerade Lebensläufe mit jahrzehntelanger Betriebszugehörigkeit. Man erwartet, neben dem eigentlichen Fachwissen und Schlüsselkompetenzen – eine gefestigte Persönlichkeit, die überzeugend vermitteln kann, für das zu brennen, was sie macht. Und das entwickeln wir nur, wenn wir tun, was uns glücklich macht.

Coach (freiberuflich): Anna-Sophie Keller

Jahrgang: 1982

Ausbildung/Studium ab Schule: 2002 Abitur in Frankfurt a. M., 2004–2008 Bachelorstudiengang Italienstudien an der Freien Universität Berlin mit Auslandaufenthalt (2 Semester) an der Università degli Studi Roma Tre, 2011–2014 Masterstudiengang Romanische Literaturwissenschaft an der Freien Universität Berlin.

Berufliche Stationen: 2006 Praktikum an der Deutschen Akademie Villa Massimo in Rom, 2008–2011 angestellt im Bereich Veranstaltungsorganisation im Dekanat der Evangelisch-Lutherischen Kirche in Italien (ELKI), 2011–2013 Studentische Mitarbeiterin im Italienzentrum der Freien Universität Berlin, 2014–2017 Freiberuflich tätig als Redakteurin, seit 2016 angestellt bei der Sport-Thieme GmbH im Bereich Personal und Organisation, seit 2018 freiberuflich tätig als Job- und Karriere sowie Life-Coach.

Zusatzqualifikationen/Weiterbildungen/Auszeiten/Auslandsaufenthalte etc.: 2002–2004 Au-Pair-Mädchen in Rom, 2017–2018 Ausbildung zum Systemisch-Integrativen Coach in der Coaching Spirale Berlin, seit 2019 Ausbildung zum Job- und Karrierecoach bei Uniquo-Coaching.

A.-S. Keller
Berlin, Deutschland

1. Beschreiben Sie Ihre aktuelle berufliche Tätigkeit: Was machen Sie als Coach?

Meine berufliche Tätigkeit teilt sich zurzeit in zwei Blöcke. Zum einen bin ich in einem Unternehmen angestellt und kümmere mich um Organisation und Personal. Das heißt ich kümmere mich um Stellenausschreibungen, Bewerbungen, aber auch um Reisebuchungen, Organisation von Workshops und assistiere der Büroleitung. Wir haben einige Mitarbeiter*innen aus dem Ausland, für die ich anfangs alles für den Start in Deutschland organisiert habe (Wohnung, Versicherung etc.). Dazu gehört natürlich auch die Beantragung des Visums für sie selbst und Ehepartner*innen und die Begleitung zum Bürgeramt bzw. der Ausländerbehörde. Seitdem ich meine Coachingausbildung beendet habe, habe ich im Unternehmen auch schon Teamworkshops angeleitet oder Mediation bei Konflikten angewendet.

Darüber hinaus bin ich freiberuflich als Coach tätig. Momentan arbeite ich viel mit arbeitsuchenden Menschen zusammen, die entweder Unterstützung in ihrer aktuellen Lebenssituation brauchen oder eine Begleitung beim Finden ihres eigenen (beruflichen) Weges. Ich arbeite unter anderem mit einem Träger zusammen, der mir Kund*innen mit Bildungsgutschein der Agentur für Arbeit oder des Jobcenters vermittelt. Ein Coachingprozess dauert dann ca. 8–12 Wochen, wobei wir uns zweimal pro Woche treffen. Das ist eine tolle Möglichkeit, man kann hier viel erreichen. Meine Kund*innen haben meist sehr unterschiedliche Anliegen. Sie unterscheiden sich auch im Alter, Background etc. Eine junge Frau war gerade erst mit der Schule fertig und wollte für sich herausfinden, wie sie ihre Zukunft gestalten kann. Im Zentrum stehen dann berufliche Ziele. Ich habe aber auch schon mit älteren Menschen zusammengearbeitet, bei denen ganz andere Themen wichtig sind, zum Beispiel am Selbstwert zuarbeiten. Darüber hinaus entwickle ich gerade auch Konzepte für „private" Coaching und Workshops zur Berufsfindung oder Weiterentwicklung. Ich erlebe viele Menschen, die sich in ihrem Bürojob gefangen fühlen und etwas Anderes machen wollen. Da geht es dann meistens um Potenzialentfaltung und Erfüllung.

2. Was sind Ihre Motivation und Ihr Anreiz für Ihre aktuelle Tätigkeit? Was fasziniert Sie an Ihrem Beruf?

Ich mag zurzeit die verschiedenen Herausforderungen meiner beruflichen Tätigkeiten. Ich arbeite einfach unglaublich gerne mit Menschen zusammen und versuche zu verstehen, was sie bewegt und was sie brauchen, damit es ihnen gut geht. Das gilt für meine Rolle im Unternehmen, wo ich in erster Linie mit Teams zu tun habe. Dabei spielt auch das Individuum eine Rolle, aber immer bezogen auf die Frage, wie funktioniert er/sie im großen

Zusammenhalt. Bei den Einzelcoachings kann ich hingegen vielmehr auf das „Ich" eingehen. Ich glaube mein größter Motivator ist meine Neugierde und mein Drang, den Dingen auf den Grund zu gehen. Natürlich ist es auch schön, wenn ich den Menschen damit das Leben leichter machen kann.

3. Welche Sachen machen Sie besonders gerne, welche weniger gerne?
Das ist schwer zu sagen, da meine Arbeit gerade durch ihre Vielfältigkeit attraktiv ist. Manchmal muss ich mich auch um recht banale Dinge wie Abrechnungen oder Ähnliches kümmern. Das kann nerven oder aber auch zur Abwechslung entspannen, da ich bei der Arbeit mit Menschen sehr präsent bin und viel Energie einsetze.

Aber grundsätzlich liegt mir das Coachen besonders am Herzen, im Team oder Einzelkontakt. Es ist sehr bereichernd, Veränderungen anstoßen zu können und manchmal sogar schon erste Ergebnisse mitzuerleben. Und es ist großartig, wenn andere Menschen vertrauen fassen und ihre Lebensgeschichten teilen.

4. Wie wirkt sich die Digitalisierung auf Ihre Tätigkeit aus?
Ich denke der Kern meiner Arbeit bleibt von der Digitalisierung unberührt, da es da um das Menschsein bzw. um das Miteinander oder die Gemeinschaft geht. Aber im Umfeld verändert sich natürlich unglaublich viel. Coachings werden jetzt zum Beispiel auch im Video-Call durchgeführt. Und es berührt meine Tätigkeit mit arbeitssuchenden Menschen. Hier müssen die Veränderungen der Digitalisierung immer mit einbezogen werden. Viele Berufe wird es in 10, 15 Jahren nicht mehr geben. Da ist es dann nicht ratsam, eine Karriere in diese Richtung zu planen.

5. Beschreiben Sie Ihren Übergang vom Studium in die Berufstätigkeit. Wie hat sich Ihr Berufseinstieg vollzogen? Haben Sie Irrtümer, Zweifel, Absagen oder Skepsis erlebt?
Der Übergang zwischen meinem Master und der Berufstätigkeit war ziemlich holprig. Ich hatte das Masterstudium begonnen mit dem Wunsch an der Uni zu bleiben oder im Verlagswesen tätig zu sein. Das hat sich dann im Laufe der zwei Jahre zerschlagen. Ich habe gemerkt, dass mein Herz zwar für Literatur und Kunst brennt, eine wissenschaftliche Laufbahn konnte ich mir dann aber doch nicht vorstellen. Dann stand ich erstmal da und war ziemlich orientierungslos. Ich habe angefangen, für zwei Freundinnen zu arbeiten und ihnen bei der Redaktionsarbeit geholfen. Wir haben uns dazu oft in einem Büro getroffen, zusammen gekocht, nach der Arbeit noch etwas unternommen etc. Das war eine sehr schöne Zeit. Das Projekt an dem wir

zusammengearbeitet hatten, ging dann jedoch irgendwann zu Ende und da habe ich angefangen zu überlegen, womit ich mich denn eigentlich beschäftigen will. Meine Tante hatte mir von einem Studium „Autobiografisches Schreiben" an der Alice-Salomon-Hochschule erzählt. Bis dahin hatte ich gar nicht daran gedacht noch ein Studium zu machen. Ich habe mir den Studiengang dann angeschaut, dachte aber gleich „Dann kann ich ja auch eine Ausbildung bei der Coaching Spirale machen". Ich kannte das Institut und eine der Ausbilderinnen schon. Das war dann eine sehr schnelle und reine Bauchentscheidung.

6. Wie sind Sie zu Ihrem Beruf gekommen? Wollten Sie schon immer Coach werden?

Im 4. oder 5. Semester hatte ich mal den Gedanken, mein Studium abzubrechen, um zu Psychologie zu wechseln. Aber das war nur eine Idee, die ich nicht weiterverfolgt habe. Ich sehe dennoch einen roten Faden in meinem beruflichen Werdegang. Ich war schon immer am Menschen interessiert und neugierig darauf, was unser Menschsein ausmacht. Deswegen begeistere ich mich für Kunst und Literatur und habe diese Fächer studiert. Zudem hege ich eine große Liebe zur Sprache. Diese Neugierde und diese Liebe werden in meinem Beruf heute bedient. In der Personalentwicklung und im Coaching steht der Mensch im Mittelpunkt und Sprache bzw. Kommunikation sind zentral.

7. Würden Sie Ihren Job wechseln? Warum (nicht)?

Ja, das würde ich. Ich würde allerdings nicht etwas komplett Anderes angehen. Ich interessiere mich sehr für Personalentwicklung und generell für das Thema Arbeit. Wir verbringen auf unserer Arbeit einen Großteil unserer Zeit, oft sehen wir im Alltag unsere Kolleg*innen mehr als unsere Freund*innen und Familien. Ich finde es spannend, wie man im Arbeitsumfeld eines Unternehmens oder einer Institution ein angenehmes und förderliches Klima erschaffen kann und wie man in seiner Arbeit einen Sinn, „purpose" finden kann. Ich würde gerne andere Arbeitskontexte kennenlernen. Es ist mir wichtig, in Bewegung zu bleiben, Neues zu lernen und an neuen Herausforderungen zu wachsen. Meine Selbstständigkeit als Coach würde ich immer beibehalten wollen. Das macht mir sehr großen Spaß und ist noch lange nicht langweilig.

8. Vor welchen Entscheidungen und Herausforderungen haben Sie gestanden?
Zu Anfang meiner beruflichen Laufbahn stand ich in jedem Fall vor der Herausforderung, dass ich mit einem geisteswissenschaftlichen Studium alles und nichts machen kann. Geisteswissenschaftler*innen haben ja ein weniger scharfes Profil, als beispielsweise ein*e Mediziner*in oder Jurist*in. Das bietet natürlich große Freiheiten, kann aber auch zur Orientierungslosigkeit führen. Ich hatte auch ein Jobcoaching, so wie ich es heute selber gebe. Ich denke, dass das sehr hilfreich sein kann, um seinen Weg zu finden. Ich empfinde ein geisteswissenschaftliches Studium immer noch als eine sehr gute Schule und Basis, auf die vielversprechend aufgebaut werden kann. Man muss nur wissen wie und wohin.

9. Wenn Sie Ihrer Laufbahn einen (Film-)Titel geben, wie würde dieser lauten?
Dem Menschsein auf der Spur.

10. Wie viel Geisteswissenschaft steckt in Ihrem Beruf? Beschreiben Sie die geisteswissenschaftlichen Aspekte bei Ihrer Tätigkeit.
Auf Anhieb würde ich sagen: Es steckt keine Geisteswissenschaft in meinem Beruf. Allerdings habe ich während des geisteswissenschaftlichen Studiums Kompetenzen entwickelt, die mir jetzt helfen. In erster Linie ist das kritische Denken, also Dinge zu hinterfragen, sich mehrere Seiten einer Sache anzusehen und Aussagen nach Belegen/Fakten zu hinterfragen. Und ich kann seitdem besser strukturieren. Das hilft mir, Gespräche zu führen und in einem Coaching Inhalte auch zu „sortieren". Dazu kommen natürlich auch sprachliche und interkulturelle Kompetenzen durch das Studium von Italienisch und auch Spanisch.

11. Welche geisteswissenschaftlichen Kompetenzen konnten Sie bisher nutzen? Wozu?
Ich denke, dass ich durch mein Studium gelernt habe, anders zu denken, zu sprechen und zu strukturieren. Ich habe in Erinnerung, wie wir in einem literaturwissenschaftlichen Seminar immer wieder darauf hingewiesen wurden, Begriffe, die wir verwenden, vorher zu definieren. Das ist eine ganz grundlegende Eigenschaft, die ich mir angeeignet habe und mir sehr wichtig geworden ist. Sie ist von größter Bedeutung für zwischenmenschliche Kommunikation und damit für meinen Beruf. Ich merke auch, wie ich bei Themen, die ich anspreche, Geschichten, die ich erzähle oder Strukturen,

die ich schaffe, mich unbewusst immer an der Gliederung von Hausarbeiten langhangle. Das heißt, dass ich nach einer Einführung immer zu einer Frage- oder Problemstellung komme, bevor ich verschiedene Aspekte erörtere und mit einem Fazit abschließe. Das nützt mir auch selber, wenn ich Dinge für mich ordnen muss.

Mir ist das bewusst geworden, als ich im letzten Jahr in dieser Reihenfolge einen Workshop zum Thema Kommunikation vorbereitet habe. Es ging mir so einfach und leicht von der Hand, da wurde mir bewusst, dass ich das ja auch Jahre lang geübt habe.

12. Welche anderen Schlüsselkompetenzen benötigen Sie noch für Ihren Beruf? Warum?
Ich denke, dass meine beiden Berufe große Sensibilität im Umgang mit Menschen erfordern. Darüber hinaus auch Geduld und Einfühlungsgabe. Man darf nicht immer nur von sich selbst ausgehen, sondern muss verstehen, dass andere Menschen auch anders funktionieren. Und man muss sich gut abgrenzen können.

13. Würden Sie das Gleiche noch mal machen (Studium, Job/s)? Wenn nicht, wie dann?
Ja und nein. Wie ich schon beschrieben habe, sehe ich in meiner Geschichte einen roten Faden. Natürlich denke ich heute, dass ich mit weniger Umwegen zum Ziel gelangen hätte können und dass ich es auch einfacher hätte haben könnte oder heute viel erfolgreicher wäre. Mit „erfolgreich" meine ich, schon mehr Erfahrung in meinem Beruf zu haben und auch im Coaching mehr anbieten zu können. Aber wäre ich dann derselbe Mensch? Erfahrung prägen ja auch und machen einen Menschen aus. Man lernt sehr viel und wächst dabei.

14. Welche Tipps würden Sie Studierenden aus der Geisteswissenschaft für ihre Karriereplanung mitgeben?
Ich würde dringend dazu raten, sich frühzeitig zu überlegen, wo man hin möchte und was einen glücklich macht bzw. Erfüllung bringt. Dann kann Schritt für Schritt das Ziel erreicht werden. Ich würde außerdem dazu raten, nicht immer den einfacheren Weg zu wählen. Der einfachere Weg macht einen nicht unbedingt zufriedener. Es werden immer wieder Momente kommen, in denen man Zweifel hegt. Und die sollte man sich ganz genau anschauen und überlegen, ob eine Kursänderung nötig ist.

Gründer und Musiker: Paavo Günther

Jahrgang: 1986

Ausbildung/Studium ab Schule: 2005 Abitur, 2010 POP-Diplom Profimusiker, Akademie Deutsche POP, Berlin, 2017 Bachelor of Arts Musikwissenschaft/Medienwissenschaft, Humboldt- Universität zu Berlin, 2020 (voraussichtlich) Master of Arts Nachhaltige Unternehmensführung, Hochschule für nachhaltige Entwicklung, Eberswalde.

Berufliche Stationen: 2005–2014 Reserveoffizier der Pioniertruppe der Bundeswehr, 2008–2011 Visa-Agent (Besorgung von Visa-Dokumenten für Reisende), VenTro-Visaservice, seit 2012 freiberuflicher Schlagzeuger/Perkussionist, seit 2015 freiberuflicher Referent für Bildung für nachhaltige Entwicklung (BNE), 2016–2019 Straßenbahnfahrer auf Minijob-Basis, Verkehrsbetrieb Potsdam, 2018 Praktikum in der Mosterei Ketzür (späterer Lohnproduzent der Havelmi eG), 2019 saisonale Mitarbeit in der Produktion der Mosterei Ketzür, seit 2019 Gründer und Vorstand der Havelmi eG.

Zusatzqualifikationen/Weiterbildungen/Auszeiten/Auslandsaufenthalte etc.: 2015 EU Youthpass (Erasmus+), Anleitung von Jugendgruppen, Arbeitswohlfahrt, 2015–2019 ehrenamtlicher Botschafter für Foodsharing in verschiedenen Brandenburger Städten, 2016 d.Art-Projekt, Qualifikation von Künstler*innen für Bildungsarbeit, Universität Potsdam, 2017

P. Günther
Zehdenick, OT Mildenberg, Deutschland

Bildung für nachhaltige Entwicklung (BNE) für Bildungspraktiker*innen, Weiterbildung, Landesarbeitsgemeinschaft politisch-kulturelle Bildung in Brandenburg e. V., seit 2017 Stipendiat der Lokalhelden-Gründerwerkstatt, Unterstützung von Gründungen im ländlichen Raum, Wertewandel e. V., 2019 beschleunigte Berufskraftfahrergrundqualifikation, verkürzte Berufsqualifikation zum Führen von LKWs über 3,5 t, Rebot UG.

1. Beschreiben Sie Ihre aktuelle berufliche Tätigkeit: Was machen Sie als Musiker und Gründer?

Seit 2012 bin ich hauptberuflich als Schlagzeuger tätig. Schon während meines Studiums nahm ich diese Tätigkeit auf und ergänzte sie durch verschiedene Nebenjobs. Seit 2017 arbeite ich mit anderen Genoss*innen am Aufbau der Havelmi eG. Mit dieser wollen wir den ersten komplett regionalen Haferdrink in Mehrweg-Glasflaschen auf den Brandenburg-Berliner Markt bringen und in Zukunft auch weitere Produkte entwickeln. Im Vordergrund steht der Aufbau eines nachhaltigen und inklusiven Unternehmens zur Grundversorgung mit veganen Lebensmitteln.

2. Was sind Ihre Motivation und Ihr Anreiz für Ihre aktuelle Tätigkeit? Was fasziniert Sie an Ihrem Beruf?

Lange hing ich dem Traum des selbstorganisierten und sich verwirklichenden Musikers nach, der mit dem Musikmachen gegen Geld zwei Bedürfnisse auf einmal stillen kann. Jedoch wurde ich dabei mehrfach desillusioniert. Auf der einen Seite waren die meisten gut bezahlten Engagements für mich musikalisch eher langweilig. Mit der mich faszinierenden Musik konnte ich jedoch selten eine angemessene Bezahlung erhalten. Auf der anderen Seite enttäuschten mich der Materialismus im Musikbereich und die Erkenntnis, dass viele meiner Musikerkolleg*innen andere Werte vertraten als ich. Für mich wurde der nachhaltige und gesellschaftsdienliche Aspekt meiner Tätigkeit immer wichtiger und irgendwann konnte ich das Musizieren mit dem Fokus auf finanzielles Einkommen nicht mehr damit verbinden. In meiner jetzigen Tätigkeit als Gründer konnte ich auf der einen Seite meine Idee von Beginn meines Studiums an immer weiterentwickeln. Es ist sozusagen möglich, ein nachhaltiges Unternehmen vom Reisbrett an aufzubauen. Mich fasziniert, die Freiheit einer selbständigen Tätigkeit mit der Schlagkraft eines Unternehmens kombinieren zu können.

3. Welche Sachen machen Sie besonders gerne, welche weniger gerne?
Besonders gerne arbeite ich in der Unternehmens(weiter)entwicklung, im Kontaktaufbau mit anderen Firmen und neuen Genoss*innen sowie vor allem handwerklich (zum Beispiel an den Maschinen in der Produktion oder beim Ausliefern der Produkte).

Ungern erledige ich administrative Arbeiten (zum Beispiel Buchhaltung, Verwaltung), Beschaffung (zum Beispiel von Rohstoffen) oder Marketing. Insbesondere das Akquirieren von reinen Käufer*innen, die sich nicht weitergehend in die Genossenschaft einbringen möchten, empfinde ich als anstrengend.

4. Wie wirkt sich die Digitalisierung auf Ihre Tätigkeit aus?
Die Digitalisierung ermöglicht es uns, bundesweit mit anderen Initiativen und bereits existierenden Firmen in Kontakt zu treten und Synergien oder Partnerschaften zu entwickeln. Auch das Erreichen potenzieller Kund*innen ist durch digitale Medien einfacher und günstiger als durch rein analoge Werbung. Da ich allerdings lieber physisch als digital unterwegs bin und auf entsprechende Termine (zum Beispiel Verkostungen, Workshops, Teilnahme an Veranstaltungen) dennoch nicht verzichtet werden kann, ergänzen sich beide Bereiche gut.

5. Beschreiben Sie Ihren Übergang vom Studium in die Berufstätigkeit. Wie hat sich Ihr Berufseinstieg vollzogen? Haben Sie Irrtümer, Zweifel, Absagen oder Skepsis erlebt?
Die Berufstätigkeit muss hier wieder einmal zweigeteilt werden. Den Bereich des Musikers habe ich bereits oben beschrieben. Die Tätigkeit als Geschäftsführer hat sich vor allem aus meiner Idee eines nachhaltigen und regionalen Produkts ergeben. Tatsächlich scheint mir (vielleicht auch aufgrund der aktuellen gesellschaftlichen Entwicklung) die Arbeit als Gründer mehr anerkannt zu sein als die des Musikers. Hier wurde ich – obwohl ich bisher noch nichts damit verdient habe – noch nicht gefragt, ob ich davon auch leben könne. Als Schlagzeuger ist das ganz anders. Zweifel kommen bei Außenstehenden eher auf, wenn sie sich mit dem Markt und veganen Produkten nicht auskennen und sich nicht vorstellen können, dass dafür großer Bedarf besteht.

6. Wie sind Sie zu Ihrem Beruf gekommen? Wollten Sie schon immer Musiker und Gründer werden?
Musiker wollte ich ungefähr seit der achten Klasse werden. Ich fing zwar schon mit sechs Jahren mit dem Schlagzeugunterricht an, aber erst nach weiteren acht Jahren bzw. durch Bands wie Limp Bizkit, die mich bis heute anziehen, wollte ich selbst Profimusiker werden. Durch meinen Wehrdienst bei zwei verschiedenen Musikkorps der Bundeswehr hat sich dieser Wunsch immer mehr verfestigt. Jedoch wusste ich schon damals, welche Musik ich gerne spiele und welche nicht.

Geschäftsführer und Gründer wollte ich sicher nicht immer werden. Aber im Laufe meiner verschiedenen Tätigkeiten habe ich erkannt, wie wichtig mir Freiheit in der Arbeit ist – sowohl organisatorisch als auch inhaltlich. Da bietet sich der Aufbau einer eigenen Struktur sehr an.

7. Würden Sie Ihren Job wechseln? Warum (nicht)?
Aufgrund der Verdienstregelung der Künstlersozialkasse und der Rahmenbedingungen meiner Versicherung, ist für mich derzeit unklar, ob ich beide Berufe in diesem Maß weiterhin ausüben kann.

8. Vor welchen Entscheidungen und Herausforderungen haben Sie gestanden?
Wesentliche Entscheidungen meiner musikalischen Laufbahn waren:
- Studium bei der Bundeswehr (inklusive einer 12-jährigen Verpflichtungszeit) oder zivil, dann auch an einer staatlichen Hochschule oder privat?
- Meinen Dienst als Reserveoffizier beenden, da er sich mit meinen Werten nicht mehr vereinbaren ließ, aber eine sichere langfristige Einnahmequelle war?
- Nebenjob als Straßenbahnfahrer bzw. generell beenden, um mich vordergründig um den Aufbau meiner Firma kümmern zu können?
- Masterstudium im Bereich Musik oder Wirtschaft/Nachhaltigkeit?

9. Wenn Sie Ihrer Laufbahn einen (Film-)Titel geben, wie würde dieser lauten:
„Zwischen Wert und Werten".

10. Wie viel Geisteswissenschaft steckt in Ihren Berufen? Beschreiben Sie die geisteswissenschaftlichen Aspekte bei Ihrer Tätigkeit.
Geisteswissenschaftliche Aspekte stehen in meinen beiden Berufsfeldern im Vordergrund. Zwar sind sie sehr anwendungsbezogen, jedoch bleibt die

kognitive Beschäftigung mit Themen wie Ressourcennutzung, gesellschaftlicher Wirkung, Marketing oder Psychologie nicht aus. Ein aktueller geisteswissenschaftlicher Aspekt ist meine Masterarbeit, die ich nutzen kann, um eine Gemeinwohlbilanzierung meines Unternehmens durchzuführen.

11. Welche geisteswissenschaftlichen Kompetenzen konnten Sie bisher nutzen? Wozu?

Mein Bachelorstudium der Musik- und Medienwissenschaft an der Humboldt-Universität zu Berlin war geprägt von der Auseinandersetzung mit verschiedensten Aspekten dieser beiden Bereiche. So ging es sowohl um Werkanalyse und eigene Kreativität (zum Beispiel Tonsatz), als auch sehr vordergründig um den Zusammenhang zwischen Medien und Gesellschaft. Insbesondere diese Fragen beschäftigen mich nach wie vor. Konkrete Kompetenzen, die ich aus meinem Studium mitnehme, sind zum Beispiel der Umgang mit Literatur, die Lust am Lesen, Wissen über Katalogisierung, transdisziplinäre Herangehensweisen, Grundverständnis des Wissenschaftsapparats sowie eine strukturierte(re) Arbeitsweise beim Umgang mit komplexen Problemen.

12. Welche anderen Schlüsselkompetenzen benötigen Sie noch für Ihren Beruf? Warum?

Für meinen Beruf als Geschäftsführer benötige ich zwingend ein tieferes Wissen im Bereich Betriebswirtschaftslehre. Viele Grundlagen, die es eigentlich als Voraussetzung für den Master Nachhaltige Unternehmensführung an der Hochschule für nachhaltige Entwicklung in Eberswalde gebraucht hätte, wurden in meinem Bachelorstudium nicht gelegt. Zwar konnte ich durch meine freiberufliche Tätigkeit als Referent für Bildung für nachhaltige Entwicklung vieles kompensieren, stehe jedoch in klassischer Betriebswirtschaft erst am Anfang. Konsequente Beschäftigung mit diesen Inhalten im Zuge des Firmenaufbaus wird mich jedoch an einen Punkt bringen, an dem ich selbstständig handlungsfähig bin.

13. Würden Sie das Gleiche noch mal machen (Studium, Job/s)? Wenn nicht, wie dann?

Wenn ich meine berufliche Entwicklung rückblickend betrachte, kann ich sagen, dass ich damit zufrieden bin. Mir waren und sind vor allem Selbstbestimmtheit, konstante Entwicklung/Abwechslung und Selbstwirksamkeit wichtig. Das Musikmachen insbesondere als Schlagzeuger wurde durch meine Sozialisation nahezu vorbestimmt. Da ich mich damit sehr wohl fühle, hätte eine Alternative bedeutet, ein anderes Instrument auf einem ähnlichen Niveau zu erlernen. Das stand nicht zur Debatte, weshalb ich es genauso nochmal machen würde. Die Wahl meines Masterstudiums der Nachhaltigen Entwicklung ist nur konsequent, was meine Unternehmensidee und -gründung betrifft. Ich würde es heute daher nochmal genauso machen. Gegebenenfalls hätte ich jedoch anstelle des Bachelors Musik- und Medienwissenschaften ebenfalls ein Studium mit (alternativ-)wirtschaftlichem Fokus gewählt.

Beruflich war ich mit den meisten Nebenjobs recht zufrieden. Ich sehe nach wie vor die Arbeit in mehreren Berufsfeldern als sinnvoll und bereichernd an und würde es wieder so machen. Ob ich hinsichtlich der Unternehmensgründung wieder so verfahren würde, kann ich nicht sagen. Es geht hierbei eher um eine gewisse Stringenz und das Verfolgen des eigenen Ziels als um die Wahl der Mittel. Insofern wäre für mich durchaus die Mitarbeit in einer Non-governmental organization (NGO), in der Wissenschaft oder in einem Unternehmen denkbar gewesen. Allen Beschäftigungsformen gemein ist aber zumindest ein gewisser Grad an Fremdbestimmung, der mir nicht liegt. Eine selbstständige Tätigkeit sehe ich also als notwendig an, wenn ich mich langfristig mit einer Struktur identifizieren können möchte.

14. Welche Tipps würden Sie Studierenden aus der Geisteswissenschaft für ihre Karriereplanung mitgeben?
Student*innen der Geisteswissenschaft haben in meiner Erfahrung viele Vorteile, aber auch einige Herausforderungen zu meistern. Vorteile sehe ich dabei in der fachlichen Breite. Durch den heute viel verfolgten Ansatz der Transdisziplinarität ist es fast schon atypisch, dass ein*e Geisteswissenschaftler*in genau in dem Bereich arbeitet, den er*sie studiert hat. Seien es Forschung, Wirtschaft, staatliche Strukturen oder NGOs – nahezu überall muss über den Tellerrand der eigenen Disziplin hinausgeschaut werden. Ich hatte das Glück, in meinem Studium verschiedenste Bereiche kennenzulernen (neben den Kernfächern zum Beispiel Philosophie, zahlreiche Sportarten, Technik oder Politik). Es ist für mich also unabdingbar, sich breit zu interessieren und die Angebote der Hochschule sowie des studentischen Lebens wahrzunehmen, um den Blickwinkel, das eigene Netzwerk und die eigenen Möglichkeiten zu vergrößern.

Die Kernherausforderung besteht für mich darin, dass viele Hard Skills für transdisziplinäre Tätigkeiten nicht ausreichend im geisteswissenschaftlichen Studium Berücksichtigung finden. Das können zum Beispiel sein: Umweltwissenschaften, Ingenieurwesen, Informatik oder Mathematik. Aber auch Soft Skills werden in meiner Wahrnehmung eher in Form von Zusatzangeboten vermittelt, als im Kernstudium. Dazu zähle ich zum Beispiel: Personalverantwortung und -führung, Körperempfinden und Bewegungslehre, Netzwerken oder auch persönliche Lebensführung /-planung. Um diese für nahezu alle Tätigkeiten in leitender Position notwendigen Fähigkeiten zu erlernen, reicht der Besuch der Lehrveranstaltungen nicht aus. Ich halte es für wichtig, sich vor dem oder spätestens zum Beginn des Studiums damit zu beschäftigen, wohin es danach gehen soll. Natürlich bieten sich durch Universität und externe Einflüsse viele Möglichkeiten. Diese sind aber limitiert, und die genannten Inhalte können meiner Ansicht nach viel besser zusammengestellt werden, wenn der eigene rote Faden schon existiert und bestenfalls konstant weiterentwickelt wird. Auch zahlreiche Vergünstigungen für nach dem Studium teure Inhalte können hier mitgenommen werden (mein bestes Beispiel: Sportbootführerscheine Binnen und See).

Resümee

Was nehmen Sie mit?!

Jochen O. Ley und Hedda Zechner

Wenn Sie dieses Buch in Gänze oder in Teilen gelesen haben, haben Sie nun einen realistischen Eindruck davon, was Geisteswissenschaftler*innen alles (machen) können. Die vorgestellten Biografien haben Ihnen eine Auswahl an beruflichen Möglichkeiten aufgezeigt, die Sie mit einem geisteswissenschaftlichen Studium haben. So vielseitig wie die Studiengänge, sind auch die Jobs, die Sie ergreifen können. So kommen wir wieder zu Ihnen zurück, denn bei Ihnen fängt es an und um Sie geht es. Stellen Sie sich folgenden Fragen: „Was kann ich?", „Was interessiert mich?", und „Wohin möchte ich?"

Was Sie können!
Bevor Sie in das Berufsleben starten ist es ratsam, sich der eigenen Kompetenzen bewusst zu werden. Während eines geisteswissenschaftlichen Studiums erwerben Sie ein großes Know-how und eine Vielzahl an Skills. Neben Fachwissen gelangen Sie zu Methodenkompetenzen, wie zum Beispiel Analysekompetenz und sprachliche Ausdrucksfähigkeit. Dazu kommen auch Selbstkompetenzen, wie Perspektivenvielfalt, Lernagilität und Innovationskompetenz. In vielen Berufen, die wir Ihnen vorgestellt haben, kommen den Interviewpartner*innen ihre geisteswissenschaftlichen

---

J. O. Ley (✉) · H. Zechner (✉)
Berlin, Deutschland
E-Mail: coach.ley@posteo.de

H. Zechner
E-Mail: hedda.zechner@sbm-web.at

Kompetenzen zu gute. Oft werden Kritikfähigkeit und Teamfähigkeit genannt sowie ein ganzheitliches Denken. Die Grundkenntnisse eines geisteswissenschaftlichen Studiums, nämlich Texte produzieren, kommunizieren und kritisch recherchieren, sind wesentlich. Kommen Sie Ihren persönlichen Kompetenzen auf die Spur und nutzen Sie dazu gerne die Tipps, die in dem Buch genannt werden.

Wenn Sie am Anfang ihres Studiums stehen oder auch nach einigen Semestern noch keine Idee haben, was Sie können, nutzen Sie eine einfache Technik und schreiben Sie auf, was Sie als Ihre Stärken sehen. Und das am besten über eine längere Zeit. So finden Sie nicht nur etwas über sich heraus, sondern auch darüber, wohin ihre berufliche Reise gehen kann.

Was interessiert Sie?
Neben den Kompetenzen ist es wichtig, sich mit den persönlichen Interessen auseinanderzusetzen. Mit Hilfe der vorgestellten Profile konnten Sie schon erste Eindrücke erhalten. Markieren Sie sich, über welche Berufe und Berufsfelder Sie mehr wissen möchten, was Sie begeistert und an welchen Stellen Sie gemerkt haben, dass Ihnen vielleicht eine Fähigkeit fehlt. Anders herum geht es natürlich auch; das negative Ausschlussverfahren sagt Ihnen zwar nicht, was Sie interessiert, doch zumindest führt es Sie zu der Erkenntnis, was Sie (definitiv) nicht interessiert.

Fast alle Geisteswissenschaftler*innen, mit denen wir gesprochen haben, haben während des Studiums Praktika und/oder einen Nebenjob – aber auf jeden Fall immer praktische Erfahrungen – gemacht. Tun Sie es Ihnen nach! So können Sie schon erste Berufserfahrungen sammeln und bekommen Einblicke in verschiedene Bereiche. Nicht immer ist es möglich, einen fachspezifischen Nebenjob zu erhalten. Auch wenn das nicht der Fall ist, erwerben Sie trotzdem Kompetenzen für das spätere Berufsleben, wie zum Beispiel Zeitmanagement, Kommunikationsfähigkeit, Arbeits- und Selbstorganisation, Durchhaltevermögen u.v.m. Durch das Ausprobieren können Sie leichter entscheiden, welche möglichen Berufe und Berufsfelder Sie interessieren und welche nicht. Auch durch einen Blick über den Tellerrand, wie zum Beispiel einem Auslandsaufenthalt oder Wahlfächern außerhalb Ihres Curriculums, können Sie Ihren Neigungen nachgehen. Um herauszufinden, was Ihnen Freude bereitet, ist es oft auch hilfreich, sich mit erfahrenen und für Sie spannenden Personen auszutauschen und dadurch neue Ideen für Ihre Berufsbiografie zu erhalten. Und denken Sie daran: Alle standen an genau der gleichen Stelle, an der Sie auch stehen – also keine Scheu beim Fragen.

Wohin möchten Sie?
Wie deutlich wurde, gibt es nicht den einen Job für Geisteswissenschaftler*innen. Viele Branchen und Berufsfelder stehen Ihnen offen. Wichtig ist es, dass Sie sich überlegen, wohin Sie möchten und sich bei der Karriereplanung an ihrem angestrebten Berufsbild orientieren. Nicht jeder Job erfordert eine Promotion. Auch können Sie kritisch prüfen und sich entscheiden, ob Ihr Berufsziel einen Bachelor- oder Masterabschluss erfordert. Die Berufsprofile haben Ihnen unterschiedliche Lebensläufe je nach Studienabschluss gezeigt. Es ist nicht notwendig, sich von einem Praktikum in das nächste zu stürzen und für alle möglichen und unmöglichen Gegebenheiten Weiterbildungskurse zu absolvieren und Zertifikate zu erwerben. Wählen Sie auch hier mit Bedacht und nach Ihrem Interesse aus. Wenn Sie nach dem Lesen des Buches zum Beispiel auf den Geschmack gekommen sind und sich für digitale Tätigkeiten begeistern, wählen Sie bewusst Weiterbildungen in den Bereichen Soziale Medien und Marketing, Crossmedia Journalismus, Programmiersprachen, digitale Arbeitsorganisation u. Ä.

Das Erfreuliche ist, dass keine Biografie von Anfang an in Stein gemeißelt ist. Mit einem geisteswissenschaftlichen Studium können Sie, wie in manchen Profilen deutlich geworden ist, auch in nicht „studiennahen" Berufen arbeiten und sich nach dem Studium neuen Themen und Tätigkeiten widmen. Ihre Kompetenz, sich schnell in neue Bereiche einzuarbeiten, kommt Ihnen dabei zu gute. Durch Fort- und Weiterbildungen, die Sie in Ihrem späteren Berufsleben absolvieren können, können Sie auch ganz neue Wege einschlagen, wie Sie bei der Webentwicklerin, der Heilpraktikerin oder dem Gründer sehen. Fragen Sie sich auch, mit welchen Arbeitsmodellen und Beschäftigungsformen Sie zurechtkommen: Wollen Sie Voll- oder Teilzeit arbeiten? In einem Büro oder lieber zu Hause? Mit anderen zusammen oder eher alleine? Welche Herausforderungen, aber auch welche Vorteile, zum Beispiel eine freiberufliche Tätigkeit hat, zeigen Ihnen u. a. der freie Journalist oder die Übersetzerin.

Je nach Lebensphase kann sich Ihre Einstellung zu der Beschäftigungsform auch wieder ändern, das ist nicht schlimm, das ist vielmehr gut für Sie und potenzielle Arbeitgeber*innen. Viele Interviewpartner*innen schreiben, dass sie gerne „in Bewegung bleiben". Sobald Sie merken, dass Sie unzufrieden sind, setzen Sie sich neue Ziele und verfolgen Sie diese. Fragen Sie sich auch, ob der aktuelle Beruf mit Ihren Werten und Einstellungen übereinstimmt. Und wenn nicht? Haben Sie den Mut für einen Kurswechsel. Es gibt keine unerklärbaren und fatalen Brüche im Lebenslauf, es gibt nicht den einen, klaren, gerade Weg – es gibt Ihren Weg!

Zu guter Letzt
Abschließend möchten wir Sie ermutigen, bei Ihrer Studien- und Berufswahl nach Ihren Interessen und Kompetenzen vorzugehen. Zweifel über Ihre Entscheidung, über mögliche Jobs und über Ihre Zukunft wird es sowohl im Studium als auch später immer geben. In diesen Zeiten besinnen Sie sich darauf, was Sie können und was Sie von anderen Personen unterscheidet. Bleiben Sie auch in diesen Phasen authentisch. Jede Erfahrung, die Sie sammeln, und jeder gemachte (Um-)Weg gehört zu Ihrer Entwicklungsgeschichte und macht Sie mit Ihrer Biografie einzigartig. Wir wünschen Ihnen viel Freude dabei, sich zu entdecken und zu finden und Ihren persönlichen Lebensweg einzuschlagen.

Literatur

Bertelsmann Stiftung (Hg.) (2016): 2050. Die Zukunft der Arbeit, https://www.zukunftderarbeit.de, letzter Zugriff: 15.07.2020.

Burmeister, Klaus/Fink, Alexander/Mayer, Christina/Schiel, Andreas/Schulz-Montag, Beate (2019): Szenario Report. KI-basierte Arbeitswelten 2030. Stuttgart: Fraunhofer Verlag, http://publica.fraunhofer.de/eprints/urn_nbn_de_0011-n-5620846.pdf, letzter Zugriff: 14.05.2020.

Bundesagentur für Arbeit (Hg.) (2019): Blickpunkt Arbeitsmarkt. Akademikerinnen und Akademiker, https://statistik.arbeitsagentur.de/DE/Statischer-Content/Statistiken/Themen-im-Fokus/Berufe/Generische-Publikationen/Broschuere-Akademiker.pdf, letzter Zugriff: 13.07.2020.

Deutscher Qualifikationsrahmen für lebenslanges Lernen (DQR), https://www.dqr.de, letzter Zugriff: 13.07.2020.

Fink, Alexander/Siebe, Andreas (2016): Szenario-Management. Von strategischem Vorausdenken zu zukunftsrobusten Entscheidungen. Frankfurt a. M./New York: Campus Verlag.

Franklin-Wallis, Oliver (2007): Inside X, Google's top-secret moonshot factory, in: Wired Februar 2020, https://www.wired.co.uk/article/ten-years-of-google-x, letzter Zugriff 19.07.2020.

Gerhold, Lars et al. (Hg.) (2015): Standards und Gütekriterien. Ein Handbuch für Wissenschaft und Praxis. Wiesbaden: Springer.

Goerlich, Kai (2017): Future makers workshop – an innovation approach for a preferred future, Vortrag auf dem d.confestival am Hasso-Plattner-Institut, Potsdam, 2017.

Goerlich, Kai (2019): Die Zukunft des internationalen Handels neu denken. In: ICC-Germany Magazin 9, International Chamber of Commerce, https://www.iccgermany.de/fileadmin/user_upload/Content/Magazin/ICC_Magazin_09.PDF, letzter Zugriff: 19.07.2020.

Helliwell, John F. et al. (2020): World Happiness Report 2020, https://worldhappiness.report/ed/2020, letzter Zugriff: 19.07.2020.

Hofer, Svenja (2018): Das agile Mindset. Mitarbeiter entwickeln, Zukunft der Arbeit gestalten. Wiesbaden: Springer.

ILO (2019): Work for a brighter future, https://www.ilo.org/wcmsp5/groups/public/---dgreports/---cabinet/documents/publication/wcms_662410.pdf, letzter Zugriff: 19.07.2020.

Inayatullah, Sohail (2003): Causal Layered Analysis. Unveiling and Transforming the Future. In: Glenn, Jerome C./Gordon, Theodore J. (Hg.): Futures Research Methodology version 2.0. Washington, D.C.: AC/UNU Millennium Project.

Initiative D2030: https://www.d2030.de, letzter Zugriff: 19.07.2020.

Konegen-Grenier, Christiane (2019): Geisteswissenschaftler auf dem Arbeitsmarkt – Berufe, Branchen, Karrierepositionen. In: IW-Report 32/19, https://www.iwkoeln.de/fileadmin/user_upload/Studien/Report/PDF/2019/IW-Report_2019_Geisteswissenschaftler.pdf, letzter Zugriff: 13.07.2020

Konegen-Grenier, Christiane/Placke, Beate/Winde, Mathias (2019): Bietet die Digitalisierung Beschäftigungschancen für Geisteswissenschaftler? In: Future Skills – Diskussionspapier, Stifterverband für die Deutsche Wissenschaft e. V. (Hg.), https://www.stifterverband.org/medien/future-skills-digitalisierung-geisteswissenschaftler, letzter Zugriff: 13.07.2020.

Lenton, Timothy M./Latour, Bruno (2018): Gaia 2.0. In: *Science*, Bd. 361, Ausgabe 6407, 1066–1068.

Le Page, Michael (2018): Climate change is happening, but how fast? This is what we really know. In: New Scientist 3208, 15. Dezember 2018.

Lovelock, James E. (1972): Gaia as seen through the atmosphere. In: Atmospheric Environment, Bd. 6, Issue 8. S. 579–580.

Lovelock, James E. (1979): Gaia. A new look at life on Earth. Oxford: Oxford University Press.

Lovelock, James E./Margulis, Lynn (1974): Atmospheric homeostasis by and for the biosphere: the Gaia hypothesis. In: Tellus, Bd. 26, S. 2.

OECD Employment Outlook (2019): The Future of Work – What do we know?, https://www.oecd-ilibrary.org/sites/ef00d169-en/index.html?itemId=/content/component/ef00d169-en, letzter Zugriff: 15.07.2020.

Popp, Reinhold/Schüll, Elmar (Hg.) (2009): Zukunftsforschung und Zukunftsgestaltung. Beiträge aus Wissenschaft und Praxis. Berlin/Heidelberg: Springer.

WBGU (2019): Transformation unserer Welt im Digitalen Zeitalter, https://www.wbgu.de/fileadmin/user_upload/wbgu/publikationen/factsheets/flt_2019/WBGU_2019__SustainableDigitalAge_DE.pdf, letzter Zugriff: 15.07.2020.

World Economic Forum (2018): Eight Futures of Work. Scenarios and their implications, https://www3.weforum.org/docs/WEF_FOW_Eight_Futures.pdf, letzter Zugriff: 15.07.2020.

World Economic Forum (2020): Jobs of Tomorrow, https://www3.weforum.org/docs/WEF_Jobs_of_Tomorrow_2020.pdf, letzter Zugriff: 15.07.2020.

(Weiterführende) Links

Amt für Statistik Berlin Brandenburg (Hg.) (2018): Personal im öffentlichen Dienst im Land Berlin 2018, https://www.statistik-berlin-brandenburg.de/Statistiken/statistik_SB.asp?Ptyp=700&Sageb=70004&creg=BBB&anzwer=8, letzter Zugriff: 13.07.2020.

Bundesministerium des Inneren, für Bau und Heimat: Die Entgeltordnung TVöD Bund, https://www.bmi.bund.de/DE/themen/oeffentlicher-dienst/tvoed/entgeltordnung-tvoed-bund/entgeltordnung-tvoed-bund-node.html, letzter Zugriff: 13.07.2020.

Bundesverwaltungsamt: https://www.service.bund.de, letzter Zugriff: 19.07.2020.

Statistisches Bundesamt (Hg.) (2019): Beschäftigte nach Altersgruppen und Art des Dienst- oder Arbeitsvertragsverhältnisses, https://www.destatis.de/DE/Themen/Staat/Oeffentlicher-Dienst/Tabellen/beschaeftigen-alter.html, letzter Zugriff: 13.07.2020.

Stellenticket: https://www.stellenticket.de, letzter Zugriff: 19.07.2020.

Tarifgemeinschaft der Länder: TV-L Tarifvertrag, https://www.tdl-online.de/tv-l/tarifvertrag.html, letzter Zugriff: 13.07.2020.

Übersicht der Tarifverträge, Besoldungsordnungen und Gehälter: https://oeffentlicher-dienst.info, letzter Zugriff: 19.07.2020.

Printed by Books on Demand, Germany